고기능 우울증

HIGH FUNCTIONING:

Overcome Your Hidden Depression and Reclaim Your Joy by Judith Joseph

Copyright © 2025 by Judith Joseph

All rights reserved.

This Korean edition was published by Content Group Forest Corp. in 2025
by arrangement with Kaplan/DeFiore Rights Inc. on behalf of Heather Jackson
Agency through KCC(Korea Copyright Center Inc.), Seoul.

이 책은 (주)한국저작권센터(KCC)를 통한 저작권자와의 독점계약으로
(주)콘텐츠그룹 포레스트에서 출간되었습니다.
저작권법에 의해 한국 내에서 보호를 받는 저작물이므로 무단전재와 복제를 금합니다.

고기능 우울증

겉은 멀쩡하지만 속은 고장 나 버린 사람들

주디스 조셀 지음 | 문선진 옮김

포레스트북스

세상을 더 나은 곳으로 만들고 싶은 유일한 이유,
나의 소중한 아이 자라Zara에게

◻ 추천의 글 ◻

인생의 기쁨은 당신을 기다리고 있다

이 책을 펼쳐 든 당신에게 진심 어린 응원을 보낸다. 이 책은 겉으로는 바쁘고 성공적으로 살아가는 듯 보이지만, 내면적으로 어려움을 겪는 사람들, 즉 고기능형high-functioning 사람들이 직면하는 가장 큰 문제에 대한 획기적인 연구 결과를 소개한다. 이유를 알 수 없이 기분이 가라앉거나, 늘 바쁘게 살면서도 만족감을 느끼지 못한다면, 이 책이 더 큰 기쁨과 충만감, 삶의 목적과 행복을 찾도록 이끌 최고의 안내서가 될 것이다.

주디스 조셉 박사는 당신이 지금 어떤 일을 겪고 있는지 정확히 안다. 그녀 역시 같은 경험을 했고, 이 문제를 수년간 연구해

왔다. 뉴욕 맨해튼 행동의학 연구소에서 수행한 그녀의 선구적인 연구는, 겉으로는 아무 문제 없는 듯 모두를 위해 애쓰지만 정작 자신의 기쁨은 서서히 사라져 가는 피로감, 무감각, 초조함을 '고기능 우울증high-functioning depression'이라는 이름으로 명확히 정의한다.

내가 주디스 박사에게서 가장 감탄하는 점은 그녀의 전문성이나 획기적인 연구 때문만이 아니다. 바로 상대방이 진정으로 이해와 공감을 받고 있다고 느끼게 해주는 능력이다. 〈멜 로빈스 팟캐스트〉에 출연했을 때, 그녀는 행복이란 거창한 목적지가 아니라, '기쁨의 순간들points of joy'이라고 부르는 작은 순간들의 연속이라고 이야기했다. 외로울 때 친구에게 문자 메시지를 보내고, 피곤할 때 자신에게 휴식을 허락하며, 지지가 필요할 때 누군가와 연결되는 그런 일상 속의 작은 순간들이 바로 행복임을 일깨워준다. 이 단순하면서도 심오한 개념은 내게 큰 울림을 주었다.

우리는 얼마나 자주, 다음 일로 곧장 바쁘게 뛰어가느라 작은 기쁨의 순간들을 그냥 지나쳐버릴까? 그리고 얼마나 자주, 감정을 느낄 시간조차 없다고 생각하며 자신의 진짜 감정을 외면하고 있을까? 나는 오랫동안 바쁘게 사는 것에 중독되어 있었다. 그러다 끊임없이 움직이는 삶이 내게 어떤 영향을 미쳤는지 진정으로 마주하게 되었고, 그 변화의 여정에서 주디스 박사가 핵심적인 역할을 했다.

내 이야기가 조금이라도 당신의 마음에 닿았다면, 이 책을 읽으며 곧 특별한 감정을 경험하게 되리라 믿는다. 바로 '안도감'

이다. 내가 왜 이런 감정을 느끼는지 이해하게 되는 안도감, 그리고 혼자가 아니라는 사실을 깨닫게 되는 안도감이다. 무엇보다 중요한 것은 지금, 이 순간 기쁨이 아무리 멀게 느껴져도 그것이 사라져버린 것은 아니라는 점이다. 기쁨은 여전히 당신을 기다린다.

이 책은 단순한 책이 아니다. 진짜 나를 만나는 길로 안내해 줄 인생의 로드맵이다. 여러분이 이 책을 읽으며 주디스 박사의 연구와 통찰, 그리고 다양한 도구들을 직접 경험하게 될 날이 벌써 기대된다.

멜 로빈스

□ 차례 □

추천의 글 인생의 기쁨은 당신을 기다리고 있다   6
들어가는 글 회복의 여정을 시작하며   14

1부
고기능 우울증은 어디서 오는가

1장 진짜 나와 마주할 시간   32
    멀쩡해 보이지만 멀쩡하지 않다   33
    고기능 우울증이란 무엇인가   39
    당신에겐 삶의 기쁨을 누릴 자격이 있다   44
    나는 고기능 우울증일까?   49

2장 트라우마: 짊어진 마음의 무게   52
    트라우마를 숨기는 사람들   53
    아동기 트라우마   57
    성인기 트라우마   63
    세대 간 트라우마   69
    집단 트라우마   75
    트라우마를 외면하는 이유   78
    나에겐 어떤 트라우마가 있을까?   83
    가족에게 물려받은 트라우마는 무엇일까?   88

3장 무쾌감증: 기쁨을 잃어버린 마음   90
    무쾌감증이란 무엇인가   91
    기쁨을 느끼지 못하는 증상   97
    생물학적 요인: 신체 돌봄의 부족   104
    심리적 요인: 인정받지 못하는 감정   107
    사회적 요인: 미디어의 해로운 영향   110
    나는 무쾌감증을 겪고 있을까?   115

4장 마조히즘: 나를 힘들게 하는 이유   120
    이대로도 괜찮다는 착각   121
    마조히즘이란 무엇인가   126
    자기희생으로 맺어진 관계   129
    마조히즘의 세 가지 유형   133
    애착 유형 이해하기   141
    나는 마조히스트일까?   147

2부

삶의 기쁨을 되찾는 5V 원칙

5장 인정Validation: 나를 받아들이는 힘 　　　152
- 회복은 인정에서 시작된다 　　　153
- 감정을 자꾸만 외면하려는 이유 　　　158
- 정체를 알아야 치유할 수 있다 　　　162
- 자신의 감정을 존중한다는 것 　　　165
- 자기 인정: 무슨 일이 일어난 것일까? 　　　170
- 언어적 인정: 무슨 말을 했는가? 　　　177
- 사실적 인정: 누구의 도움을 받아야 할까? 　　　186
- 잘못된 비타당화에 대한 경계 　　　190

6장 환기Venting: 감정 해방의 시작 　　　194
- 고통에 대해 거짓말하지 마라 　　　195
- 감정의 환기가 필요한 이유 　　　199
- 누구에게 털어놓을 것인가 　　　206
- 트라우마 덤핑을 조심하라 　　　214
- 감정 환기를 실천하는 법 　　　223

7장 가치Values: 내 삶의 기준을 찾다   228

    내가 인생에서 소중하게 여기는 가치   229
    가치를 알면 삶의 우선순위가 정해진다   234
    가치를 찾기 위한 질문들   238
    만약 '나쁜 가치'를 떠올리게 된다면   247
    개인적 가치를 우선순위에 두는 연습   253
    주변의 방해를 이겨내려면   258
    나의 가치를 진정한 친구들과 공유하기   263
    가치 목록   266

8장 활력Vitals: 몸과 마음의 신호에 귀 기울이기   268

    10초의 여유면 충분하다   269
    몸의 한계를 인정해야 한다   273
    몸이라는 기계를 움직이는 요소들   276
    일과 삶의 균형은 적절한가   279
    수면을 잘 취하고 있는가   282
    사람과의 관계는 어떠한가   290
    영양 상태와 식습관 점검하기   296
    신체 활동 점검하기   302
    디지털 사용 습관 점검하기   306
    활력을 끌어올리는 습관   312
    소셜 미디어를 건강하게 활용하는 법   317

9장 비전Vision: 회복의 지도를 그리다 　320

　비전이란 무엇인가　321
　작은 성취도 축하할 만한 성공이다　328
　자신의 성공을 무시하는 이유　334
　성공을 축하하게 만드는 궁극적인 힘　348
　일상의 작은 승리를 기념하는 30가지 방법　356

10장 앞으로 나아가기: 계속되는 여정　358

　여전히 해야 할 일이 남아 있다고 느낀다면　359
　일대일 치료　365
　집단 치료와 지지 그룹　371
　대안 치료　374

참고 문헌　379

◻ 들어가는 글 ◻

회복의 여정을 시작하며

"주디스 박사님, 괜찮으세요?" 동료 한 명이 조심스럽게 물었다. 내 사무실 문을 두드린 뒤, 살짝 열린 문틈으로 고개를 내밀었다. N95 마스크 위로 가늘게 뜬 눈이 나를 바라보고 있었다. 그 눈빛만으로도 그녀가 나를 걱정하고 있다는 걸 단번에 알 수 있었다. 그녀의 직감은 틀리지 않았다. 그녀가 나를 걱정하는 건 당연했다. 사실, 나조차도 내 상태가 걱정스러웠으니까. 하지만 나는 아무렇지 않은 척, 자신 있게 고개를 끄덕이며 괜찮다고 답했다. 물론, 그것은 사실이 아니었다.

그때는 2020년 4월, 뉴욕시가 팬데믹의 암울한 시작을 겪고 있던 시기였다. 평소라면 인파로 가득한 타임스퀘어도 출근길에 지나가면 두세 명의 행인만 보일 뿐이었다. 세계적으로 유명한 쇼핑 거리인 5번가의 상점들은 시위대가 유리창을 깰 것을 우려해 창문에 나무판자를 덧대기 시작했다. 돌이켜보면 마치 영화 속 한 장면 같지만, 그것은 실제로 일어난 일이었고, 우리 모두 그 현실을 견뎌냈다. 그리고 우리는 아직도 그때의 트라우마에서 완전히 벗어나지 못하고 있다.

모두가 생존 모드로 살아가고 있었지만, 솔직히 인정하자면 나의 직장 생활은 오히려 놀라울 정도로 순조로웠다. 내가 근무하는 건물에서 팬데믹으로 인해 문을 닫지 않은 유일한 진료실이 바로 우리 병원이었는데, 이는 미국 식품의약국FDA이 지속적으로 추진하고자 했던 중요한 연구들이 우리 연구실에서 진행되고 있었기 때문이었다. 게다가 팬데믹 동안 모두가 정서적 웰빙에 대해 이야기하고 싶어 했기에, 내 미디어 경력도 급속도로 상승했다. 방송 출연 요청마저 거절해야 할 정도였다. 나를 찾아오는 환자 수도 그 어느 때보다 많았다. 국가 전체가 정신 건강 위기에 처해 있었고, 의료 전문가들의 손길이 절실했기 때문이다. 최근에는 컬럼비아 대학교에서 의학 분야의 우수한 여성 다섯 명 중 한 명으로 초청받기도 했다.

하지만 이 모든 성취와 함께 밀려온 것은 감당하기 힘든 피로감이었다. 매일 반복되는 업무의 압박뿐 아니라, 내 곁에 있는 이들을 위해 언제나 든든한 존재가 되어야 한다는 책임감이 끝없이 따라다녔다. 이 책을 읽고 있는 당신이라면 분명 내 말에 공감

할 것이다. 당신 역시 나처럼 이미 내면이 소진되어 거의 텅 빈 상태일지라도, 가족이나 주변 사람들에게는 늘 강한 사람으로 보이고 있을 테니 말이다.

그때의 나는 그저 '주디스'라는 한 개인으로만 존재할 수 없었다. 나는 경제 위기 속에서 생계를 이어가기 위해 안정적인 월급을 기대하는 직원들을 책임져야 하는 '상사'였고, 갑작스레 닥친 새로운 질병 앞에서 불안해하는 임상시험 참가자들을 안심시키고, 새로운 상황에 적응할 방법을 찾아야 하는 '조셉 박사'였다. 동시에 엄청난 압박 속에서 흔들리는 가족을 지탱해야 하는 '엄마'이자 '아내'이기도 했다. 매일같이 반복되는 스트레스를 견디며 앞으로 나아가야 했고, 상사로서, 연구자로서, 의사로서, 아내로서, 엄마로서의 역할을 제대로 해내지 못할까 봐 늘 불안했다. 혹시 당신도 이런 삶을 살고 있지는 않은가?

그해 4월, 나는 한 동료와 함께 주요 의료기관 200명의 의료진과 그 가족들을 대상으로 줌$_{Zoom}$으로 강연을 하기로 했다. 물론 우리 역시 각자 다른 사무실에 있었다. 강연 전날 밤, 나는 '새로운 일상에 대처하는 법'이라는 제목의 파워포인트 자료를 준비하고 있었다. 어느새 시계는 밤 8시를 가리키고 있었고, 배에서는 꼬르륵 소리가 났다. 눈꺼풀도 점점 무거워졌다. 그때 문득, 이 상황의 아이러니가 떠올랐다. 남들에게는 대처법을 이야기하려 하지만, 정작 나는 그저 겨우 버티고 있을 뿐이라는 사실이 뼈아프게 다가왔다. 슬라이드를 수정하던 나는 키보드에서 손을 떼고,

화면에서 시선을 돌려 텅 빈 사무실을 바라보았다. 그리고 조용히 혼잣말을 했다. "나, 우울한 것 같은데……."

정신과 의사인 나조차도 스스로 내린 그 진단이 당황스러웠다. 다음 날도 상황은 나아지지 않았다. 나를 잘 모르는 사람이라면, 줌 강연에서 내가 맡은 부분을 진행하는 동안 아무 문제가 없다고 생각했을지도 모른다. 감정적 트라우마에 대해 이야기할 때 내 목소리가 미세하게 떨리고 호흡이 가빠졌지만, 아무도 눈치채지 못했을 것이다. 눈물이 차오르는 것을 억누르려 애쓰며 내 시선이 사무실 여기저기를 불안하게 맴돌았다는 사실도, 누구도 알아채지 못했을 것이다. 나는 화면 너머에 있는 사람들의 치유에 집중해야 했지만, 정작 치유가 필요한 사람은 바로 나 자신임을 깨닫게 되었다.

줌 화면에 보이는 대부분의 얼굴은 지쳐 보이는 의료 종사자들이었다. 그들 중 많은 이들은 무언가를 급히 적거나, 채팅 창에 자신의 두려움을 털어놓고 있었다. "같이 근무하는 간호사가 퇴근 후에 술을 너무 많이 마셔요" "동료가 계속 울음을 터뜨려요" 등의 메시지들이 이어졌다. 그러던 중, 내가 잠시 화면에서 벗어나 있던 사이, 동료 한 명이 직접 사무실로 찾아왔다. 그녀는 내가 감정의 벼랑 끝에 서 있다는 것을 단번에 알아차렸다. 그녀가 조심스럽게 물었다. "괜찮아요?"

그 강연 전까지는 내가 우울하다는 사실을 전혀 깨닫지 못했다. 우울증 진단 기준에 모두 해당하는 것도 아니었으니까. 아침이면 여전히 침대에서 잘 일어날 수 있었고, 지하철에서 갑자기 눈물을 터뜨리는 일도 없었다. 딸아이의 생일 파티도 여전히 챙겼고, 업무 미팅에는 베이글까지 준비해 갔다. 게다가 나는 단순히 출근만 한 것이 아니라, 일도 정말 잘 해내고 있었다. 그런데도 내 안에는 알 수 없는 불안감이 계속 맴돌았다. 계속 바쁘게 움직이고 있어야만 할 것 같았다. 속도를 조금이라도 늦추면 뭔가 나쁜 일이 생길 것만 같은 기분이었다. 이 감정이 정확히 무엇인지 나조차도 딱 집어 설명할 수 없었다. 대부분의 우울증 환자와 달리, 나는 일상을 잘 꾸려가고 있었다. 아니, 그 이상이었다. 나는 '고기능 우울증' 상태였다.

고기능 우울증은 존재한다

2020년 4월, 그 이후 나는 내게 무슨 일이 일어나고 있는지 이해하려 애썼고, 그러다 '고기능 우울증High-Functioning Depression, HFD'이라는 개념을 알게 되었다. 하지만 내가 찾던 정보는 과학 저널 어디에서도 발견할 수 없었다. 의료 문헌은 우리가 실제로 겪는 경험을 즉각적으로 반영하지 못하는 경우가 많기 때문이다. 정신과 의사들이 진단 기준으로 삼는 최신판 『정신장애 진단 및 통계 편람DSM-5』에도 '고기능 우울증'이라는 용어는 등장하지 않는다. 고기능 우울증은 아직 공식적으로 인정된 진단명이 아니고,

명확한 정의도 내려진 적이 없다. 적어도 지금까지는 그랬다.

　　나는 지금까지 많은 전문가들이 고기능 우울증은 실재하지 않는다고 말하는 글을 여러 번 읽어왔다. 하지만 그들은 틀렸다. 사실 고기능 우울증은 많은 의사들이 이미 겪었거나 현재 겪고 있기 때문에, 대부분의 의사조차 쉽게 놓치는 증상 중 하나다. 곰곰이 생각해 보면, 의사라는 직업은 고등학교 때부터 의대, 그리고 레지던트 과정을 거치면서 남들보다 더 오래 일하고, 타인을 우선시하며, 자신의 필요는 무시하고, 행복은 나중으로 미루도록 훈련받는 분야다.

　　일부 전문가들은 '고기능 우울증'에 대한 연구가 이루어지지 않았고, 정신장애 진단 및 통계 편람(이하 DSM)에도 등재되어 있지 않다는 점을 지적했다. 하지만 우리는 이미 2008년 세계보건기구 WHO가 '번아웃 burnout'을 공식적으로 하나의 상태로 분류하기 훨씬 전부터 번아웃이 실제로 존재한다는 사실을 알고 있었다.[1] 그렇다면 2008년 이전에는 아무도 번아웃을 겪지 않았다는 말인가? 또한 '가면 증후군 Imposter syndrome' 역시 DSM에 등재되어 있지 않지만, 그 존재를 부정하는 사람은 거의 없다. 그렇다면 우리는 사람들이 자신의 성공을 정당한 능력의 결과로 받아들이지 못해 늘 불안에 시달리는 이 증상을 공식적으로 인정받을 때까지 그냥 기다려야만 할까? 이처럼 고기능 우울증 역시 이미 상담실을 찾는 많은 이들에게서 반복적으로 나타나고 있었다. 다시 말해, 내가 고기능 우울증이 실제로 존재한다고 확신하게 된 것은,

바로 내 앞에 찾아오는 수많은 환자들이 그 증상을 직접 겪고 있었기 때문이다.

'고기능 우울증'이라는 용어는 2000년대 초반 인터넷상에 처음 등장했지만, 전 세계적으로 대중의 인식 속에 본격적으로 자리 잡은 것은 2016년이 되어서였다. 당시 여러 웹사이트에서는 이 용어를 지속성 우울장애persistent depressive disorder나 기분부전장애dysthymia와 혼동하여 잘못 표기하곤 했지만, 사실 이들과는 다르다. 왜냐하면, 이 두 질환 모두 일상생활을 영위하는 능력이 크게 저하되는 것을 진단 기준으로 삼기 때문이다.[2] 반면, 고기능 우울증은 겉으로는 매우 성공적으로 보이고, 가정도 잘 꾸려 나가며, 슬퍼도 슬픔에 압도되지 않은 채 외적으로는 아무 문제 없는 것처럼 보이는 사람들에게 나타난다. 실제로 이 용어는 자신이 전혀 우울하다고 느끼지 않았던 사람들의 공감을 샀다.

그들은 가족과 친구들을 돌보는 데는 늘 최선을 다하지만, 정작 자기 자신은 돌보지 않는다. 항상 피곤하지만, 불안과 긴장감 때문에 제대로 잠들지 못한다. 한가한 시간에 편히 쉬거나 즐거운 활동을 하는 것은 불가능하고, 대신 그 시간마저 집 안을 청소하거나 혼자서 가족 휴가 계획을 세운다. 심지어 휴가 계획을 세울 때조차 호텔의 와이파이가 수영장까지 잘 터지는지, 건물 내에 비즈니스 센터가 있는지 등을 미리 확인해야 안심할 수 있다. 결코 가만히 앉아 있을 수 없다. 잠시라도 가만히 있으면 공허함이 밀려오고, 예전에는 즐거웠던 일조차 더는 자신에게 기쁨을 주지 못한다는 사실을 알게 된다. 그들은 고기능 우울증의 증상들에서 자신을 발견한 것이다.

고기능 우울증은 비교적 새로운 개념일지 모르지만, DSM-5에 등재된 다른 어떤 질병만큼이나 실제로 존재하는 문제다. 그래서 나처럼 수많은 사람들이 아무에게도 들키지 않은 채 이 우울증을 안고 살아가고 있다. 더 많은 자료를 찾아보고, 내 환자들을 더욱 주의 깊게 관찰할수록 고기능 우울증이 분명히 존재해 왔다는 사실을 알게 되었다. 하지만 이 우울증에 대해 의사에게 진단이나 항우울제 처방을 요청할 수는 없다. 병원을 찾아간다 해도 대부분은 기능 저하나 급성 스트레스를 확인하는 간단한 우울증 선별 검사만 시행할 뿐이다. 의사는 이렇게 질문할 것이다.

"그렇게 지내는 게 일상생활에 지장을 주나요? 직장은 잘 다니고 있나요? 평소 가족들을 잘 돌봐왔나요? 그렇다면, 무엇이 문제인가요?"

분명 문제가 있다. 고기능 우울증은 저기능 우울증low-functioning depression으로 악화되어 삶을 완전히 멈추게 하는 극단적인 상황만을 초래하는 것이 아니다. 대부분의 고기능 우울증 환자들은 자신이 우울증을 겪고 있다는 사실조차 인식하지 못한다. 그들은 삶에서 기쁨이 사라졌다는 것도 제대로 깨닫지 못한다. 그리고 설령 무언가 잘못되었다는 느낌이 들어도 어떻게 다시 정상 궤도로 돌아갈 수 있는지 알지 못한다.

이 책은 수백만 명이 고기능 우울증에 빠져 인생의 가장 소중한 가치를 잃은 채 살아가고 있다고 경고한다. 그 소중한 가치란 바로 삶의 기쁨이다. 우리는 인생의 방향을 돌아보지 않은 채, 그저 자율주행장치에 몸을 맡기고 살아간다. 그러다 어느 날 갑자기 존재적 위기에 짓눌려 위협을 느끼는 순간, '나는 무엇을 위해 이렇게 살아왔을까?' '누구를 위해, 무엇을 위해 희생해 온 것일까?'라는 질문에 답을 찾으려 한다. 그러나 위기를 자각했을 땐 이미 아까운 시간을 다 써버린 뒤일 수 있다. 잘못된 삶을 살아왔음을, 그리고 살아오면서 만난 모든 이들에게 자신을 이용할 수 있게 내버려두었다는 사실을 깨닫게 되지만, 삶의 기쁨을 되돌리기엔 이미 너무 늦었을지도 모른다.

혹은, 스스로에게 쌓아온 압박감에 짓눌려 결국 무너져 내릴 수도 있다. 저널리스트 체슬리 크리스트Cheslie Kryst의 사례를 보자.³ 서른 살이 되기도 전에 크리스트는 이미 정상에 올라와 있었다. 에미상 후보에 오를 만큼 인정받는 방송 기자였고, 2019년 미스 USA 대회에서 우승할 만큼 아름다웠으며, MBA와 법학 학위까지 갖춘 지성인이었다. 오프라 윈프리와 인터뷰를 할 정도로 사회적인 인정과 관심도 받았다. 하지만 그녀가 미인대회 우승 이후 소셜 미디어에서 끊임없이 고통받았고, 심지어 자살을 강요하는 악성 댓글에 상처받고 있었다는 사실은 아무도 몰랐다. 직장에서는 가면 증후군에 시달렸고, 완벽주의에 매여 있었으며, 카메라 앞에 서면 모든 흑인 여성을 대표해야 한다는 부담감에 짓눌렸다. 게다가 바람을 피운다는 의혹을 받는 남자친구와 사귀고 있었다.

그녀는 '난 부족한 사람이야'라는 자책으로 끊임없이 시달렸다.[4] 크리스트는 최초로 고기능 우울증 진단을 받은 공인이다. 인생의 굴곡이 감당하기 힘들 만큼 커졌을 때, 그녀는 2022년 1월 30일 스스로 생을 마감했다. 그다음 날, 나는 상담실에서 크리스트의 선택에 깊이 공감한다고 말하는 한 환자를 만났다. 유색인종에 아이비리그 출신인 그는 이렇게 말했다.

"모든 부담감에서 벗어나고 싶다는 그 마음을 이해해요. 적어도 이제 그녀는 편히 쉴 수 있겠네요."

고기능 우울증은 이처럼 사람을 극단적인 상황으로 몰아넣을 수 있다.

고기능 우울증에서 벗어나는 방법

고기능 우울증에 대한 연구가 전혀 이루어지지 않았다는 사실을 알게 된 후, 나는 맨해튼 미드타운에 있는 연구실에서 직접 연구를 시작하기로 마음먹었다. 곧 이 주제를 더 널리 알리고 싶다는 생각이 들었고, 그래서 책을 쓰기로 결심했다. 바로 지금 당신이 손에 들고 있는 이 책이다. 이렇게 말하면 마치 내가 엄청난 '고기능적High-Functioning' 성과를 이룬 것처럼 들릴 수도 있지만, 사실 나는 고기능 우울증을 본격적으로 연구한 최초의 임상 연구자다. 이 책에는 내가 직접 수행한 과학적 조사와 온라인 리서치,

그리고 수년간 환자들과 함께하며 얻은 모든 경험이 담겨 있다. 또한, 당신이 고기능 우울증을 겪고 있는지, 만약 그렇다면 그 정도가 어느 정도인지 스스로 진단해 볼 수 있도록 세 가지 자가진단표도 실어두었다.

연구를 통해, 고기능 우울증의 대부분은 트라우마에서 비롯된다는 사실을 밝혀냈다. 우리가 이를 자각하든 못하든 문제는 트라우마로부터 시작된다. 트라우마는 반드시 인생을 송두리째 뒤흔드는 사건만을 의미하지는 않는다. 물론 아동기에 학대를 당하거나 교통사고를 겪는 것처럼 큰 트라우마도 있지만, 지나치게 비판적인 부모 밑에서 자라거나 가까운 친구에게 배신을 당한 경험처럼 작은 트라우마일 수도 있다. 그리고 고기능 우울증에는 항상 두 가지 뚜렷한 증상이 동반된다. 최근 이 증상들이 더욱 빈번하게 드러나고 있지만, 아직 많은 의사들이 이에 주목하지 않고 있다. 바로 무쾌감증anhedonia과 마조히즘masochism이다.

무쾌감증이란 삶에서 기쁨을 느끼는 능력을 잃게 돼 늘 무기력하거나 무덤덤하게 느껴지는 상태를 의미한다. 마조히즘은 타인을 지나치게 기쁘게 하려 하거나, 자기희생적이고 자기 파괴적인 행동을 반복하는 경향으로, 불균형한 인간관계와 삶의 질 저하를 초래할 수 있다. 이 용어들이 다소 어렵고 위협적으로 들릴 수 있지만 걱정하지 않아도 된다. 앞으로 명확히 이해할 수 있도록 개념들을 차근차근 설명하겠다. 이 두 증상은 고기능 우울증을 구성하는 핵심 요소이자, 치유의 열쇠이기도 하다. 나는 당신이 이 요소들을 극복하고 고기능 우울증에서 벗어날 수 있도록 도울 것이다.

내가 처음 이 연구를 시작했을 때만 해도 고기능 우울증에 대해 알려진 치료법은 존재하지 않았다. 하지만 지금은 이 우울증을 위한 실제적이고 효과적인 치료법이 있다. 바로 내가 고안한 '5V 원칙'이라는 구체적이고 체계적인 방법론이다. 이 책에서는 이 실천 매뉴얼의 내용을 하나하나 자세히 안내할 예정이다. 또한, 놀라울 만큼 호전된 환자들의 생생한 사례, 누구나 쉽게 실천할 수 있는 다양한 도구, 즐겁게 따라 할 수 있는 운동법, 그리고 고기능 우울증을 더 깊이 이해하고 회복하는 데 유용한 자기 점검표들이 가득 담겨 있다. 5V 원칙은 단순히 다양한 연령층을 대상으로 쌓아온 나의 임상 경험이나 근거 기반 연구만을 토대로 한 것이 아니다. 이 치료법에는 정부의 지원을 받아 30개국 이상에서 수행된 폭넓은 연구 결과도 포함되어 있다. 고기능 우울증은 모든 문화권에서 나타나는 세계적인 현상이지만, 특히 미국에서 흔히 '모범적 소수자 model minorities'로 여겨지는 동아시아인과 남아시아인 집단에서 더욱 자주 발견된다. 이들은 현재의 행복은 미루고, 열심히 노력해 부와 성공을 이룬 뒤에야 비로소 행복을 누릴 자격이 있다고 믿는 메시지를 내면화한 사람들이다.

새로운 삶을 찾아서

당신은 이 책의 2부로 바로 넘어가 회복의 여정을 시작하고 싶은 유혹을 느낄 수도 있겠지만, 반드시 1부부터 읽기를 권한다. 1부에서는 고기능 우울증의 뿌리에 대해 다룬다. 먼저 트라우마, 무쾌감증, 마조히즘이 자신의 상태에 어떤 핵심적인 역할을 하는지 이해해야만, 이 세 가지를 극복할 수 있다. 그 이후에야 비로소, 자신도 몰랐던 기쁨과 잠시 미뤄두었던 열정, 그리고 상상도 못 했던 전혀 새로운 삶을 발견할 수 있게 된다. 나 역시도 그렇게 변화해 왔다.

팬데믹 동안 나는 고통스러운 이혼을 겪었다. 결혼 생활의 끝은 누구도 마음대로 통제할 수 없는 일이지만, 나는 고기능형 인간이었기에 이혼이 곧 실패처럼 느껴졌다. 나는 항상 완벽해야 한다는 핵심 신념을 붙잡고 있었다. 실수를 하면 더 이상 가치 없고 사랑받을 수 없다고 생각했다. 그러나 치료와 꾸준한 자기 성찰을 통해, 나는 그 시기를 내 삶의 전환점으로 바꿀 수 있었다. 처음으로, 완벽하지 않아도 행복할 수 있다는 사실을 깨닫고, 그것을 믿기 시작했다. 더 이상 단순히 할 일을 해치우기 위해 무언가를 하는 대신, 내 삶에 진정한 의미를 주는 일들을 선택하기 시작했다. 앞서 이야기한 5V 원칙에 집중하게 된 것도 이때부터였다. 돌이켜보면, 내 일정은 늘 과하게 빡빡했다. 하지만 내 핵심 가치를 깊이 들여다보고 자기 돌봄이 다른 책임만큼이나 중요하다는 사실을 깨달으면서, 나는 아무것도 하지 않는 사치스러운 여유를 즐길 수 있게 되었다. 항상 바쁘게 움직일 필요는 없다. '의도적으로 휴식을 취한다'라는 개념은 고기능 우울증을 겪는 사람에게는 없는 개념이기에, 이런 변화가 내가 치유되고 있다는 신호임을 알 수 있었다. 나는 예전보다 훨씬 더 많은 시간을 딸과 함께 보내기 시작했고, 이는 우리 둘 모두에게 큰 위안이 되었다. 특히 가족이 양육권 분쟁이라는 극심한 스트레스를 겪고 있을 때라 더욱 그랬다. 심지어 취미 생활도 시작할 수 있었다.

이혼이 최종적으로 마무리되고 양육권 문제가 해결된 후, 딸이 나와 함께 있지 않은 날에는 정신 건강에 관한 스킷skit(짧고 간단한 연극이나 코미디 장면)을 촬영해 소셜 미디어에 올리기 시작했다. 좋은 일을 하고 있다는 생각에 기분이 좋았고, 무엇보다 정말 재미있었다. 야구 모자를 거꾸로 쓰고 필터 기능을 이용해 콧수염과 턱수염을 만들어 애착 문제를 겪는 커플의 남녀 역할을 모두 연기하기도 했으며, 옷차림과 헤어스타일, 메이크업을 바꿔가며 다양한 성격 장애의 모습을 보여주기도 했다. 하지만 모두가 이런 활동을 좋아한 것은 아니었다. 많은 동료들이 내 행동을 의아해했다. 정신과 의사는 분홍색 옷을 입거나 화려하게 꾸미고, 웃긴 소셜 미디어 영상을 만들어서는 안 된다는 암묵적인 규칙이라도 있는 것처럼 보였다. 그래도 나는 그런 시선에 굴하지 않고 계속 내 자신을 표현하며 영상을 만들었다. 정신과 의사가 꼭 한 가지 모습이어야 할 이유가 있을까? 내가 왜 그들에게 내 기쁨을 빼앗겨야 하지? 이러한 활동을 계기로 뉴욕대학교에서 젊은 의사들에게 미디어와 소셜 미디어 활용법을 가르치기 시작했고, 이는 세계보건기구의 피데스Fides 건강 인플루언서 커뮤니티와의 협력으로 이어졌다. 내 기쁨이 점점 전염되어, 학생들도 각자의 방식으로 즐겁게 활동하기 시작했다.

나는 수년 동안 권위 있는 기관들에서 전통적인 교육을 받기 위해 열심히 노력해 왔다. 하지만 그 과정 내내, 우리가 배운 대부분의 근거 기반 연구들이 소수자나 여성을 제대로 포함하지 않았다는 사실을 알고 있었다. 이러한 연구들은 문화적 정체성이나 배경 또한 충분히 반영하지 못했다. 내가 하는 일은 모두를 위한 것이다. 내가 수행하는 연구, 소셜 미디어에서 나를 드러내는 방식, 당신이 지금 손에 들고 있는 이 책, 그리고 내가 환자들과 함께 하는 모든 작업에는 다양성에 대한 깊은 고찰이 담겨 있다.

개인 진료실에서는 한 번에 한 사람에게 집중해 도움을 준다. 나는 진료실에서 환자에게 날카로운 질문을 하거나 재미있는 이야기를 들려주며 교육할 수 있다는 점이 정말 좋다. 그러다 곧 깨달았다. 똑같은 이야기를 짧은 연극처럼 만들어 틱톡이나 인스타그램에 올리면, 전 세계 수백만 명에게 전할 수 있다는 사실을 말이다. 팬데믹 동안 전통적인 방식의 미디어가 대거 중단되면서, 사람들은 정보와 오락을 찾아 소셜 미디어로 몰려들었다. 그리고 머지않아, 수백만 명이 내 프로필을 클릭하기 시작했다.

만약 팬데믹과 이혼이라는 두 가지 트라우마가 아니었다

면, 당신은 지금 이 책을 읽고 있지 않을 것이다. 나는 내면의 공허함을 덮기 위해 지금껏 해오던 노력을 멈추지 않았을 것이고, 살아가면서 해야 하는 일들이라 여기며 어쩌면 더 많은 일들을 찾아 끊임없이 자신을 몰아붙였을 것이다. 수많은 사람을 괴롭히는 이 상태에 대한 해답을 찾으려는 시도조차 하지 않았을 것이고, 지금 내가 찾아낸 방법들도 알지 못한 채 살아갔을 것이다. 당신의 행복을 위한 과학적 공식을 꿈꾸는 일도 없었을 것이며, 무엇보다도 이전의 삶을 훨씬 뛰어넘는 기쁨과 충만함으로 가득한 새로운 삶을 결코 만들어내지 못했을 것이다.

    고기능 우울증을 극복하면 당신의 삶에 어떤 새로운 가능성이 펼쳐질지, 곧 직접 확인하게 될 것이다.

1부

고기능 우울증은

어디서

오는가

1장

진짜 나와 마주할 시간

멀쩡해 보이지만
멀쩡하지 않다

고기능 우울증은 우리가 의식하지 못하는 사이, 일상 곳곳에 퍼져 있는 정신 건강의 위기다.

직장에서 뛰어난 성과를 내며 쉴 새 없이 일하는 한 여성을 생각해 보자. 그녀는 점심시간에도 제대로 쉬지 않고 일하며, 러닝머신 위에서도 이메일에 답장하고, 회식 자리에도 상사가 참석할 때만 모습을 드러낸다. 내심 자신만큼 일을 잘하는 사람이 없다고 생각하기 때문에 동료들에게 도움을 청하지 않는다. 그녀에게 일이란 곧 자신의 정체성이다. 최근 병가를 낸 것에 대한 죄책감 때문에 새 프로젝트에 자진해서 참여할 정도다. 밤이 되면 남자 친구와의 잠자리마저 서둘러 마친 뒤, 그가 잠들기를 기다렸다가 몰래 업무 이메일을 다시 확인한다. 동료들의 호감을 얻기 위해 자신은 입에도 대지 않을 도넛을 사다 나르기도 한다. 직장과 가정에서 자신에게 의지하는 사람들이 너무 많아서 잠시라도 쉬어갈 엄두를 내지 못한다.

하지만 이토록 쉼 없이 자신을 몰아붙이는 진짜 이유는 따로 있다. 마음 깊은 곳에 성공하지 못하면 사랑받지 못할 것이라는 생각이 자리 잡고 있기 때문이다. 이는 학대하는 부모의 분노를 피하고자 늘 완벽한 아이가 되려고 애썼던 고통스러운 어린 시절부터 이어진 내면화된 신념이다. 누군가 우울하지 않으냐고 묻는다면, 그녀는 이렇게 대답할 것이다. "요즘 그저 너무 바쁠 뿐이에요."

대학을 졸업하지 않은 부모를 둔 소수자 1세대 대학생 first-generation minority college student 중 최상위권 성적을 유지하는 학생들에게서도 이러한 문제가 나타난다. 그들은 자신이 이 대학에 들어온 것만으로도 운이 좋다는 말을 수도 없이 들어왔으며, 낯설고 생소한 환경에서 실패할지 모른다는 막연한 두려움을 안고 있다. 그 두려움은 이들을 끊임없이 몰아붙여 뛰어난 학업 성취를 이루도록 만든다. 두 가지 아르바이트를 병행하고, 학교에서 겪는 미묘한 차별을 애써 무시하며, 화학 과목에서 낙제 위기에 놓인 친구를 도와준 뒤 정작 자신의 시험공부를 위해 밤을 꼬박 새우는 일이 반복된다. 막상 A학점을 받아도 기쁨을 누릴 여유조차 없이 곧

바로 다음 시험 준비에 몰두한다. 하루 안에 모든 일을 처리하려고 밤을 꼬박 새우거나 샤워조차 거르는 생활이 계속된다. 그러다가 새벽 3시쯤 갑자기 비디오 게임을 하거나 친구에게 빌린 자낙스Xanax를 먹으며 불안감을 달래고 잠시나마 긴장을 풀어보려 애쓴다.

이들은 자신이 우울하다는 사실을 깨닫지 못하기도 하고, 설령 깨닫는다 하더라도 결코 입 밖으로 꺼내지 않는다. 자신의 문제로 다른 사람에게 부담을 주고 싶지 않기 때문이다. 결국, 그들은 우수한 성적으로 졸업하고 나면 높은 연봉을 받는 직장을 얻겠지만, 내적 만족감을 느끼기는 어렵다. 그렇게 '모범적 소수자 model minority'로서 자신만의 아메리칸드림을 만들어 가지만, 그들이 살아가는 세상은 다채로운 색으로 가득한 삶이 아니라 무채색의 단조로운 세상일 뿐이다.

가족을 부양해야 한다는 막중한 책임감 때문에 금융업계에서 주당 80시간씩 일하는 어느 아버지에게서도 고기능 우울증의 징후를 발견할 수 있다. 그는 어린 시절에 일찍이 아버지를 떠나보낸 후 홀어머니 밑에서 자라며 겪었던 경제적 어려움을 생생히 기억하고 있다. 그래서 그는 퇴근 후 아이들과 함께 보내는 시간을 포기하고서라도 자녀들의 사립학교 학비와 아이스하키 캠프 비용을 마련하기 위해 열심히 일하고 있다. 하지만 그는 저녁식사 자리에서 아이들이 얼마나 불행한지 깨닫지 못하며, 아내가 인터넷으로 이혼 전문 변호사를 검색하고 있다는 사실 역시 눈치

채지 못한다.

그가 느끼는 압박감은 아내와의 잦은 다툼과 스스로도 지나치다고 여길 만큼의 과도한 음주로 표출된다. 그러나 그는 자신이 우울증이라고 생각하지 않는다. 그저 분노 조절만 잘하면 될 문제라고 여길 뿐이다. 그는 아내를 사랑하기에 꽃과 선물을 건네지만, 마음속으로는 자신이 그녀의 사랑을 받을 자격이 없다고 느낀다. 그는 승진만 하면 모든 것이 나아질 거라고 확신한다. 지금보다 더 큰 집을 마련하면 아내를 행복하게 해줄 수 있고, 아이들에게는 테일러 스위프트 콘서트 맨 앞줄 티켓을 선물할 수 있을 테니 말이다.

스스로 우울하다고 느끼지 않는 사람들

고기능 우울증은 나이, 재정 상태, 지리적 위치, 성별, 배우자 유무 등과 무관하게 누구에게나 나타날 수 있다. 학대와 가난 같은 온갖 불행을 겪으면서도 여러 세대에 걸쳐 온 가족의 든든한 버팀목이 되어준 한 여성의 사례를 살펴보자.

그녀는 넉넉지 않은 형편에도 풍성한 추수감사절 만찬을 차려내고, 교회와 지역사회를 위해 하루 종일 여러 일을 동시에 해내며, 자녀들까지 성공적으로 키워냈다. 하지만 정작 자신을 돌볼 시간은 단 한 순간도 내지 못한다. 할머니가 되어서까지 그녀는 자기 자신을 제외한 모두에게 헌신하다가 결국 당뇨병이나 심장 질환 같은 병에 걸리고 나서야 비로소 삶의 속도를 늦추게 된다. 그렇게 멈춰 섰을 때, 그녀는 자신이 오랜 세월 정성을 다해 돌봐온 사람들이 이미 각자의 삶을 살아가고 있음을 깨닫는다. 그리고 홀로 남겨진 노년의 시간을 보내며 자신에게 만족감을 줄 무언가를 찾으려 애쓰게 된다.

놀랍게도, 고기능 우울증을 겪는 사람들에게서 일반적으로 나타나는 특징은 자신이 우울증이라는 사실을 자각하지 못한다는 점이다. 우울증에 관한 다수의 연구를 수행하고 수백 명의 환자를 만나오면서, 나는 그들 대부분이 스스로 우울하다고 느끼지 않는다는 것을 알게 되었다.

실제로 내 환자들 대부분은 우울증 자체를 이유로 나를 찾아오지 않는다. 물론 이들 중 일부는 삶의 어느 시점에서 잠을 이루지 못하거나, 온종일 피로감을 느끼거나, 식욕이 떨어지거나, 집중력이 흐트러지는 등의 임상적인 우울증 증상을 경험했거나 현재 겪고 있기도 하다. 그러나 대부분의 환자는 결혼 생활이 뜻대로 풀리지 않는데 그 이유를 알 수 없어서 나를 찾아온다. 또는 설명하기 어려운 공황 발작이나 약물 남용 같은 건강상의 위기를 겪으면서 이를 해결하고자 상담실을 찾는다. 때로는 자녀들이 자신과의 소통을 거부하기 시작해 아이들의 닫힌 마음을 어떻게 열 수 있을지 고민하며 나를 찾기도 한다. 혼자서 가족을 지탱하는 역할에 지쳤지만, 그 무거운 짐을 어떻게 내려놓아야 할지 몰라 도움을 청하는 이들도 있다. 결국, 고기능 우울증을 겪는 사람들이 내 상담실을 찾는 이유는 우울증 그 자체가 아니라, 그로 인해 파생된 문제들 때문이다.

고기능 우울증이란 무엇인가

 나는 환자들에게서 관찰되는 임상학적 특징을 바탕으로 고기능 우울증을 다음과 같이 정의한다. 고기능 우울증이란 트라우마(예를 들어, 고통스러운 유년기 경험, 파산 선고, 신체적 폭행 등)에 의해 촉발되는 정신 건강 장애로 무쾌감증과 마조히즘적 행동을 초래할 수 있다. 당신은 이렇게 생각할지도 모른다.
 "트라우마는 뉴스에서 보는 성폭행 피해자나 전쟁터에서 살아남으려 애쓰는 사람들에게 해당하는 거잖아요. 트라우마는 저와는 별개의 문제예요. 저도 힘든 시기를 겪긴 했지만, 심각한 트라우마라고 부를 만한 경험은 없어요."

하지만 여기서 꼭 기억해야 할 점이 있다. 트라우마에는 '큰 트라우마'와 '작은 트라우마'가 있으며, 이 둘 중 어느 쪽이든 고기능 우울증의 핵심이 될 수 있다. 어떤 사람들은 트라우마에 반응해 술이나 약물로 자신을 달랜다. 또 어떤 사람들은 의식적이든 무의식적이든 위험한 상황을 찾아다니며 더 많은 트라우마를 겪으려 한다. 이는 마치 전투를 경험한 군인이 다시 전장에 자원하는 것과도 같다. 고기능 우울증을 앓는 이들은 자신이 겪은 트라우마에서 비롯된 정서적 고통을 생산성으로 전환한다. 그들은 병적일 정도로 생산적이다. 이것이 바로 그들의 외상 후 스트레스가 드러나는 방식이다. 겉으로는 만족스럽고 강인하며, 모든 것이 잘 정돈된 성공한 사람처럼 보이지만, 실제로는 끊임없는 노력과 높은 성취를 통해 트라우마를 떨쳐내려 애쓰고 있을 뿐이다. 하지만 그런 시도는 결국 성공하지 못한다.

이런 상황에서 '일'은 중독성 약물과도 같다. 누군가가 화장실 한켠에서 코카인을 하는 모습을 보면 모두가 놀라겠지만, 같은 곳에서 업무 이메일을 보내는 모습을 본다고 해서 신경 쓰는 사람은 없다. 새벽까지 술집에 있으면 걱정스러운 일로 여기지만, 새벽 3시까지 아이들의 핼러윈 의상을 직접 만든다고 해서 염려하는 사람은 없다. 오히려 많은 일을 해내고, 항상 준비된 모습을 보이면 칭찬과 보상이 돌아올 뿐이다. 그래서 이 중독의 고리를 끊기는 더욱 어렵다. 상사는 하루 24시간 내내 업무에 대응하는 당신을 반기겠지만, 정작 당신의 몸과 뇌는 결코 그렇지 않다.

기쁨을 느끼는 능력의 저하

당신은 이렇게 생각할지도 모른다. "주디스 박사, 무쾌감증에 대한 이야기는 흥미롭지만, 제 얘기는 아니에요. 어차피 인생이 늘 행복할 순 없잖아요." 그리고 마조히즘이란 단어를 보고 어떤 생각을 할지도 짐작이 간다. 하지만 조금만 더 내 이야기를 들어주길 바란다.

고기능 우울증을 겪는 사람 중 약 75%는 무쾌감증, 즉 삶에서 기쁨을 느끼는 능력이 현저히 떨어진 상태를 경험한다. 그들은 그저 습관적으로 일상을 살아갈 뿐, 늘 무기력하고 무덤덤한 상태에 빠져 있다. "저녁 뭐 먹고 싶어?" "아무거나" "영화 볼까?" "네가 보고 싶은 거 봐" "타히티로 여행 갈까?" "뭐, 괜찮겠네" 이런 식이다. 어느 지점을 넘어서면, 그들이 헌신적으로 몰두해 왔던 일조차 더는 기쁨을 주지 못한다. 성취와 칭찬에 중독되지만, 그것들마저 더 이상 감정적 고양감을 가져다주지 않는다. 이어지는 내용에서 곧 알게 될 연구 결과에 따르면, 트라우마를 겪게 된 횟수가 늘어나면 무쾌감을 경험할 가능성이 높아지고, 고기능 우울증의 정도도 더욱 심각해진다.

초능력 또는 아킬레스건

경험적으로 볼 때, 고기능 우울증을 겪는 사람들은 종종 축복이자 저주가 될 수 있는 '초능력'을 하나쯤 가지고 있다. 예를 들어, 어떤 사람은 타인에 대한 남다른 사랑과 배려심을 지니고 있지만, 그로 인해 결국 남을 챙기느라 자신의 에너지가 고갈되기 쉽다. 또 어떤 사람은 고통을 참아내는 힘이 남달라 매우 힘든 상황도 견뎌내지만, 그 때문에 자신을 너무 자주 위험에 내몰기도 한다. 혹은 지나치게 강한 인내심 탓에 즐거움을 계속 미루거나, 심지어 아예 포기해 버리기도 한다.

이제 시간을 내어 자신의 삶을 확대경 아래 놓고, 자신만의 특별한 점이 무엇인지, 그리고 그 강점이 지나쳐 자기희생이나 타인의 비위를 맞추는 행동으로 변질되는 순간이 언제인지 탐구해 보자. 사람들이 당신을 '모든 걸 완벽하게 통제하는 사람'으로 보는 이유가 무엇인지 적어보는 것도 좋다. 혹은, 타인이 보는 당신의 모습과 실제로 당신이 느끼는 내면 사이의 간극을 몇 문장으로 표현해 보며 그 연결점을 찾아보자. 이런 간극을 탐구하다 보면, 당신 안에 숨겨진 강점과 초능력을 발견할 수 있다. 예를 들어, 내 동료들은 내가 모든 일을 완벽하게 처리한다고 생각하지만, 실제로 나는 이메일에 답장할 시간조차 부족하다고 느낀다. 나는 업무를 동료에게 위임하긴 하지만, 직접적으로 도움을 요청하는 데에는 어려움을 느껴서 바쁘고 일이 벅찰 때 그 상황에 자주 압도당하곤 한다. 자신의 초능력이 가진 위험성을 분석하다 보면, 그 힘의 원천이 동시에 아킬레스건이 될 수 있다는 사실을 깨닫게 된다. 이 책을 다 읽을 즈음에는, 당신의 초능력을 희생이 아니라 행복과 웰빙을 높이는 가치 있는 행동으로 전환하는 방법을 배우게 될 것이다.

당신에겐
삶의 기쁨을 누릴 자격이 있다

고기능 우울증이 있는 사람들은 겉으로는 아무 문제가 없어 보이지만, 눈에 보이지 않는 방식으로 삶에 큰 어려움을 겪고 있다. 이들은 하루 종일 기본적인 욕구조차 제대로 충족하지 못한 채 지내기도 한다. 식사나 물, 인간적인 교류와 같은 것들을 챙기지 못한 채 하루를 보내는 것이다. 목표에 지나치게 몰두한 나머지 저녁을 먹으라는 몸의 신호를 무시하거나, 마지막으로 의미 있는 대화를 나눈 게 며칠 전인지조차 잊곤 한다. 다른 사람을 위해 화려한 파티를 기획하거나, 친척들의 비상 연락처 역할을 자처하지만, 정작 자신에게 그런 상호적인 관계는 없다. 연인과의 관계가 위태로울 수 있고, 새벽 2시에 힘들다고 전화할 친구 한 명조차 없다는 사실을 깨닫게 될 때도 있다.

수년간 자신을 돌보지 않고 방치하다 보면 결국 그 대가를 치르게 된다. 책임감이라는 무거운 짐에 짓눌려 살아 있는 채로 묻힌 듯한 기분이 들 수 있다. 부실한 영양 섭취와 만성적인 스트레스, 번아웃은 결국 건강 문제로 이어질 수 있다. 인간관계가 틀어지면 고립감, 불안, 슬픔이 찾아온다. 만약 심각한 건강 문제로 주치의 진료실을 찾지 않는다면, 결국 심각한 정신 건강 문제로 내 상담실 소파에 앉게 될지도 모른다.

일에 자신을 소진했던 레베카

휠체어를 탄 서른 살의 아름다운 여성 레베카는 일주일에 70시간씩 일하는 소프트웨어 엔지니어로, 불안 때문에 업무 효율이 크게 떨어진다며 나를 찾아왔다. 그녀는 밤에 세 시간 이상 잘 수 있도록 수면제를 처방받을 수 있는지, 아니면 최소한 주말에라도 부족한 잠을 보충할 방법이 있는지 궁금해했다. 레베카가 다니는 회사는 정말 인상적이었다. 근무 시간은 터무니없이 길고, 그녀의 상사는 나르시시스트였다. 그럼에도 대부분의 사람들이 회사의 명성과 복지를 동경하며 그곳에서 일하기를 원한다는 점을 그녀는 알고 있었다. 레베카는 겨우 시간을 내서 연애를 시작해도 결국 정서적으로 해로운 남자친구와의 관계만 반복하게 됐다.

레베카는 상담 시간 내내 대체로 꼿꼿이 앉아 좀처럼 감정을 드러내지 않았고, 얼굴에는 늘 깊은 피로가 드러나 있었다. 그러던 어느 날, 그녀는 최근 만난 남성에 대해 털어놓기 시작했다. 그는 약속 시간보다 45분이나 늦게 나타났고, 잠자리를 가진 뒤 한밤중에 몰래 사라졌다고 했다. 그 말을 한 뒤 레베카는 갑자기 울음을 터뜨렸고, 나는 그 모습에 놀라지 않을 수 없었다. 그날 감정의 둑이 무너진 이후로 레베카는 상담 시간마다 눈물을 흘렸고, 함께 보내는 45분 내내 울음을 멈추지 못했다. 마치 오랜 세월 억눌러온 감정들이 이제야 비로소 쏟아져 나오는 듯했다.

그녀는 모든 것을 혼자 감당하는 삶에 지쳐 있었다. 다른 사람들이 자신에게 기대듯, 자신도 의지할 수 있는 누군가를 원했다. 삶의 모든 면에서 자신이 부족하다고 느끼는 데에도 지쳐 있었다. 하룻밤을 함께 보낸 남자가 떠나지 않고 곁에 머물 만큼 자신이 매력적이지도 않고, 직장 상사가 업무의 질을 두고 그녀를 심리적으로 괴롭히는 일을 멈출 만큼 자신의 능력이 충분하지도 않다고 생각했다. 몇 달 동안의 상담을 통해 나는 레베카가 자신을 휠체어에 앉게 만든 교통사고의 트라우마에서 여전히 벗어나지 못하고 있음을 분명히 알게 되었다. 우리는 사고 이후 그녀가 친구들과 휴가를 떠나거나, 퇴근길 차 안에서 좋아하는 음악을 듣는 일조차 점점 무의미하게 느끼게 된 이유를 함께 살펴보았다. 그녀의 삶은 온통 일뿐이었고, 단 한 시간의 여유도 없었다.

어느 날, 레베카는 직장을 그만두겠다고 말했다. 다음 일자리를 정하지 않은 채, 일단 멈춰 서서 자신이 진정 원하는 것이 무엇인지 생각할 시간을 갖기로 했다. 치유를 위해서라도 쉼 없이 돌아가는 일상의 롤러코스터에서 벗어나 여유롭게 숨 돌릴 시간이 절실했다. 그로부터 반년이 채 지나지 않아, 그녀는 전혀 다른 분야에서 새로운 일자리를 찾았다. 근무 시간이 규칙적이고, 평소 좋아하던 글쓰기를 마음껏 할 수 있는 곳이었다. 그리고 이전에 만났던 사람들과는 확연히 다른 매력을 지닌 멋진 연인도 생겼다.

더 이상 온종일 일에 자신을 소진하지 않게 된 레베카는, 십 대 시절 좋아했던 그림 그리기를 다시 취미로 삼았고, 고등학교 시절 친구들과도 다시 연락이 닿았다. 친구들은 그녀를 만나기 위해 약속을 잡고, 계획을 세우기 시작했다. 마침내 레베카는 자신에게 꼭 맞는 삶을 살고 있다는 사실을 온전히 느낄 수 있었다.

누구나 있는 그대로의 모습으로
삶의 기쁨을 누릴 수 있다

고기능 우울증이 있는 사람들은 성공만이 행복으로 가는 유일한 길이라고 믿는다. 치유란 누구나 있는 그대로의 모습으로도 충분히 삶의 기쁨을 누릴 자격이 있음을 깨닫게 하는 과정이다. 고기능 우울증을 극복하는 과정에서, 일과 성취에만 몰두한 끝에 자신에게 맞지 않는 삶을 쌓아왔음을 알게 된다. 이 과정을 통해 새로운 정체성을 발견하고, 새로운 자신을 위한 삶을 만들어 갈 기회를 얻는다. 내가 만난 내담자 중에는 무리한 일이나 독이 되는 인간관계를 과감히 정리하고, 진정한 열정을 찾아내거나, 평생을 함께할 사람을 만나 가정을 꾸리며 새로운 삶을 시작한 이들이 많다. 그들은 더 이상 공허함과 피로감에 사로잡혀 '이 모든 것이 정말 가치 있는 일인가? 이것이 내가 원했던 삶인가?'라고 스스로에게 묻지 않는다. 지금 그들이 만들어가는 새로운 삶은 오늘뿐 아니라 앞으로의 시간에도 기쁨을 가져다줄 것이다.

고기능 우울증을 연구하면서 나는 스스로에게 이런 질문을 던졌다. "만약 이 상태가 우리를 방해하는 것이 아니라, 오히려 우리에게 도움이 될 수 있다면 어떨까?" 내가 만난 환자들이 이러한 증상에도 불구하고 가정과 직장에서 모든 일을 해내는 힘을 가지고 있다면, 그 힘과 능력, 에너지로 삶을 더 나은 방향으로 변화시키는 데에도 활용할 수 있지 않을까?

1부를 마칠 즈음이면, 당신은 자신의 고기능 우울증의 뿌리를 명확히 이해하고 파악하게 될 것이다. 2부에서는 그 깨달음을 바탕으로 자신의 진정한 욕구를 존중하고, 모든 관계에서 기쁨을 발견하며, 삶을 즐거움으로 채우는 방법을 배울 것이다. 더 이상 하루하루를 자율주행 모드로 살아가지 않을 것이다. 이제는 삶을 온전히 살아가기 위해 몰입하게 될 테니 말이다.

나는 고기능 우울증일까?

과학적이고 체계적인 연구를 바탕으로 고기능 우울증의 척도를 개발했고, 이 책의 내용에 맞게 수정하였다. 다음 질문에 '예'라고 답한 횟수를 세어, 자신이 고기능 우울증에 해당하는지 그리고 어느 정도 심각한 상태인지 확인해 보자.

1. 2주 이상 감정적으로 무감각하거나 소외된 느낌이 든 적이 있는가?
2. 최근 수면 패턴에 큰 변화가 있어, 평소보다 지나치게 많이 자거나 너무 적게 잔 적이 있는가?
3. 평소와 달리 식욕이 증가하거나 감소하는 등 식사 습관에 변화가 있었는가?
4. 다른 사람들이 괜찮다고 해도, 자주 자신이 부족하다고 느끼거나 과도한 죄책감에 시달린 적이 있는가?
5. 만성적인 에너지 저하나 번아웃으로 인해 일상적인 일을 수행하는 데 어려움을 겪은 적이 있는가?
6. 미래나 현재 상황에 대해 희망이 없다고 느끼며, 절망감을 경험한 적이 있는가?

7. 이전에는 쉽게 했던 일에 집중하기 어렵거나, 마무리 짓기가 힘들다고 느낀 적이 있는가?

8. 예전에는 즐거웠던 활동에서 더 이상 만족을 느끼지 못하고, 초조하거나 답답함을 느낀 적이 있는가?

9. 삶의 무의미함에 대한 생각이 계속되거나, 죽음이나 자살에 대해 이전보다 더 자주 떠올리게 되었는가?

10. 평소와 달리 몸이 무겁고 움직임이 느려져 일상생활에 지장이 있었는가?

11. 이전에 즐거움을 주던 취미나 활동에 더 이상 흥미를 느끼지 못한 적이 있는가?

12. 다른 사람에게 부담을 주고 싶지 않아, 자신의 문제에 대해 도움을 요청하는 것을 자주 피하게 되는가?

0~3개

'예'라고 답한 문항이 3개 이하라면 매우 좋은 상태이다. 고기능 우울증이 없거나(0개), 있어도 매우 경미한 경우(1~3개)이다. 이미 이 책 2부에서 다루는 몇 가지 기법을 실천하고 있을 수 있지만, 앞으로 점수를 더 낮출 수 있는 추가적인 방법도 배울 것이다.

4~7개

'예'라고 답한 문항이 4~7개라면 중등도 수준의 고기능 우울증에 해당한다. 이 책 2부에서 소개하는 5V 원칙 모두를 실천할 필요가 있지만, 치료와 같은 추가적인 지원까지는 필요하지 않을 수 있다.

8~12개

'예'라고 답한 문항이 8개 이상이라면 심한 수준의 고기능 우울증이며, 저기능 우울증으로 악화될 위험이 크다. 지금부터 책을 계속 읽으며 가능한 한 빨리 5V 원칙을 실천해야 한다. 또한 10장에서 권장하는 추가적인 지원도 고려해 볼 필요가 있다.

2장

트라우마:
짊어진
마음의
무게

트라우마를
숨기는 사람들

　우리는 트라우마에 대해 충분히 이야기하지 않는다. 물론, 당신이 치료를 받고 있는 상황이라면 트라우마에 대해 많은 이야기를 나누게 될 것이다. 또는 스스로 '자기 돌봄'을 실천하고 있다면, 일기장에 그 감정을 쏟아내거나 친구에게 털어놓기도 할 것이다. 하지만 대부분의 시간 동안 우리는 인생의 그 고통스러운 순간들이 마치 마법처럼 사라지기를 바란다. 모든 트라우마를 여행 가방에 억지로 밀어 넣고, 자물쇠를 채워 어딘가 깊숙이 보관해 두려 한다. 불안정한 의자 위에 올라서 무거운 여행 가방을 머리 위로 들어 올린 채, 위태롭게 높은 선반 위에 올려놓으려 애쓴다.

간신히 그 선반 위에 올려둘 때도 있지만, 때로는 균형을 잃어 여행 가방이 떨어지기도 한다.

우리가 진정으로 해야 할 일은 여행 가방을 숨기는 것이 아니라, 그 안에 든 것들을 풀어 정리해 나가는 것이다. 트라우마는 고기능 우울증의 가장 큰 촉발 요인이다. 물론 우울증에는 생물학적 원인도 존재한다. 실제로 주요 우울증의 위험 요소 중 최대 50%가 유전과 관련이 있으며, 부모로부터 물려받을 수 있다는 연구 결과도 있다.[1] 또한, 뇌 속 호르몬과 화학 물질 역시 우울증 발생에 중요한 역할을 할 수 있다. 하지만 무엇보다 심리적, 사회적 영향에 의한 트라우마가 고기능 우울증을 유발하는 데 상당한 영향을 미칠 수 있다는 사실을 내 연구를 통해 확인할 수 있었다.

그렇다고 해서 모든 트라우마 경험자가 고기능 우울증을 겪는 것은 아니다. 하지만 내 연구 결과, 고기능 우울증을 앓고 있다면 트라우마를 경험했을 가능성이 매우 크고, 그 트라우마가 고기능 우울증의 원인이 되었을 확률도 높다. 우리는 트라우마를 인정하기보다는 외면한 채, 또 다른 성취와 성공, 승진, 더 큰 목표를 향해 자신을 계속 몰아붙인다. 그렇게 결국 한계를 넘어서고 만다.

PTSD(외상 후 스트레스 장애)의 증상 중 하나는 자신이 충분하지 않다고 느끼는 것이다. 자신과 세상에 대해 지나치게 부정적인 생각을 하게 되고, 트라우마로 인한 죄책감, 수치심, 자기 비난을 내면화한다. 이러한 감정은 고기능 우울증에서도 나타나는 경향이 있다. 우리는 이런 '충분하지 않음'의 감정 때문에 직장, 친구 관계, 가족 안에서 때로는 지나치게 헌신하기도 한다. 의식적으로든 무의식적으로든, 우리는 자신이 조건 없는 사랑, 방해받지 않는 휴식, 그리고 삶의 기쁨을 거리낌 없이 누릴 자격이 없다고 여기게 된다.

트라우마란 무엇인가

우리가 트라우마에 대해 말하지 않는 이유 중 하나는 그것이 정확히 무엇인지 알지 못하기 때문이다. 그렇다면 먼저 트라우마의 정의부터 살펴볼 필요가 있다. 의료 전문가들이 표준으로 삼는 진단 도구인 DSM-5는 트라우마를 '실제 죽음이나 죽음에 대한 위협, 심각한 부상, 성적 폭력에 노출되는 것'이라고 규정한다. 여기서 '노출'이란 그 사건을 직접 경험하는 것뿐만 아니라, 다른 사람이 겪는 장면을 목격하거나, 가까운 사람이 그런 일을 당했다는 소식을 듣는 것까지 포함한다. 트라우마는 공원을 산책하다가 신체적 폭행을 당하는 일이기도 하고 팬데믹 초기, 치료제가 없던 시절에 코로나에 걸려 병원에서 인공호흡기에 의지하게 되는 경험이기도 하다. 혹은 경찰관의 요구를 처음에 따르지 않았다는 이유만으로 총구가 얼굴 앞에 들이밀어지는 순간일 수도 있다.

앞서 언급한 사례들은 '큰 트라우마'에 해당한다. 그러나 나를 포함한 다수의 전문가들은 DSM-5의 트라우마 정의가 지나치게 협소하며 '작은 트라우마' 역시 함께 다뤄져야 한다고 본다. 배우자의 외도 사실을 알게 되는 일, 장기 법적 분쟁에 휘말리는 일, 회사 고위 상사에게 반복적으로 성추행을 당하는 일이 그 예다. 정서적 트라우마는 겉으로 드러나는 신체 손상만큼 주목받지 못하지만 고기능 우울 상태에 유의미한 영향을 미친다. 총기 난사 사건에서 살아남는 것과 같은 충격적 사건에는 사람들이 공감을 쏟지만, 낯선 나라에 빈손으로 와서 삶을 처음부터 다시 시작해야 하는 사람에게는 "이 나라에 온 것만으로도 운이 좋다"고 쉽게 말해버린다. 비현실적 수준의 완벽을 강요하는 코치의 정서적 학대조차 "그와 훈련할 수 있는 것만으로도 행운이야"라는 말로 쉽게 정당화된다.

사실 거의 모든 사람은 각기 다른 수준의 트라우마를 가지고 있다. 내 경험에 따르면, 고기능 우울증으로 이어지는 트라우마에는 네 가지 유형이 존재한다. 이제 각각의 유형을 살펴보고, 자신에게 해당하는 부분이 있는지 확인해 보기 바란다. 이 책을 계속 읽다 보면, 이 가운데 하나 이상은 분명 자신에게 해당한다고 느끼게 될 것이다.

아동기 트라우마

　에릭은 세 아들 중 장남으로, 열여섯 살이 되었을 때 이미 집안의 '문제아'로 굳어져 가고 있었다. 그는 매우 총명하여 맨해튼 어퍼웨스트사이드에 있는 명문 고등학교에 다녔고, 모든 과목에서 항상 A학점을 받아왔다. 테니스 선수로 활동했으며, 학생회에도 참여하는 등 대학 입시에 도움이 될 만한 비교과 활동에도 적극적이었다. 겉으로 보기에는 모든 것이 완벽해 보였다. 하지만 내면에는 문제가 있었다.

　문제가 드러나기 시작한 것은 1년 전부터였다. 에릭은 집에서 점점 더 무례하게 행동하기 시작했다. 방문을 쾅 닫고 들어가고, 음악을 지나치게 크게 틀었고, 스스로 해야 할 집안일도 전혀 하지 않았다. 심지어 한 번은 어머니에게 여성을 비하하는 비속어가 섞인 말을 하기도 했다. 에릭의 어머니 셀레스트는 아이의 행동뿐 아니라, 변해버린 에릭을 어떻게 대해야 하는지 혼란스러워하는 에릭의 두 동생까지 걱정할 수밖에 없었다. 셀레스트와 그녀의 남편은 에릭이 문제 행동을 할 때마다 벌을 주었지만, 별다른 효과는 없었다.

에릭에게는 생일 파티나 가족 여행에 초대할 만큼 가까운 친구도 없었다. 무언가를 즐기는 모습도 거의 볼 수 없었고, 학교 공부와 비교과 활동 외에는 어두운 방에서 비디오 게임을 하는 것이 전부였다. 셀레스트가 잠자리에 들라고 해야만 게임을 멈추곤 했다. 가장 끔찍했던 순간은 어느 날 밤, 셀레스트가 아래층 욕실에서 구토하는 소리에 잠에서 깨어 내려가 보니, 에릭이 바닥에 쓰러져 있던 날이었다. 그 모습을 본 셀레스트는 당황할 수밖에 없었다. 에릭의 입에서는 술 냄새가 났고, 방에서는 보드카 한 병이 발견됐다. 셀레스트는 그 상황이 매우 걱정스러웠지만, 전혀 뜻밖이라고는 느끼지 않았다. 이런 행동들은 갑자기 나타난 것이 아니었다. 지난 1년 동안 셀레스트와 남편이 심하게 다투며 이혼 절차를 밟는 동안, 에릭의 일탈 행동은 점점 심해졌다. 하지만 셀레스트는 더 이상 이를 어떻게 해야 할지 알 수 없었다. 그래서 결국 나에게 연락을 했다.

자녀에게 트라우마를 남기는 부모의 이혼

이혼은 내가 상담 현장에서 가장 자주 접하는 아동기 트라우마 중 하나다. 아무리 원만하게 이루어진다 해도, 이혼은 모든 가족 구성원의 정서적, 경제적, 신체적 안정에 영향을 미치며, 아이들에게 깊은 트라우마를 남긴다. 그렇다고 해서 불행한 부부가 억지로 함께 살아야 한다는 뜻은 아니다. 오히려 부모가 자녀를 위해 결혼 생활을 유지할 경우, 아이들은 부모의 이혼보다 더 큰 상처를 경험할 수도 있다. 예를 들어, 가정 폭력이 있거나 부모가 늘 다투는 불안정한 환경에서는 그 위험이 더 커진다. 물론 이혼이 두 가지 해로운 선택지 중 더 나은 결정일 수 있지만, 가족 모두에게 여전히 큰 충격과 변화를 불러오는 트라우마가 된 사건임에는 변함이 없다. 이혼은 한 번에 끝나는 일이 아니라 지속적으로 영향을 미치는 트라우마이며, 실제로 전체 기혼자의 거의 절반이 이 일을 겪고 있다. 특히 에릭과 같은 동남아시아 가정에서는 이혼이 드물고 심지어 금기시되는 경우가 많아, 이러한 점이 에릭의 트라우마를 더 심화시켰다.

에릭은 두려움에 휩싸였다. 갑자기 자신의 미래가 어떻게 될지 알 수 없게 되었기 때문이다. 사실 우리 모두에게 불확실한 미래는 두렵게 느껴진다. 앞으로 어머니와 살게 될지, 아버지와 살게 될지, 형제들과 떨어지게 될지, 함께 살게 될지, 부모님과 얼마나 자주 만날 수 있을지, 그리고 자신이 꿈꾸던 대학의 학비를 계속 지원받을 수 있을지 아무것도 확실하지 않았다. 이혼이라는 사건은 에릭의 정체성을 송두리째 흔들어 놓았다. 그는 더 이상 이상적인 두 부모가 함께 있는 가정의 일부가 아니었다. 학교에 이런 상황이 알려지는 것도 부끄러웠다. 에릭은 그 감정들을 내게 털어놓으며, 이제 자신이 '무너진 가정'의 아이가 되어버렸다고 말했다.

부모의 이혼이라는 어린 시절의 트라우마는 에릭의 고기능 우울증을 촉발시켰다. 내가 에릭을 처음 만났을 때부터 이 문제를 함께 다루지 않았다면, 그는 아마 더 위험한 길로 접어들었을 것이다. 운동선수나 졸업생 대표가 되는 등 성취에 집착하며 트라우마로부터 자신을 떼어놓으려는 모습은 겉보기에는 긍정적으로 보일 수 있다. 그러나 이러한 방식은 오히려 자신의 정체성을 온전히 형성하는 데 방해가 된다. 특히 어린 시절부터 이루어낸 성취로만 자신을 규정하게 되면, 자신을 자신답게 만들어주는 개성이나 열정, 그리고 고유한 특성들이 충분히 발달하지 못한다. 결과적으로 무대 위나 대중 앞에서는 뛰어나 보일 수 있지만, 가족과 함께 있거나 집에 있을 때는 공허함과 불만족을 느끼고, 심지어 기능장애까지 경험하게 된다.

내가 지금껏 만나온 많은 고기능 우울증 환자들은 어린 시절에 겪은 트라우마로 인하여 정서와 인격이 충분히 성장하지 못한 상태에 머물러 있는 경우가 많았다. 에릭의 치료에서 초점을 둔 것은, 왜 부모가 헤어질 수밖에 없었는지, 그리고 그 과정에서 어떤 이유로 이혼이 불가피했는지를 이해하는 데 있었다. 또한 에릭이 왜 자신의 분노를 행동으로 표출했는지, 즉 자신의 감정을 말로 표현하는 대신에 일탈적인 행동을 통해 부모에게 알리려 했던 이유도 함께 탐색했다. 치료를 시작하기 전, 에릭은 아버지가 사준 비싼 새 재킷을 일부러 잃어버리는 짓을 벌이곤 했다. 그러나 치료가 진행된 다음에는 "아빠가 엄마에게 이혼하고 싶다고 말해서 나는 화가 나요"라고 자신의 감정을 직접 표현할 수 있게 되었다.

어린 시절의 트라우마는 성인기까지 이어진다

부모님의 이혼은 어린 시절에 겪을 수 있는 여러 트라우마 중 하나에 불과하지만, 성인이 되어서도 삶에 지속적인 영향을 미칠 수 있다. 1990년대 후반, 아동기 역경 경험Adverse Childhood Experiences, ACE에 관한 획기적인 연구가 발표되었다.[2] 이 연구는 수천 명의 환자 데이터를 바탕으로, 음주 문제가 있는 가족과 함께 성장하거나, 부모의 심각한 체벌로 상처를 입었던 경험, 충분한 음식을 먹지 못했던 경험 등 신체적·정신적 건강 문제에 취약해질 수 있는 10가지 아동기 역경 유형을 밝혀냈다. 2020년에 발표된 후속 연구에서는 인종이나 민족성을 이유로 부당한 대우를 받았던 경험, 위탁가정에서 지냈던 경험, 폭력을 목격했던 경험 등

이 새롭게 추가되었다.[3]

이러한 모든 트라우마적 사건은 성인기까지 이어지는 부정적인 파급 효과를 불러올 수 있다. 여러 학술 논문에 따르면, 아동기 역경 경험 점수가 높을수록 체중 증가, 심장 질환, 우울증, 불안, 약물 사용 장애 등 다양한 건강 문제를 겪을 위험이 더 커진다고 한다.[4] 만약 이 내용을 읽으며 불편함을 느낀다면, 이는 당신이 어린 시절의 트라우마로부터 치유받아야 할 때가 되었음을 알리는 신호일 수 있다.

성인기 트라우마

성인이 된 이후에도 우리를 무릎 꿇게 만드는 트라우마적 경험을 한다. 흥미로운 점은, 때로는 자신이 선택한 직업이 오히려 트라우마에 노출되는 환경일 수 있다는 것이다. 그러한 환경에서는 고기능 우울증에 걸릴 위험이 커질 수 있다. 예를 들어, 생명과 죽음이 맞닿아 있는 상황에 자주 놓이거나, 타인의 삶의 질을 자신의 것보다 우선시해야 하는 직업, 혹은 신체의 한계를 극한까지 밀어붙여야 하는 직업 등이 이에 해당한다.

- 위험을 향해 달려가 타인을 구하는 경찰관, 소방관, 응급구조

대원 등 각 분야의 초동 대응자
- 국가의 안전을 위해 먼 타국에서 목숨을 걸고 임무를 수행하는 군인
- 지원이 부족하거나, 유해한 환경에서 일하거나, 낮은 임금을 감수하면서도 아이들을 가르치는 교사
- 사회적 기대에 부응하기 위해 신체를 혹사하고 부상 위험을 감수해야 하는 프로 운동선수
- 전쟁이나 각종 참사를 막거나 극복해야 한다는 막중한 책임감 속에서 국가를 이끌어야 하는 공직자
- 심각한 부상, 질병, 사망을 목격하면서도 2교대 또는 3교대 근무를 이어가야 하는 의사, 간호사 등 의료계 종사자

어떤 사람들은 트라우마에 반복적으로 노출될 수밖에 없는 직업을 선택해 그 분야에 머물며 재트라우마retraumatized를 겪는다. 또 어떤 사람들은 과거에 트라우마를 경험한 뒤, 동일한 분야에서 일하면서 자신의 삶을 통제할 수 있을 것이라고 착각하기도 한다. 나 역시 처음에는 그랬지만, 이후 마취과에서 정신과로 전공을 바꾸기로 결심했다.

병원에서 레지던트로 일하던 첫날, 중환자실에서 있었던 일이 아직도 생생하게 기억난다. HIV와 C형 간염을 앓고 있던 20세 환자가 갑자기 상태가 악화되어 심폐소생술이 필요한 상황이었다. 나는 곧바로 달려가 CPR을 시작했다. 내 손 아래에서 환자

의 갈비뼈가 부러지는 것이 느껴졌고, 환자가 내 몸에 구토하는 상황까지 벌어졌지만, 나는 압박을 멈출 수 없었다. 우리는 결국 환자를 살리지 못했고, 사망 선고를 내려야 했다. 하지만 아무도 내게 다가와 괜찮은지 물어보지 않았다. 내가 얼마나 애썼는지 격려해 주지도 않았으며, 심지어 수건 하나 건네주는 이도 없었다. 지도 교수는 그저 나를 바라보며 "자, 우리가 잘한 점과 잘못한 점에 대해 이야기해 봅시다"라고 말할 뿐이었다. 그 모든 순간이 나에게는 트라우마였지만, 그것을 건강하게 받아들이거나 소화할 수 있도록 허락된 시간은 단 1초도 주어지지 않았다.

성인이 되어 겪는 트라우마와 고기능 우울증

성인 역시 뼈아픈 실패를 겪은 뒤 고기능 우울증의 악순환에 갇히게 될 수 있다. 예를 들어, 자신이 창업한 작은 사업이 결국 성공하지 못해 문을 닫고, 자신을 믿고 따르던 직원들을 해고해야 하며, 그 과정에서 엄청난 빚까지 떠안게 되는 상황이 그렇다. 생계가 위협받고 자신과 가족의 끼니까지 걱정해야 하며, 다음 달 월세를 낼 수 있을지조차 모르는 상황은 누구에게나 큰 트라우마가 된다. 암 진단이나 심각한 부상처럼, 생명을 위협하는 건강 문제를 겪으며 자신의 몸이 자신을 배신했다고 느끼는 순간 역시 깊은 상처가 될 수 있다. 매일 아침 힘겹게 일어나 학대적인 상사 밑에서 일해야 하고, 자신의 노력이 폄하되고, 능력이 모욕당하며, 정당한 대우조차 받지 못하는 직장 생활 역시 트라우마가 될 수 있다. 또한, 자신의 누드 사진이 인터넷에 유포되는 등 공개적으로 명예를 훼손당하거나 큰 수치심을 겪게 되는 일도 트라우마가 될 수 있다.

고기능 우울증을 앓는 사람은 이런 상황에 처했을 때 "더 잘해야 해" 혹은 "다시는 바닥까지 떨어질 수 없어"라는 생각에 사로잡히곤 한다. 그들은 자신이 실패라 인지하는 상황에 시달리며, 과거의 오점을 끊임없이 지우려 애쓴다. 나 역시 이혼이 내 개인적인 실패가 아니었고, 내가 어찌할 수 있는 일이 아니었다는 사실을 깨닫는 데 2년이 걸렸다. 그 경험은 오히려 내 삶을 근본적으로 바꿔놓을 수밖에 없었던 큰 트라우마였다. 내 환자 히메나도 마찬가지였다. 그녀는 서른네 살의 성실한 초등학교 교사였다.

"다시 사랑을 찾을 준비가 됐다고 생각했어요." 그녀는 내 상담실 소파 끝에 앉아 초조하게 다리를 꼬았다가 곧 자세를 바로잡으며 내게 말했다. 2년 전, 그녀는 한 카페에서 초록색 눈동자를 가진 IT업계 종사자 제임스를 만났다. 10년간의 긴 기다림 끝에, 드디어 자신에게도 사랑이 찾아온 것이라고 생각했다.

처음에 제임스와의 관계는 40년 넘게 결혼 생활을 이어온 부모님에게서 보았던 그런 사랑과도 같았다. 하지만 몇 달이 지나자 상황이 달라지기 시작했다. 제임스는 집세나 친구에게 갚아야 할 돈이 필요하다며 히메나에게 돈을 빌려줄 수 있겠냐고 묻기 시작했다. 히메나가 거절하면 그는 연락을 끊거나 만나자는 약속을 잡지 않았다. 결국 히메나는 상황이 다시 '정상'으로 돌아가길 바라는 마음에 돈을 건넸다. 함께 있을 때마다 나누던 잠자리도 한 달에 한 번으로 줄었고, 제임스가 먼저 다가오는 일은 전혀 없었다. 히메나가 친밀함을 원할 때마다 그는 항상 평계를 댔다. 제임스는 점점 신경이 날카로워졌고, 히메나의 옷차림이 과체중인 사람에게 어울리지 않는다거나, 화장이 너무 촌스러워 보인다는 등 큰 소리로 상처 주는 말을 자주 했다.

히메나의 집에 함께 있을 때면 제임스의 성미는 더욱 거칠어졌다. 언젠가는 화에 못 이겨 자신을 때릴지도 모른다는 두려움까지 들었다.

"그가 하는 모든 행동이… 저를 점점 더 작아지게 만들었어요. 저는 훌륭한 부모님 밑에서 자랐고, 똑똑했고, 자기계발도 열심히 해왔는데, 어떻게 이런 상황에 스스로를 내몰게 된 걸까요? 이게 진정한 관계가 아니라는 건 알고 있었어요. 그런데도 그와 헤어지는 데 너무 오랜 시간이 걸렸어요."

직장에서는 항상 최고의 성과를 내왔지만, 제임스와 함께 있을 때면 자신이 한없이 부족하게 느껴졌다. 그런 대접을 받도록 자신을 내버려뒀다는 사실이 부끄러워 친구들에게조차 털어놓을 수 없었다. 그러다 제임스에게서 옮은 성병 때문에 산부인과를 찾게 되었고, 진지한 상담 끝에 히메나는 마침내 '그와 함께라면 어땠을까'라는 미련을 버려야 한다는 사실을 깨달았다. 이제는 무엇보다 자신의 안전이 가장 중요하다는 걸 알게 된 것이다.

믿었던 사람이 사실은 타인에게 관대하거나 친절한, 세상 물정을 잘 모르는 사람을 노리는 약탈자였다는 사실을 알게 되는 건 큰 충격이다. 제임스 역시 그런 부류였다. 그래서 다정하고 관대한 성품을 지닌 학교 선생님인 히메나가 그의 표적이 된 것이다. 신체적, 정신적, 정서적으로 학대하는 연인 관계에 놓이면 '나는 부족한 사람이고, 행복할 자격이 없다'라고 믿게 되는 것은 어른이 되어 겪는 큰 트라우마다. 그 관계에서 받은 상처는 히메나의 자존감을 완전히 무너뜨렸다. 그래서 나는 그녀와 함께 자신감을 회복하고, 건강한 경계를 세우며, 이성이 보내는 위험 신호를 식별하는 연습을 했다. 다시는 그 누구에게도 자신이 짓밟히는 일이 없도록 말이다.

세대 간 트라우마

나의 진료 대기실에는 박스에 천 개씩 담긴 저렴한 판촉용 볼펜 대신에 수집가용 펜만 비치돼 있다. 진료실을 찾은 40대 여성 카딘은 두 번째 방문 때 문진표를 작성하며 대기실에 비치된 펜을 가져가도 되냐고 물었고, 나는 흔쾌히 허락했다. 그런데 세 번째 상담 때도 펜을 달라고 하기에 내가 그럴 수 없다고 하자 실랑이가 벌어질 뻔했다. 그녀는 데이터 과학자로서 수익성 있고 안정적인 경력을 가지고 있다. 숫자를 다루는 일이 특별히 즐겁지는 않았지만, 그 일을 통해 미국에서 꽤 안락하게 살 수 있었고, 카리브해에 있는 가족들에게도 생활비를 보낼 수 있었다. 그리고 그녀는 분명 원하는 펜 정도는 얼마든지 살 수 있는 형편이었다.

카딘의 부모는 어린 시절, 하루 세 끼조차 제대로 먹지 못하고, 구멍 나지 않은 옷 한 벌 없이 자랐다. 그런 어린 시절의 상처는 딸에게도 고스란히 전해졌다. 카딘은 굶주림을 겪은 적은 없지만, 부모가 음식을 과하게 비축하는 모습을 보며 자랐다. 구멍 난 옷을 입고 다닌 적은 없지만, 부모가 새 옷을 사줄 형편이 됐음에도 늘 물려받은 옷만 입었다. 부모가 겪은, 기본적인 욕구조차 충족되지 못했던 결핍 트라우마가 딸에게로 이어진 것이다. 성인이 된 카딘은 원하면 일주일 내내 외식할 수도 있는 넉넉한 형편이었지만, 실제로는 한 번도 그렇게 해본 적이 없었다. 부모가 어린 시절 겪었던 결핍에서 비롯된 경제적 불안이 유산처럼 그녀에게 전해져, 지금도 늘 마음 한편을 차지하고 있었다.

부모로부터 전해진 결핍 트라우마

어떤 이들은 어린 시절 결핍 트라우마를 겪은 뒤, 성인이 되어서도 자신을 결핍 상황에 몰아넣는 방식으로 반응하기도 한다. 예를 들어, 쇼핑을 과하게 하거나 신용카드를 한도까지 사용하는 경우가 있다. 은행 계좌에 돈이 남아 있는 상태가 오히려 낯설고 불편하게 느껴지기 때문이다. 자원이 있다는 사실 자체가 이들에게는 익숙하지 않다. 몸과 뇌가 늘 빈곤의 경계를 살아가는 데 익숙해져 있기 때문에 과소비를 멈추지 못한다. 빚을 안고 태어난 것처럼, 지금 자원이 있음에도 불구하고 과소비를 통해 다시 익숙하고 편안한 출발점으로 자신을 되돌려 놓고야 만다.

다른 이들은 결핍 트라우마에 반응해 '생존 모드'로 들어가기도 한다. 이들은 배달 음식과 함께 오는 무료 플라스틱 용기를 모으고, 5년 전에 산 원피스의 가격표를 아직 떼지 않은 채 보관한다. 언젠가 입지 않게 될 경우를 대비해 언제든 환불할 수 있도록 하기 위해서다. 이들은 식료품의 유통기한을 그저 하나의 제안 정도로 여기거나, 최악의 경우 식품 회사가 더 많은 식품을 팔기 위해 꾸며낸 거짓말로 받아들이기도 한다. 카딘 역시 이러한 생존 모드에 속했다.

"저는 그냥 공짜로 주는 건 다 가져가요." 대기실에 놓아둔 간식이 누군가 가져가서 없어진 이야기를 나누던 중, 카딘은 그렇게 말하며 본인이 가져간 것이라고 솔직하게 털어놓았다. 나는 기본적인 음식과 음료에 대한 욕구가 충족되어야 정신 건강에 집중할 수 있다고 생각해 간식을 내놓았지만, 카딘은 그것을 일주일 내내 아침 식사로 챙겨가도 된다는 의미로 받아들인 것이다.

부모로부터 전해진 결핍 트라우마는 그녀로 하여금 저축 계좌에 돈을 쌓아두고, 냉장고를 가득 채우며, 심지어 내 사무실에서 가져간 펜처럼 필요하지도 않은 물건까지 쌓아두게 만들었다. 그것은 또한 그녀의 고기능 우울증을 유발했다.

카딘은 직장 생활에서 불행을 느껴 나를 찾아왔다. 보수가 꽤 좋은 직장이었지만, 주말까지 일해야 하는 상황이 잦았고, 상사에게 가혹한 질책을 받았다. 조용하고 성실한 직원일수록 이용당하기 쉬운 법인데, 카딘이 바로 그런 경우였다. 하지만 그녀는 자신을 그곳에 가두고, 벗어날 엄두를 내지 못했다.

그녀는 말했다. "정말 싫어요. 하지만 좋은 직장이고, 지금껏 벌어본 적 없는 돈을 벌고 있고, 가족도 도울 수 있어요."

"좋아요. 그런데 언제쯤 당신 자신을 위한 삶을 살기 시작할 건가요?" 내가 묻자 그녀는 당황한 듯 대답했다.

"모르겠어요. 그런 생각은 한 번도 해본 적 없어요."

카딘과 나는 다른 사람들이 그녀에게 기대했던 삶이 아니라, 그녀 자신이 꿈꾸는 삶을 구체화하는 데 함께 시간을 보냈다. 우리는 그녀의 결핍 사고에서 비롯된 두려움을 극복하기 위해 노력했고, 어디에서 절약해야 할지, 또 어디에는 기꺼이 돈을 써도 좋은지에 대해 이야기했다. 그러던 중, 그녀는 사진에 대한 오랜 애정을 털어놓았고, 결국 고가의 카메라를 장만해 주말마다 수업을 듣기 시작했다. 몇 달 뒤, 그 취미는 부업으로 이어져 주말마다 동네 사람들의 인물 사진을 찍게 되었다. 14개월이 지나자 부업이 충분한 수익을 내기 시작했고, 마침내 그녀는 사진작가로 전업했다. 현실적으로는 수입이 줄어드는 것을 감수해야 했지만, 더 중요한 것은 그녀가 일하는 매 순간을 기대하게 되었고, 모든 것을 잃을지도 모른다는 두려움이 점점 사라졌다는 점이다. 이제 그녀는 친구들과 함께 시간을 보낼 여유도 생겼다. 수십 년 만에 가장 행복한 시간을 보내고 있고, 내 사무실의 펜도 더 이상 사라지지 않았다.

미국에서는 재정적 스트레스가 스트레스 요인 가운데 가장 큰 비중을 차지한다. 특히 결핍 트라우마를 가진 사람들에게 미치는 영향력은 더 크기 때문에, 이를 효과적으로 관리하는 것이 매우 중요하다. 만약 신경다양인 Neurodivergent (일반적인 뇌의 발달이나 기능 방식에 차이가 있는 사람)이거나 ADHD가 있다면, 소비는 약점이자 취약점이 될 수 있다. 충동적인 행동이 빈번하게 나타나고, 다른 사람들보다 돈에 대한 스트레스도 더 크게 느낀다. 당신의 정신 건강 주치의가 소비 습관에 대해 묻지 않는다면, 직접 이야기를 꺼내보거나 신뢰할 만한 전문가와 상담해 보는 것이 좋다. 재정적으로 당장 어려움을 겪고 있지 않더라도, 부모가 겪었던 고통과 혼란이 여전히 나에게 영향을 미칠 수 있다.

다음 세대에게 대물림되는 트라우마

연구에 따르면, 인종 차별이나 전쟁으로 인한 역사적 트라우마는 그 후손들에게도 겉으로 드러나지 않지만 건강에 부정적인 영향을 미칠 수 있다고 한다.[5] 즉, 조상들은 트라우마를 후대에 물려줄 수 있다. 이는 트라우마가 우리의 DNA에 영향을 미치기 때문이며, 이를 '세대 간 트라우마'라고 부른다. 이는 한 세대에 그치지 않고 이후 세대에도 영향을 미칠 수 있다. 부모나 조부모가 집단학살의 생존자이거나 난민이었다면, 세대 간 트라우마가 나에게도 영향을 줄 수 있다는 의미이다.

사실상, 이 장에서 앞서 언급한 어린 시절과 성인기의 모든 트라우마는 이를 겪은 사람들의 자녀에게도 대물림될 수 있다. 예를 들어, 부모 중 한 명 또는 두 명 모두 소방관이나 경찰관처럼 위험을 감수해야 하는, 트라우마를 유발할 수 있는 직업에 종사한다면, 그 자녀와 후손들 역시 트라우마를 물려받아 안전에 대해 지나치게 걱정하거나 위험을 과도하게 두려워할 수 있다.

또 다른 예로, 이민자, 유색인종, 종교적 소수자 등 차별을 경험해 온 집단의 출신이라면 '생존자 죄책감 survivor's guilt'에 시달릴 수 있다. 비교적 더 많은 기회가 주어진 시대와 장소에서 살고 있음에 감사함을 느끼면서도, 한편으로는 모두가 자신의 성공을 당연하게 여기는 기대감에 부담을 느끼게 된다. 토큰 token(비판을 피하기 위해 보여주기식으로 사회적 소수자를 기용하는 것을 뜻하는 표현 - 옮긴이) 소수자나 모범적 소수자라는 압박감 속에서 결코 쉬거나 실수할 수 없다는 생각에 시달리기도 한다. 이처럼 트라우마를 치유하지 않는 한, 진정한 행복이나 자신의 진짜 모습을 찾기는 어렵다. 그리고 인종, 민족, 종교로 인해 부당한 대우를 받는 순간, 과거에 겪었던 트라우마가 다시 활성화되거나 재발할 수 있다.

집단 트라우마

2005년 허리케인 카트리나가 미국 남부를 강타했을 때, 약 2,000명의 목숨을 앗아가고 백만 채에 달하는 집을 파괴했다. 이로 인해 뉴올리언스 주민들은 식량, 안전한 식수, 그리고 쉼터를 잃게 되었다.[6]

버나드 메이도프Bernie Madoff의 폰지 사기(다단계 금융사기)는 할리우드 유명 인사들로부터 수십억 달러를 가로챘을 뿐만 아니라, 평범한 사람들이 평생 모은 노후 자금까지 빼앗아 수만 명을 경제적으로 파탄에 빠뜨렸다.[7]

2001년 9월 11일, 세계무역센터와 펜타곤(국방부)을 겨냥

한 폭탄 테러로 약 3,000명이 희생되었다. 미국에서 발생한 가장 치명적인 이 테러 사건은 뉴욕 시민들에게 큰 충격을 주었을 뿐만 아니라, 미국 전역에 엄청난 파장을 일으켰다. 현장은 물론 멀리 떨어져 있던 사람들조차 마치 자신에게 닥친 일처럼 느꼈고, 다른 도시에서도 이런 일이 반복될 수 있다는 불안감에 휩싸였다.[8]

코로나19는 전 세계 수백만 명의 생명을 앗아갔고, 전 세계 인구의 절반에 달하는 이들을 경제적 위기로 몰아넣었다. 실제로 '이렇게 세상이 끝나는 게 아닐까?'라는 생각이 들기도 했다.[9]

이처럼 집단 트라우마가 남기는 파급력은 워낙 커서 '재난 정신의학disaster psychiatry'이라는 전문 분야가 따로 있을 정도다. 하지만 앞서 언급한 다른 트라우마에 비해, 집단 트라우마는 치유가 더 쉬울 수도 있다. 혼자만 고립된 것이 아니라, 다른 사람들과 함께 그 일을 겪었기 때문이다. 당신만 특별히 표적이 된 것이 아니라 모두가 함께 고통을 겪는 집단 트라우마에는 공동체성이 존재한다. 그리고 보통은 그 후유증을 극복할 수 있도록 돕는 지원책도 더 많이 마련되어 있다.

동시에, 집단 트라우마로 인해 고기능 우울증이 촉발된 사람들은 마치 세상의 짐을 혼자 짊어진 듯한 느낌을 받는다. 가족이나 직장 내 팀원, 그리고 공동체를 실망시킬 수 없다는 부담을 안고 살아간다. 모두가 자신에게서 무언가를 기대하고 있다는 압박감에 시달리며, 자신도 다른 사람들과 똑같은 트라우마를 겪었음에도 불구하고 스스로에게는 쉴 틈조차 허락하지 않는다. 때로는 모든 것을 포기하고 싶을 때도 있지만, 주변 사람들을 실망시킬 수 없다는 생각에 끝내 포기하지 못한다. 나 역시 그랬고, 아마 수많은 다른 사람들도 마찬가지일 것이다.

　　나는 오늘날의 이 상황을 '트라우마의 바다'에 비유하곤 한다. 파도가 끊임없이 밀려와 우리는 좀처럼 회복할 틈이 없다. 해안으로 헤엄쳐 돌아가려 애써도, 트라우마의 파도가 우리를 다시 바다로 끌어간다. 어떤 파도는 거칠지만 견딜 만하다. 그러나 어떤 파도는 너무 커서 숨조차 쉬기 힘들 때가 있다. 우리 중 일부는 이런 파도에 압도당하기도 하지만, 트라우마를 치료하고 이를 다루는 법을 배운 사람들은 마치 전문 서퍼처럼 그 파도를 헤쳐나갈 수 있다. 우리는 다가오는 파도를 바라보고, 보드 위에 올라타 물결이 다시 잔잔해질 때까지 그 파도를 타고 나아가야 한다.

트라우마를
외면하는 이유

　트라우마에 대해 이야기하는 것보다 훨씬 쉽고 편한 일은, 그 끔찍한 일이 아예 일어나지 않았다고 상상하는 것이다. 사람이나 장소, 상황 등 트라우마를 떠올리게 하는 것들을 피하는 것은 PTSD의 대표적인 패턴 중 하나다. 우리도 때로는 불편한 진실을 피하기 위한 방어 기제로 자신을 심리적으로 속이고 현실을 외면하는 방식을 택한다.

　그러나 과거의 일이 일어나지 않았거나 별로 중요하지 않다고 가장하는 것은, 가장 위험한 형태의 마법적 사고다. "내가 그 일에 대해 말하지 않으면, 일어나지 않은 것이나 마찬가지야" 혹은

"분명 힘들긴 했지만 그렇게 심각한 건 아니었으니 그냥 넘어가면 돼"라고 자신을 설득한다. 그러나 진실을 인정하지 않으면, 그 경험이 얼마나 끔찍했는지에 대해 다른 사람의 공감을 얻을 수도, 전문가의 도움을 받아 치유할 수도 없다.

트라우마를 표현할 적절한 언어적 도구가 없어서 침묵하는 경우도 있다. 자신에게 일어난 일을 어떻게 공유해야 할지 모를 수도 있고, 타인에게 듣게 될 말이 두려워 망설일 수도 있다. 문화적인 관점에서 보면, 트라우마를 이야기할 언어 자체가 없는 경우도 있다. 혹은, 트라우마로 간주될 만한 일을 관습으로 받아들여 묵인하거나 용인하는 문화 속에 있을 수도 있다. 예를 들어, 아프리카, 중동, 아시아 일부 지역에서 행해지는 여성 할례female genital mutilation(의료적 행위와 전혀 상관없이 종교 또는 문화적 관습 때문에 여성의 생식기 일부를 절제해 손상을 입히는 모든 행위), 중동, 남아시아, 북아프리카 일부 지역의 문화에 뿌리를 두고 있는 명예 살인honor killing(가족이나 공동체의 명예를 훼손했다고 여겨지는 여성을 대상으로 일부 문화권에서 행해지는 살인 행위), 일부 학교에서 허용되는 체벌, 일부 군대 같은 환경에서 일어나는 위험한 신고식 등이 있다.[10] 따라서 트라우마를 제대로 극복하려면 자신의 문화적 배경을 이해해 줄 수 있는 전문가를 찾는 것이 매우 중요하다.

세상이 공정하다는 착각

'공정한 세상just world 가설'이라는 것이 있다. 이 가설은 착한 사람에게는 좋은 일이, 나쁜 사람에게는 나쁜 일이 일어난다는 편향된 사고방식이다. 예를 들어, 한 여성이 늦은 저녁에 공원을 걷다가 흉기를 든 사람에게 공격을 당했다는 소식을 들으면 '그 시간에 거기 있지 말았어야지' '괜히 시선을 끌 행동을 했겠지'라고 생각하기 쉽다. 팬데믹 기간에 누군가 코로나에 걸려 병원에 입원했다는 이야기를 들었을 때 '아마 마스크를 안 썼을 거야' '실내 파티에 참석하더니 결국 저렇게 됐네'라고 말하는 경우도 있다. 누군가 경찰 폭력의 피해자가 되었을 때도 '경찰에게 저항했겠지' '밤늦게 그런 곳에 있으면 안 되지'라고 생각하는 사람들도 있다. 이처럼 때로는 트라우마를 겪은 사람들에게 연민을 보이기보다는 그들이 뭔가 잘못했기 때문에 그런 일을 당했다고 여기곤 한다. 비록 그런 생각을 입 밖에 내지 않고 멈추거나 자제한다 해도, 어찌 됐든 이러한 부정적인 사고는 생각 속에 잠시라도 머물러 있게 된다.

'공정한 세상 가설'을 무턱대고 받아들이기보다는, 이 가설이 틀렸음을 보여주는 다양한 사례들을 살펴볼 필요가 있다. 실제로 선한 사람들에게도 매일 나쁜 일이 일어날 수 있다. 건강하게 식사하고 규칙적으로 운동하는 사람이 암에 걸리기도 하고, 노부모를 정성껏 돌보던 사람이 결근이 많다는 이유로 해고되어 결국 파산 신청을 하게 되기도 한다. 노숙인 쉼터에서 자원봉사를 하던 따뜻한 마음을 가진 사람이 저녁 근무를 마치고 집에 돌아가던 길에 강도를 만나 목숨을 잃는 일도 있다. 반대로, 나쁜 사람들에게 좋은 일이 일어나는 경우도 적지 않다. 직원들의 노동력을 착취해 기업을 일궈 억만장자가 돼서 호화 요트를 타고 휴가를 즐기기도 하고, 폭력 범죄자들이 증거 불충분으로 처벌을 피하기도 한다. 고속도로에서 당신 앞을 위험하게 끼어들어 화가 나게 한 사람이 아무 일 없이 제시간에 목적지에 도착하는 반면, 정작 당신은 늦게 도착해 분노를 삭여야 하는 상황도 생길 수 있다.

우리는 주변에서 일어나는 다양한 일들을 보며 '공정한 세상 가설'이 틀렸다는 사실을 인식할 수 있다. 하지만 고기능 우울증을 겪는 사람들은 자신의 트라우마에 관해서만큼은 이 가설이 틀렸다는 사실을 쉽게 받아들이지 못한다. 자신에게 일어난 일이 결코 자신의 잘못이 아니라는 점을 인정하지 못하고, 스스로에게 연민을 베풀지도 않으며, 고통을 충분히 마주할 시간조차 허락하지 않는다. 건강하게 앞으로 나아가는 방법도 배우지 못한다. 오히려 그 반대로, 자신에게 나쁜 일이 일어난 것이 자신의 부주의나 무책임 때문이라고 여기거나, 심지어 자신이 나쁜 사람일지도 모른다고 생각하기도 한다.

트라우마의 가장 흔한 증상 중 하나는 내면화된 죄책감과 수치심이다. 자신이 뭔가 잘못했기에, 그래서 그런 일을 겪을 만한 사람이라고 여기게 된다. 그 결과, 모든 일에 시큰둥하고 무기력한 감정을 느끼면서도 점점 그런 상태 자체에 신경을 쓰지 않게 된다. 그러다 보면 결국, 자신이 행복을 누릴 자격이 없는 사람일지도 모른다는 의심까지 하게 된다. 바로 이런 무기력함이야말로, 이제는 이 악순환을 끊기 위해 무언가를 해야 할 때임을 알려주는 또 하나의 신호임을 알아야 한다.

나에겐
어떤 트라우마가 있을까?

―――――

고기능 우울증에 관한 연구 결과를 바탕으로 만든 아래 기준을 통해, 사람들이 어떤 트라우마를 경험했는지 확인할 수 있다.[11] 이 목록을 활용해 나만의 '트라우마 트리'를 만들어 보거나, 자신의 고기능 우울증을 더 잘 이해하는 데 사용할 수 있다.

| 아동기 트라우마 |

1. 어린 시절 자라온 동네가 안전하지 않다고 느낀 적이 있는가?
2. 18세 이전에 또래에게 괴롭힘을 당한 적이 있는가?
3. 누군가가 폭행을 당하거나, 칼에 찔리거나, 총에 맞는 장면을 직접 본 적이 있는가?
4. 보호자가 나를 중요하고 특별한 존재로 여기지 않는다고 느낀 적이 있는가?
5. 가족이 오랫동안 식비가 부족해 식사량을 줄여야 했거나 식사를 거르게 된 적이 있는가?
6. 우울증이나 정신질환을 앓는 사람과 함께 지낸 적이 있는가?
7. 자살 충동이 있거나 시도한 사람과 함께 지낸 경험이 있는가?

8. 알코올 문제(과음, 알코올 중독)가 있는 사람과 지낸 경험이 있는가?

9. 불법 마약이나 처방 약을 오·남용하는 사람과 함께 지낸 적이 있는가?

10. 교도소 등에서 복역했거나 복역 선고를 받은 사람과 함께 지낸 적이 있는가?

11. 위탁가정(보호시설)에서 지낸 적이 있는가?

12. 부모, 계부모, 혹은 양육을 맞아준 어른이 소리를 지르거나 그들로부터 욕설, 모욕, 굴욕을 느끼거나 들었던 경험이 있는가?

13. 집에서 부모, 계부모, 혹은 양육을 도운 어른이 폭행당하는 장면을 본 적이 있는가?

14. 부모, 계부모, 혹은 양육을 도운 어른이 막대기, 지팡이, 병, 몽둥이, 칼, 총 등 물건에 맞거나 베이는 장면을 본 적이 있는가?

15. 부모, 계부모, 혹은 집에 함께 사는 어른이 당신에게 욕을 하거나, 모욕하거나, 깎아내린 적이 있는가?

16. 부모, 계부모, 혹은 집에 함께 사는 어른이 당신을 밀치거나, 잡아당기거나, 밀거나, 뺨을 때린 적이 있는가?

17. 부모, 계부모, 혹은 집에 함께 사는 어른이 당신을 심하게 때려 멍이 들거나 다친 적이 있는가?

18. 부모, 계부모, 혹은 집에 함께 사는 어른이 신체적 해를 입힐까 봐 두렵게 만든 적이 있는가?

19. 성인이나 5살 이상 연상인 친척, 가족 친구, 낯선 사람이 성적으

로 만지거나, 당신에게 자신의 신체를 만지게 한 적이 있는가?
20. 성인이나 5살 이상 연상인 친척, 가족 친구, 낯선 사람이 구강, 항문, 질 등 어떤 형태로든 성관계를 시도하거나 실제로 한 적이 있는가?
21. 부모가 별거하거나 이혼한 적이 있는가?
22. 심각한 질병이나 생명을 위협하는 부상을 진단받은 적이 있는가?
23. 성 정체성, 성별 정체성, 성별 표현 때문에 심각한 차별을 경험한 적이 있는가?

| 성인기 트라우마 |

24. 오랜 기간 지지받지 못하거나 해로운 직장 환경에서 근무한 적이 있는가?
25. 오랜 기간 우울증이나 정신질환을 앓는 친밀한 연인과 교제한 적이 있는가?
26. 오랜 기간 자살 충동이 있거나 자살을 시도한 친밀한 연인과 교제한 적이 있는가?
27. 오랜 기간 알코올 문제(과음, 알코올 중독)가 있는 친밀한 연인과 교제한 적이 있는가?
28. 오랜 기간 불법 마약이나 처방 약을 오·남용하는 친밀한 연인과 교제한 적이 있는가?

29. 오랜 기간 교도소 등에서 복역했거나 복역 선고를 받은 친밀한 연인과 교제한 적이 있는가?

30. 오랜 기간 친밀한 연인이 당신에게 욕을 하거나, 모욕하거나, 깎아내린 적이 있는가?

31. 오랜 기간 친밀한 연인에게 밀치기, 잡아당김, 밀기, 뺨 때림 등의 신체적 폭력을 당한 적이 있는가?

32. 오랜 기간 친밀한 연인에게 심하게 맞아 멍이 들거나 다친 적이 있는가?

33. 오랜 기간 친밀한 연인으로 인해 신체적 해를 입을까 두려웠던 적이 있는가?

34. 성인이 된 후 성폭력을 당한 적이 있는가?

35. 배우자와 별거하거나 이혼한 적이 있는가?

36. 생명을 위협하는 부상을 당한 적이 있는가?

37. 심각한 빚, 파산, 주택 압류, 혹은 정부 지원에 의존해야 했던 경험이 있는가?

38. 폭력이나 죽음에 노출되는 직업 또는 경력으로 일한 적이 있는가?

39. 당신은 자신의 성적 정체성, 성별 정체성, 또는 성별 표현 때문에 중대한 차별을 경험한 적이 있는가?

| 세대 간 트라우마 |

40. 아동기 또는 성인기에 인종이나 민족 때문에 부당한 대우를 받거나 불공평하게 취급받았다고 자주 느낀 적이 있는가?

41. 당신, 부모, 혹은 조부모가 집단학살(제노사이드)에서 살아남은 생존자인가?

42. 당신, 부모, 혹은 조부모가 난민이었던 적이 있는가?

| 집단 트라우마 |

43. 전쟁을 직접 경험한 적이 있는가?

44. 홍수, 화재, 지진 등 생명을 위협하는 대형 재난을 직접 겪은 적이 있는가?

45. 코로나19, 사스(SARS) 등 대규모 팬데믹으로 인해 심각한 영향을 받은 적이 있는가?

46. 총기 난사 사건에서 생존한 적이 있는가?

가족에게 물려받은
트라우마는 무엇일까?

우리는 트라우마에 대해 잘 이야기하지 않기 때문에, 가족 구성원들이 겪었던 일부 트라우마조차 인식하지 못하는 경우가 많다. 이로 인해 자신이 물려받은 세대 간 트라우마 역시 놓치게 된다. 이런 경우 '트라우마 트리'를 그려보는 것이 좋은 방법이다. 앞의 부록에는 고기능 우울증에 해당하는 사람들이 경험할 수 있는 다양한 트라우마 유형이 정리되어 있으니, 참고하면 도움이 될 것이다. 이를 바탕으로 가계도처럼 트라우마 트리를 만들어보고, 가족들의 경험이 자신에게 어떤 영향을 미쳤는지, 또 자신의 트라우마가 자녀에게 어떻게 이어질 수 있는지 살펴보자. 가족들에게서 오랜 세월 들어온 이야기를 토대로 시작해도 좋고, 이번 기회에 가족들에게 직접 질문을 던지며, 이 책에서 배운 트라우마에 관한 지식을 함께 나누어도 좋다. 다음 도표는 내가 직접 그린 트라우마 트리의 예시이니, 자신의 트라우마 트리를 그릴 때 참고하길 바란다.

주디스 조셉의 트라우마 트리

〈주디스〉
CT/IGT: 결핍 트라우마, 새로운 나라로 이주
AT: 가까운 친구에게 당한 폭행, 사업 실패, 멘토의 죽음

↑ ↑

〈어머니〉
CT/IGT: 결핍 트라우마
AT: 새로운 나라로 이주

〈아버지〉
CT/IGT: 유년 시절, 부모가 부재한 환경에서 조모가 보호자 역할을 대신함 (부모의 별거와 어머니의 생계 활동으로 인한 상황)
AT: 새로운 나라로 이주

↑ ↑ ↑ ↑

〈외조부〉
IGT: 인도에서 온 계약 노동자의 후손

〈외조모〉
IGT: 가난 속에서 14명의 자녀를 양육함

〈친조부〉
IGT: 노예로 끌려온 아프리카 후손

〈친조모〉
IGT: 남편에게 버림받음

AT: 성인기 트라우마(Adulthood Trauma)
CT: 아동기 트라우마(Childhood Trauma)
IGT: 세대 간 트라우마(Intergenerational Trauma)

3장

무쾌감증: 기쁨을 잃어버린 마음

무쾌감증이란
무엇인가

　영화 〈배트맨〉의 주인공 억만장자 브루스 웨인은 어린 시절의 트라우마로 인해 고기능 우울증을 겪는 대표적인 인물이다. 그는 어린 나이에 부모가 눈앞에서 살해당하는 비극을 겪었고, 그 사건은 성인이 된 이후에도 끊임없이 자신을 위험한 상황에 내던지게 만든다. 범죄와 맞서 싸우고, 경찰이나 구조대원처럼 위험을 향해 달려가는 삶을 살게 된 것이다. 트라우마의 잘 알려지지 않은 증상 중 하나는 자신이 위험을 통제할 수 있다는 착각을 얻기 위해 일부러 자신을 위협적인 상황에 노출시키는 심리적 메커니즘이다. 브루스 웨인은 언제나 자신의 이익보다 고담 시민들의 안

위를 먼저 생각하며, 그 대가로 어떤 보상도 바라지 않는다. 여기에 늘 재난의 위기에 놓인 고담이라는 도시에서 살아가는 집단적 트라우마까지 더해진다. 이 모든 것이 엄청난 트라우마다. 그런데도 브루스 웨인은 배트맨으로 살아가며 온갖 고통을 견디고, 밤낮 없이 범죄자를 추적하며, 정교한 범죄 소탕 장치를 만들고, 고담이 필요로 하는 영웅이 되기 위해 쉼 없이 움직인다.

조커 역시 배트맨만큼이나 집요하다. 하지만 두 사람 사이에는 결정적인 차이가 있다. 조커는 그 모든 과정을 즐긴다는 점이다. 배트맨은 언제나 냉철한 눈빛으로 턱을 굳게 다문 채, 검은 슈트를 입고 어둠 속을 가르며 등장한다. 반면, 조커는 화려한 색상의 옷을 입고, 끊임없이 미소를 지으며 폭발하는 선물 상자를 남기고 유유히 사라진다. 배트맨은 동굴에 홀로 앉아 침울한 표정으로 끊임없이 고민하고, 다음 전략을 계획한다. 조커와 그의 일당은 박물관을 신나게 누비며 일부러 값비싼 조각상을 골라 넘어뜨리고, 상징적인 그림에 낙서하며 춤을 춘다. 화학 공장에서의 사고로 석회 가루를 뿌린 것 같은 하얀 얼굴과 과장된 미소를 갖게 된 뒤, 조커는 예전 상사에게 이렇게 말한다.

"잭은 죽었어. 이제 날 조커라고 불러. 보다시피, 난 훨씬 더 행복해졌지."

오해하지 말라. 조커 역시 심각한 정신 건강 문제를 안고 있다. 하지만 우리의 영웅 배트맨도 그 점에서는 별반 다르지 않았다. 사실 우리 중 많은 사람이 배트맨처럼 살아간다. 트라우마에서 벗어나기 위해, 마치 영웅이 되려는 것처럼 끊임없이 무언가를 시도하며 앞으로 나아가 보지만, 정작 자신의 감정을 제대로 느끼지 못한다. 행복도, 슬픔도 마찬가지다. 결국 반드시 우울하거나 슬퍼지는 것이 아니라, 아무것도 느끼지 못하는 '무쾌감증' 상태에 이르게 된다.

무쾌감증이란 무엇인가

'방황하는 이들 모두가 길을 잃은 것은 아니다'라는 말을 들어본 적이 있는가? 마찬가지로, 우울한 모든 사람이 반드시 슬픔을 느끼는 것은 아니다. 어떤 사람은 아무런 감정도 느끼지 못하거나, 공허함을 경험하기도 한다. 무기력하거나 무감각하다고 느끼는 경우도 있다. 또 어떤 이들은 끊임없는 불안에 시달리기도 한다. 이러한 증상을 우리는 '무쾌감증anhedonia'이라고 부른다. 그리고 혹시 당신이 이런 증상을 겪고 있더라도, 스스로 그 사실을 자각하지 못할 수도 있다.

'무쾌감증'이라는 용어가 의학 문헌에 등장한 지도 이미 한 세기가 넘었다. 이 용어는 1800년대 후반, 프랑스 심리학자 테오둘 리보Théodule Ribot가 쾌락을 느끼는 능력이 사라지거나 결여된 상태를 설명하기 위해 처음 사용했다.[1] 무쾌감증 자체는 오래전부터 존재해 왔지만, 1890년대와 비교하면 2020년대에 이 증상이 나타나는 양상은 조금 다르다. DSM-5에서는 무쾌감증을 '거의 모든 활동에 대한 흥미나 즐거움이 현저하게 감소한 상태'로 정의한다. 이 증상은 두 가지 형태로 나타난다. 하나는 예전에는 즐거웠던 활동에 더 이상 관심이 가지 않는 경우이고, 다른 하나는 그런 활동을 해도 더 이상 즐거움을 느끼지 못하는 경우다.[2] 이 용어의 의미를 쉽게 기억하는 방법은 그리스어 어원을 떠올리는 것이다. 'an-'은 '없다', 'hedone'은 '쾌락'을 뜻하므로, 문자 그대로 '쾌락 없음' 또는 '기쁨의 결여'라는 의미가 된다.[3]

 무쾌감증을 겪고 있다면, 하루의 목표가 그저 그날을 버텨 내는 데에 그치고 만다. 퇴근 후 친구들과 맛집에서 새로운 메뉴를 맛보거나, 헬스장에서 운동 자세를 다듬거나, 아침마다 거울을 보며 새로 산 화장품의 효과를 확인하는 일상조차 더 이상 의미가 없게 느껴진다. 가족들과의 저녁 식사를 위해 새로운 레시피를 성공적으로 만들어 내거나, 직장에서 오랜 시간 공들인 보고서를 마무리하는 것처럼 예전에는 기쁨을 느꼈던 일조차 이제는 전혀 즐겁지 않다. 기대에서 오는 설렘도, 경험에서 얻는 즐거움도, 목표를 이루었을 때 느껴지는 자부심도 모두 사라진다. 남는 것은 오직 자기 의심뿐이다. 그리고 그 순간을 기뻐하거나 자축할 겨를도 없이 곧바로 다음 목표로 넘어간다. 그리고 또 그다음, 또 그다음을 향해 끝없이 쉼 없이 달려간다.

성취감 대신 남은 공허함

나는 무쾌감증이 누구나 한 번쯤 겪을 수 있는 감정의 곡선이라고 생각한다. 아마 대부분의 사람들이 어느 순간 이런 감정을 경험해 봤을 것이다. 예를 들어, 평소라면 힘이 되어주던 좋아하는 노래가 더 이상 감동을 주지 않는다거나, 뜨개질을 하며 한 시간 정도 평온하게 보내는 일이 예전만큼 만족스럽지 않게 느껴질 때가 있다. 무쾌감증은 예고 없이 조용히 다가와 삶의 기쁨을 조금씩 앗아간다. 직장에서는 최고의 성과를 내고, 집에서는 든든한 버팀목 역할을 해내지만, 토요일 밤 모두가 외출한 뒤 혼자 남아 이메일에 받은 편지함을 모두 비워냈을 때, 모든 일을 잘 해냈다는 성취감 대신 왠지 모를 공허함만 남는다. 대부분의 경우 무쾌감증은 찾아온 속도만큼 빠르게 사라지기도 해서 큰 문제가 되지 않는다. 그러나 이 상태가 오래 지속된다면 이야기가 달라진다. 특히 고기능 우울증이 있는 사람들은 불편한 상황에 잘 적응하는 경향이 있어서, 이런 감정을 오랫동안 느끼면서도 스스로 인식하지 못하는 경우가 많다.

나는 '무쾌감증'이라는 용어를 일상 언어로 끌어오고 싶다. 감정에 이름을 붙인다는 것에는 힘이 있다고 믿기 때문이다. 자신이 느끼는 부정적인 감정을 인식하고 이름 붙이는 행위만으로도 마음이 한결 가벼워지고 두려움이 줄어든다. 이를 '정서 명명affect labeling'이라고 하는데, 연구에 따르면 이 과정이 감정 조절에 도움이 되어 긍정적인 영향을 미친다고 한다.[4] 나 역시 내 환자들이 이런 경험을 하길 바랐다. 최근 몇 년 사이, 내게 찾아오는 많은 환자들이 예전만큼 무언가를 즐기지 못한다고 말하는 일이 부쩍 늘었다. 이들은 자신의 감정을 제대로 처리하지 못해, 실제로 자신이 어떻게 느끼는지조차 잘 알지 못한다. 불편한 감정을 잊거나 억누르기 위해 바쁘게 지내며 자신을 산만하게 만들거나, 그 감정을 승화시키기도 한다. 무쾌감증은 이런 불편한 감정을 무디게 해주지만, 그 효과가 영원히 지속되지는 않는다.

기쁨을 느끼지
못하는 증상

　　무쾌감증은 그 자체로 질병이나 특정 의학적 상태로 분류해서는 안 된다. 이는 어떤 질환에 따른 하나의 '증상'일 뿐이다. 예를 들어, 무쾌감증과 우울증의 관계는 감기에서 마른기침이나 재채기가 동반되는 것과 유사하다. 그리고 어떤 관점에서는 무쾌감증도 전염될 수 있다고 본다.

　　우리 모두 한 번쯤은, 화가 많고 사소한 것까지 간섭하며 도무지 만족을 모르는 교수나 상사, 친인척 등, 자신을 지나치게 몰아붙이고 자신의 문제를 남에게 투영하는, 그리고 타고난 성향 자체가 기쁨을 잘 느끼지 못할 것 같은 사람을 만난 적이 있을 것이다. 나 역시 가족들에게 그런 모습을 보인 적이 있다. 나 자신에게만 가혹한 일정을 강요한 것이 아니라, 초등학생인 딸에게도 발레, 수영, 축구 등 너무 많은 활동을 하게 했고, 아이 역시 지쳐 있었다. "재미있니?"라고 한 번 물었더니, 아무 감정도 담지 않은 목소리로 "그냥 그래요"라고 대답했다. 이런 감정의 결핍은 무쾌감증을 겪는 사람과 끊임없이 상호작용하는 가족, 동료, 친구들에게도 쉽게 전파될 수 있다. 그들은 반복적인 상호작용을 통해 '무감각함'을 일상으로 받아들인다. 나는 아이가 열정을 느끼지 않는 활동은 잠시 멈추고, 정말 좋아하는 일에 집중하도록 했다. 무쾌감증을 나아지게 하는 방법은 지금 이 순간에 집중하고, 한때 좋아했던 것들에 온전히 주의를 기울여 다시 해보는 것이다. 실제로 수영을 그만둔 지 몇 달이 지나자, 아이는 다시 수영장에 가고 싶다고 했고, 선생님도 그립다고 말했다. 그때가 바로 다시 시작할 때임을 알았다.

    무쾌감증은 정신질환(예: 조현병), 신경퇴행성 질환(예: 알츠하이머병, 파킨슨병), 그리고 물질 사용 장애Substance Use Disorder, SUD 등 매우 다양한 질환에서 나타나는 증상이다.[5] 예를 들어, 누군가가 중독성 물질에 의존하게 되면, 결국 그 물질을 사용해도 더는 예전처럼 즐거움을 느끼지 못하는 상태에 이르게 된다. 처음에는 큰 쾌감을 줬던 것이 점점 그 효과를 잃는 것이다. 그렇다면 왜 계속 그 물질을 찾게 되는 걸까? 바로 그 처음의 느낌을 되찾고 싶어서다. 또한, 자폐 스펙트럼이 있는 경우에는 행동이나 의사결정 과정에서 보상이 주는 영향이 상대적으로 제한적이기 때문에 무쾌감증을 보일 수 있다.[6] 무쾌감증은 주로 증상이 뚜렷하고 눈에 잘 띄는 질환에서만 다뤄진다. 그리고 고기능 우울증처럼 겉으로는 평범해 보이거나, 고통이 드러나지 않아서 쉽게 알아채기 어려운 질환에서는 제대로 발견되지 못한 채 지나쳐 버리게 된다. 이제 우리는 이렇게 눈에 잘 띄지 않는 증상 자체에도 관심을 기울일 필요가 있다.

    무쾌감증은 고기능 우울증뿐만 아니라 PTSD에서도 나타나는 증상이다. 그래서 나는 고기능 우울증이 있는 사람들이 트라우마로부터 어떤 영향을 받는지 오랫동안 연구해 왔다. 이 모든 것은 서로 연결되어 있다. 언제부터 무쾌감증을 느끼기 시작했는지 알고 싶다면, 트라우마를 처음으로 경험하게 된 시점을 떠올려 보는 것이 좋다. 아마 그때부터 삶에 즐거움을 주는 활동들이 우선순위에서 밀려났을 것이다. 그 시점을 전후로, 감정에 몰입할 수 있었던 상태에서 점차 아무런 감정도 느끼지 못하는 상태로 변해갔을 가능성이 크다. 그리고 그와 함께, 기쁨으로 내면을 채우는 일도 멈추었을지 모른다. 혹시 자신이 무쾌감증을 겪고 있는지 궁금하다면, 이 장 마지막에 있는 테스트를 통해 확인할 수 있다.

무쾌감증을 알아차리기 힘든 이유

무쾌감증은 잘 드러나지 않는 증상이기 때문에, 우울증의 다른 증상들에 비해 쉽게 알아차리기 어렵다. 예를 들어, 내가 사랑하는 누군가가 더 이상 가족 모임에 참석하지 않는다거나, 때로는 감당하기 힘들 만큼 압도적인 감정을 표출한다면 증상을 알아차리기 쉽다. 하지만 무쾌감증은 비교적 조용하고 교묘하게 나타난다. 눈에 띄지 않기 때문에 쉽게 알아차리기 어렵다.

'무쾌감증'이라는 용어 자체도 어색하게 들린다. 이런 의료 용어들은 대중적으로 잘 쓰이지 않는다. 과학이나 의학 같은 전문 분야에서는 그리스어나 라틴어에서 유래한 복잡하고 긴 용어를 자주 사용하지만, 일상에서는 이런 단어들이 낯설고 어렵게 느껴진다.

무쾌감증이 낯설게 느껴지는 또 다른 이유는 의사들조차 진단 과정에서 이 증상을 주요하게 다루지 않기 때문이다. 그래서 무쾌감증은 쉽게 알아차리기 어렵다. 의사들은 대개 성욕 저하, 피로감, 식욕 부진, 삶에 대한 의욕 상실 같은 증상에는 주목한다. 하지만 식사에서 즐거움을 느끼지 못하거나, 단지 상대를 만족시키기 위해 관계를 맺는 상황에는 별다른 관심을 두지 않는다. 그들의 관심은 삶을 '유지'하는 데 머물러 있고, 삶에서 '즐거움'을 누리는 데까지는 미치지 않는다. 무쾌감증을 겪는 본인조차도 이런 감각에 너무 익숙해져 있어서 이를 인식하지 못하거나, 모두가 비슷하게 무기력하다고 여겨 굳이 의사에게 말하지 않을 수 있다. 영화를 봐도 재미를 느끼지 못하는 이유를 집안일과 식사 준비로 지쳐 있었기 때문이라고 쉽게 합리화한다. 카페에서 커피를 마시며 조용히 앉아 있는 순간을 음미하지 못한 것도 일에 대한 걱정 탓이라 넘기기 쉽다. 이런 감정을 의사에게 말하지 않는다면, 주치의는 무쾌감증을 알아차릴 수 없고, 당연히 아무런 조치도 취하지 않는다.

의학계는 오랫동안 환자의 문제를 진단하고 해결하는 데 중점을 두는 문제 중심적 접근을 표준으로 삼아왔다. 환자가 슬퍼하면 더 행복해질 수 있도록 돕고, 번아웃이 찾아오면 자기 관리를 강화하고 속도를 늦추도록 조언한다. 하지만 환자가 '기분이 그저 그런' 상태라면, 이는 문제로 인식되지 않는다. 내가 속한 직업군에서는 환자가 기쁨을 키우는 데 충분한 관심을 두지 않는다. 우리는 환자의 결함에 집중할 뿐, 만족스러운 삶을 살 수 있도록 돕는 긍정적 변화와 성장의 가능성에는 간과해왔다.

그리고 자신의 감정에 대해 이야기하지 않는 사회적, 문화적 요인이 무쾌감증에 대해 거의 언급하지 않는 분위기를 조성한다. 오히려 감정을 느끼는 것 자체를 피하고, 억제하려고 한다. 예를 들어, 누군가 "어떻게 지내?"라고 물으면 우리는 "피곤해", "요즘 들떠 있어", 혹은 "사실 잘 모르겠어" 같은 솔직한 대답 대신 습관적으로 "괜찮아"라고 답하곤 한다. 파티에 갔을 때 "즐거운 시간 보내고 있나요?"라고 누가 물으면, 반사적으로 "네!"라고 대답하지만, 실제로는 말 걸 사람이 없어 어색하거나, 누군가가 나를 다른 사람에게 소개해 줬으면 하고 바랄 때도 있다. 또는 그날따라 기분이 영 별로여서, 솔직히 파티에 가도 기분이 나아지지 않을 때도 있다. 우리는 다른 사람의 시간을 빼앗거나 무례하게 보이고 싶지 않아서, 자신의 감정이나 욕구를 드러내지 않는 경우가 많다. 그리고 어쩌면, 자신조차도 자신의 감정을 제대로 들여다보고 싶지 않은 것일지도 모른다.

의대에서는 질병을 생물학적, 심리적, 사회적 관점에서 바라보는 법을 배운다. 이를 '생물-심리-사회적 모델biopsychosocial model'이라고 한다.[7] 이는 질병의 원인을 이해하는 데뿐만 아니라 치료를 위한 다양한 해결책을 찾는 데에도 도움이 된다. 앞으로 우리는 팬데믹 이후 무쾌감증 비율이 급증한 현실에서 고기능 우울증을 생물-심리-사회적 모델로 살펴보고자 한다.

전 세계적으로 75세까지 두 명 중 한 명이 정신 건강 장애를 경험할 위험에 처해 있으며, 팬데믹 동안 우울증 발생률이 전 세계적으로 25% 증가했다.[8] 고기능 우울증의 근본 원인을 이 세 가지 관점에서 바라보면 그 뿌리를 찾는 데 도움이 된다. 또한 이 과정을 통해 무엇이 행복에 영향을 주는지 논리적으로 이해할 수 있게 될 것이다.

세 가지 관점으로 바라보는 정신 건강

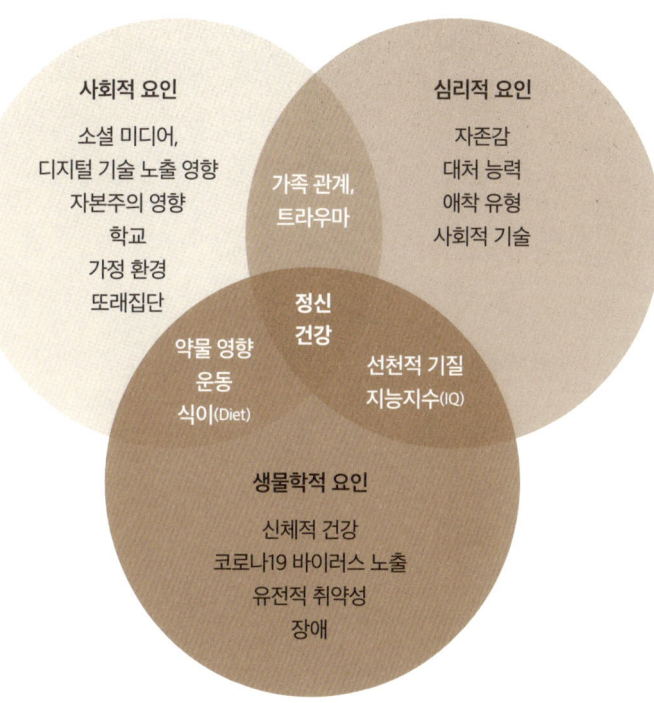

생물학적 요인: 신체 돌봄의 부족

환자가 고기능 우울증을 보일 때, 나는 먼저 그들의 생물학적 특성을 살핀다. 우울증이나 무쾌감증, 혹은 기분에 영향을 줄 수 있는 정신 건강 질환의 병력이 있는지 확인한다. 유전적 요인 역시 중요한데, 가족 중에 우울증이나 다른 정신 질환을 앓은 사람이 있는지, 부모나 형제자매가 삶의 즐거움을 제대로 느끼지 못하는 모습을 본 적이 있는지 묻는다.

질병의 생물학적 측면은 단순히 질병 자체에만 머물지 않는다. 인간의 몸에 영향을 미치는 여러 요소가 함께 작용한다. 오늘날 우리의 신체는 극심한 오염에 노출되어 있고, 고도로 가공된 음식을 자주 섭취한다. 사냥과 채집, 어로에 힘썼던 선조들과 달리 우리는 신체 활동이 현저히 줄었다. 햇빛 부족이나 운동 부족, 부실한 영양 상태는 기분에 직접적인 영향을 미친다.

연구에 따르면, 자신 스스로를 사랑한다고 느끼지 못하더라도 자신을 아끼는 행동을 실천하는 것만으로도 무쾌감증이나 슬픔, 우울을 극복하는 데 도움이 될 수 있다고 한다. 이런 사실을 바탕으로, 작은 습관만으로도 우리의 생물학적 한계를 조금씩 넘어설 수 있다. 매일 한 가지 자기 관리 활동을 정해 실천해 보자. 이렇게 하면 현재에 더 집중할 수 있고, 스트레스도 덜 받으며, 더 큰 기쁨을 느낄 수 있다. 스트레스를 많이 받는 뇌는 기쁨을 잘 느끼지 못한다. 예를 들어, 단 5분만 산책을 해도 기분이 한결 나아질 수 있다. 신선한 공기를 마시며 걷는 것만으로도 몸과 마음에 긍정적인 변화가 찾아온다. 또한 비타민 D가 부족하면 불안이나 우울 증상이 심해질 수 있는데, 매일 5~30분 정도 햇볕을 쬐면 몸에 필요한 비타민 D를 충분히 얻을 수 있다.[9]

정신 건강 문제는 하루아침에 해결되지는 않지만, 감정 일기를 쓰거나 무료 그룹 상담 프로그램을 찾아보는 등 아주 작은 실천도 더 큰 변화를 만들어내는 데 중요한 동력이 될 수 있다.

무쾌감증 테스트를 활용해 자신에게 기쁨이 부족한 영역이 어디인지 파악해 보고, 그 빈틈을 채울 수 있는 새로운 경험을 의도적으로 만들어보자. '예'라고 답한 항목을 살펴보고, 그 답을 '아니요'로 바꾸기 위해 무엇을 할 수 있을지 고민해 보는 것도 좋다. 예를 들어, 욕조에 몸을 담그는 시간을 더 즐겁게 만들고 싶다면 향초나 입욕제를 사용해 보는 것은 어떨까. 물론, 지금 하고 있는 즐거운 일들을 계속해도 괜찮다. 하지만 여기서의 목표는 기쁨을 잘 느끼지 못하는 영역을 찾아 의도적으로 새로운 경험을 만들어봄으로써 삶 전체의 행복 수준을 높이는 데 있다.

심리적 요인: 인정받지 못하는 감정

자존감 수준부터 애착 유형에 이르기까지, 심리적 요인은 앞서 다룬 트라우마와 깊게 연결되어 있다. 우리가 모두 함께 겪은 가장 큰 트라우마 중 하나는 바로 팬데믹이다. 우리는 지금 포스트 팬데믹 시대를 살고 있지만, 코로나19는 여전히 사회 전반에 영향을 주고 있으며 그 파급 효과가 집단적 트라우마로 남아 있다.

2020년 3월, '다른 사람과 만나는 것이 위험하다' '사람 간 거리를 약 2미터씩 유지해야 한다' '될 수 있으면 집 밖을 나서지 말아야 한다'는 새로운 현실이 예고 없이 찾아왔다. 가족 중 누군가 아프면 같은 집 안에서 함께 격리해야 했고, 우리에게 기쁨을 주던 많은 것들이 순식간에 두려움과 불안의 원천으로 바뀌었다. 가족 모임, 생일 파티, 실내 볼링장이나 박물관 관람과 같이 그동안 지인들과 함께하던 즐거운 일상들이 모두 사라졌다. 사람을 만나는 설렘은 감염에 대한 두려움으로 변했고, 사람들과 어울려 시간을 보내는 일조차 어려워졌다.

재난 정신의학에서는 집단 트라우마의 아픔을 치유하기 위해 '추모'의 중요성을 강조한다. 예를 들어, 뉴욕에는 9·11 테러를 추모하는 세계무역센터의 폭포형 추모 시설이 있고, 런던에는 2차 세계대전 당시 최악의 민간인 참사를 기리는 천국으로 가는 계단 Stairway to Heaven이라고 불리는 추모비가 있다.[10] 이보다 더 개인적이고 소규모인 방식으로는 묘지의 묘비나 공원 벤치에 새기는 작은 명판 등이 있다. 또한 여러 나라에서는 집단 트라우마를 기념하는 특별한 날을 지정해 추모한다. 이러한 추모와 기념은 우리가 느낀 감정과 겪은 일을 사회가 공식적으로 인정해 준다는 점에서 매우 중요하다. 하지만 코로나19를 위한 공식적인 추모비나 추모의 날은 아직 존재하지 않는다. 우리는 그저 '이제 잊고 앞으로 나아가라'라는 말을 들었을 뿐, 그 시절의 비극과 고통, 그리고 기쁨의 상실을 제대로 인정받지 못했다. 모두가 함께 겪은 집단적 고통이었지만, 치유의 책임은 각 개인에게 맡겨졌다. 아직 '정상으로 돌아오지 못했다'라고 느끼는 사람들이 있다면 자신을 이상하게 생각할 필요는 없다. 우리에게 문제가 있는 것이 아니다. 우리 모두에게 나쁜 일이 일어났고, 우리는 여전히 사회적 도움 없이 그 일을 감당하고 있다.

앞서 언급했듯, 우리는 감정을 숨기는 것이 당연하게 여겨지는 사회에 살고 있다. 그러나 이러한 문화는 우리가 대화를 통해 조금씩 바꿔나갈 수 있다. 누군가 "요즘 어때?"라고 물을 때, 습관적으로 "잘 지내, 너는?"이라고 답하기보다, 진심이 담긴 대답을 건네는 것만으로도 감정 표현의 금기를 깨는 데 한 걸음 다가갈 수 있다. 이를 위해서는 감정을 표현하는 어휘력을 넓힐 필요가 있다.

다음번에 누군가 당신의 기분을 묻는다면, "괜찮아"라고만 답하지 말고, 보다 깊이 있는 답을 해보자. 만약 주변 사람들과 이런 대화를 나누는 것이 아직 어렵다면, 일기장에 자신의 감정을 솔직하게 적어보는 것도 좋은 방법이다. 예를 들어, 프랜차이즈 레스토랑에서 반복되는 주문 실수에 단순히 지친 것인지, 아니면 분노를 느끼는 것인지 생각해 보자. 최근 태어난 조카를 만나 기쁜 것인지, 아니면 벅차오를 만큼 행복한 것인지, 상사에게 짜증이 나는 것인지, 혹은 배신감을 느끼는 것인지 자신에게 질문해 보자. 감정을 정확히 명명하는 데에는 분명한 힘이 있다.

사회적 요인:
미디어의 해로운 영향

 가족, 친구, 학교 동창 등 가까운 인간관계가 고기능 우울증에 영향을 미친다는 사실은 분명하다. 하지만 우리에게 영향을 주는 것은 살아 있는 존재만이 아니다. 또 다른 중요한 요인으로 소셜 미디어를 들 수 있다. 팬데믹 동안 우리는 모두 서로로부터 고립되어 있었다. 그 시기, 많은 이들이 친구나 가족과의 연결을 유지하고 심리적 위안을 얻기 위해 소셜 미디어를 적극적으로 활용했다. 하지만 우리는 그것을 지나치게 사용하기도 했다. 소셜 미디어가 뇌, 특히 발달 중인 뇌에 장기적으로 어떤 영향을 미치는지는 아직 명확히 밝혀지지 않았다. 그러나 단기적으로는 쾌락과 즐거움을 조절하는 뇌의 보상 경로를 방해한다는 사실이 이미 알려져 있다. 이는 무쾌감증의 원인이 되기도 한다.

최근 미국 질병통제예방센터CDC가 공개한 자료에 따르면, 사람들은 소셜 미디어와 TV를 통해 끊임없이 노출되는 완벽해 보이는 이미지에 영향을 받고 있다. 특히 젊은 세대는 또래집단으로부터 거절당하거나 소셜 미디어에서 소외감을 느낄 때, 그 감정적 고통이 신체적 고통보다 더 크게 다가올 수 있다. 인간은 원래 세상 속에서 살아가도록 설계된 존재이지, 화면 앞에서 살아가도록 만들어진 존재가 아니다. 팬데믹 기간에는 어쩔 수 없었지만, 이제는 다른 선택지가 생겼다. 그럼에도 불구하고 많은 이들이 여전히 현실로 돌아가지 못한 채 대부분의 삶을 화면 속에서 이어가고 있다.

물질 사용 장애 역시 사회적 요인에 포함된다. 우리는 현재 미국 역사상 가장 심각한 물질 사용 장애 유행을 목격하고 있으며, 이는 팬데믹과 직접적으로 연결되어 있다. 예를 들어, 평소에 술을 거의 마시지 않던 사람들이 과음을 습관화하게 된 사례가 많아졌다. 또한, 이전에는 데이트 앱을 사용해 본 적 없던 이들이 온라인에서 건강하지 못한 성적 관계를 추구하기도 한다. 물론, 지나치게 일에 몰두하는 사람들도 늘었다. 우리는 일시적인 쾌감을 주는 도파민, 즉 뇌에서 분비되는 '기분 좋은 화학물질'을 갈망하며 순간적인 즐거움을 좇고 있다. 그 결과, 술, 성, 일 등에 점점 더 의존하게 되고, 아무리 채우려 해도 채워지지 않는 쾌감을 메우기 위해 더 집착하게 된다.

소셜 미디어 알고리즘은 약물처럼 뇌에 영향을 미친다. 온라인에서 누군가로부터 인정받을 때 느끼는 쾌감은 예측할 수 없이 찾아온다. 반면, 거절당할 때 느끼는 깊은 우울감이 반복되면서, 이러한 감정의 롤러코스터는 약물이 주는 극심한 감정 변화와 비슷하게 작용해 결국 뇌를 무감각하게 만든다. 아무것에도 흥미를 느끼지 못하고 온종일 집에서 휴대전화만 본다는 10대 환자, 술을 끊은 지 4주가 지났지만 어떤 것도 예전처럼 즐겁게 느껴지지 않는다고 말하는 젊은 성인 환자 등, 이런 사례들을 진료실에서 반복적으로 접하게 된다. 이 현상은 소셜 미디어에만 국한되지 않는다. 스트리밍 서비스 역시 건강하지 못한 습관을 쉽게 유발한다. 우리는 예전처럼 일주일에 한 편씩 방영되는 방송을 기다리지 않고, 하룻밤 만에 한 시즌이나 시리즈 전체를 몰아본다. 그리고 남는 것은 허무함과 무기력함뿐이다.

이를 해결하려면 나쁜 것은 듣지도 보지도 않아야 한다. 이 연습은 감정과 기분에 부정적인 영향을 줄 수 있는 사회적 요인들을 제거하는 데 초점을 둔다. 이미 무쾌감증을 경험하고 있다면, 무기력한 상태에서 더 부정적인 기분을 느끼게 하는 경험은 피하는 것이 좋다. 예를 들어, 소셜 미디어에서 자신을 부정적으로 느끼게 하는 게시물을 발견했다면, 해당 계정을 언팔로우하거나 스크롤 하는 시간을 줄여보자. 누군가에 대한 험담을 듣거나 퍼뜨리고 싶은 마음이 든다면, 지금 당장 멈추어야 한다. 가십은 때때로 누군가와 공감대를 형성하는 것처럼 보이지만, 결국에는 관계를 더 멀어지게 만든다. 이는 단순히 정보를 공유하는 것이 아니라, 다른 사람의 불행을 즐기려는 의도로 정보를 나누는 것에 불과하다. TMZ(미국의 가십 전문 웹 사이트) 같은 연예 뉴스나 잡지를 볼 필요도 없고, 이번 주에 어떤 친척이 무슨 수상한 행동을 했는지 이모와 이야기할 필요도 없다.

마지막으로, 다른 사람에 대해 안 좋은 말을 하고 싶은 충동을 참아보자. 주변을 돌아보면, 가장 부정적인 말을 많이 하는 사람들이 본질적으로 불행하다는 사실을 알게 될 것이다. 타인을 부정적으로 표현하는 습관을 멈추기 전에는 자신에 대해 긍정적으로 말하기 쉽지 않다. 익숙해진 행동을 바꾸는 일이 쉽지는 않겠지만, 적어도 일주일만이라도 실천해 보며 기분이 어떻게 달라지는지 느껴보자.

당신이 더 행복해지고 삶에서 더 많은 기쁨을 경험할 수 있는 몇 가지 아이디어를 앞서 제시했다. 이제 2부에서는 행복을 이끄는 '5V 원칙'에 대해 더 깊이 살펴보며, 훨씬 더 다양한 솔루션을 만나게 될 것이다. 하지만 지금 단계에서의 목표는 '행복해지는 것'이 아니라 '지금보다 더 행복해지는 것'임을 기억하자. 전자는 우리가 결코 도달하지 못할지도 모르는 이상적인 목표일 수 있지만, 후자는 언제든 충분히 이룰 수 있는 현실적인 목표다. 당신이 지금 삶을 온전히 즐기고 있지 않더라도, 사랑하는 사람을 안

아주거나, 일하다가 잠시 공원 벤치에 앉아 점심을 먹으며 쉬는 시간을 가지거나, 주방 식탁 의자에 편하게 앉아 커피 한 잔을 마시는 것만으로도 하루에 기쁨의 순간을 더할 수 있다. 이때 휴대전화를 들여다보거나, 잠깐 들어간 김에 설거지를 재빨리 하려고 하지 말고, 그저 편안히 앉아 그 순간을 온전히 느껴보자.

이 장의 처음으로 돌아가 보면, 결국 우리의 영웅 배트맨도, 악당 조커도 정답을 찾지 못했다는 점을 짚고 넘어가야 할 것 같다. 트라우마를 경험하게 되면, 우리는 두 가지 극단적인 방식 중 하나로 반응할 수 있다. 배트맨처럼 철저히 논리적이고 아무런 감정도 느끼지 않거나, 조커처럼 감정에 휩쓸려 두려움과 슬픔에 따라 행동하게 될 수도 있다. 하지만 누구도 진정으로 배트맨이나 조커가 되고 싶어 하지는 않는다. 트라우마를 건강하게 처리하는 과정에서는 논리와 감정의 균형을 이루는 법을 배우게 되는데, 이를 변증법적 행동치료$_{DBT}$에서는 '현명한 마음$_{Wise\ Mind}$'이라고 부른다. 내가 당신에게 바라는 것도 바로 이성과 감정이 조화를 이루는 그런 하이브리드 상태다. 나는 당신이 배트맨처럼 논리적이고 선한 마음을 지니면서도, 조커처럼 삶에서 기쁨을 느낄 줄 아는 사람이 되길 바란다. 물론, 당신은 세상을 구할 수도 있다. 하지만 그 과정에서 충분히 즐거움도 누리기를 바란다.

나는 무쾌감증을 겪고 있을까?

만약 자신이 무쾌감증을 겪고 있는지 궁금하다면, 이어지는 테스트를 통해 확인해 볼 수 있다. 기존 의학 문헌에는 음식, 성, 취미 등 특정 영역에 관한 무쾌감 척도가 이미 존재하지만, 나는 고기능 우울과 관련된 전반적인 즐거움의 부재를 평가할 수 있는 새로운 척도를 마련했다. 아래 질문들에 '예' 또는 '아니요'로 답해보자. 질문이 다소 모호하게 느껴지더라도, 자신에게 더 가까운 쪽을 선택하자. 중립적인 대답은 할 수 없다.

이 테스트에서 한 가지 눈에 띄는 점은 질문들이 모두 감각적 측면에 초점을 두고 있다는 것이다. 이는 '기쁨'이 무엇인지 명확히 정의하고자 하는 의도를 반영한다. 우리가 하는 모든 활동이 항상 미소를 짓게 하거나, 행복이 폭발하는 순간을 만들어내는 것은 아니다. 이 테스트에서 질문지에 나온 행동을 했을 때 기분이 조금이라도 좋아진다면, 그것 역시 감각을 통한 만족을 느낀 것이고, 이러한 감정들 또한 '기쁨'에 포함된다는 의미이다. 기쁨은 자신을 아끼거나, 자부심을 느끼는 감정으로도 나타날 수 있다. 때로는 외적인 호사를 누리면서, 또 다른 순간에는 내적인 충만함을 추구하면서 기쁨을 경험하게 된다. 이 모든 감정이 바로 기쁨이다. '행복'만이 무쾌감증에서 다루는 유일한 감정이 아니다. 무쾌감증이란 기쁨을 비롯한 다양한 긍정적 감정들을 느끼지 못하는 상태를 의미한다.

이상적으로는 이 테스트를 두 번 진행하는 것이 좋다. 한 번은 지금, 그리고 책을 다 읽고 난 후에 다시 한번 테스트해 보면 자신의 답변이 어떻게 달라졌는지 확인할 수 있다.[11]

1. 지금, 이 순간의 감사함보다는 미래의 행복을 더 자주 떠올리는 편인가?(예: "그 직장에 입사하면 행복해질 거야", "언젠가 사랑에 빠지면 진정한 행복을 느끼겠지" 등과 같은 생각을 자주 하는 경우)

2. 휴식이나 여유 시간에 편안함보다 불안감이나 공허함을 더 자주 느끼는가?

3. 식사 자체를 즐기기 위한 시간을 거의 가져본 적이 없는가?(예: 일하면서 식사하거나, 늦은 밤 TV를 보며 대충 먹거나, 종일 식사하는 것을 잊다가 저녁에 급하게 먹는 경우)

4. 한가한 시간에도 독서를 즐기는 일이 드문가?

5. 낮잠을 자고 나면 상쾌함보다는 오히려 피로감을 느끼는가?

6. TV나 영화(스트리밍 포함)를 볼 때, 동시에 다른 일을 하거나 프로그램에 집중하지 못하는 경우가 많은가?

7. 옷차림에 신경 쓸 때, 그 과정을 즐기지 못하는 편인가?

8. 타인의 칭찬을 들었을 때 자존감이 높아지기보다는 어색하거나 부담스럽게 느끼는가?(예: "이거 세일해서 산 거야", "이 머리는 그냥 감

고 말린 거야"처럼 칭찬을 회피하거나 그 상황에서 벗어나려고 하는 경우)

9. 친구나 가족 등과의 사회적 상호작용에서 유대감을 형성하는 것이 어렵게 느껴지는가?

10. 휴가나 연휴에 쉬는 것이 어렵게 느껴지는가?(예: 일을 완전히 내려놓지 못해 노트북을 챙기거나, 가족과의 휴가 일정에 계획을 너무 빡빡하게 짜는 경우)

11. 취미나 일 등 활동을 하면서, 그 과정에서 발전한 자신의 능력이나 실력을 즐기지 못하는가?

12. 음악을 들을 때, 음악이 주는 기쁨이나 감동을 잘 느끼지 못하는가?

13. 신체적 친밀감이나 성적 행동에서 감각적인 즐거움을 느끼기 어려운가?

14. 자기 관리를 하는 동안, 그 순간에 온전히 집중하기 어려운가?(예: 따뜻한 목욕, 마사지, 매니큐어·페디큐어, 일기 쓰기, 요가, 컬러링북 색칠하기 등)

15. 일상 속 소소한 행복을 누려야 할 순간에 생각이 자꾸 딴 데로 가거나 몰입이 잘 안되는가?(예: 커피를 마시거나, 몸에 로션을 바르거나, 빵집에서 나는 컵케이크 냄새를 즐기지 못하는 경우)

16. 업무를 할 때 내가 잘하고 있다는 자신감이 없고, 온전히 집중하거나 몰입하는 것이 어려운가?(예: 일의 결과에 자주 만족하지 못하거나, '더 잘할 수 있었을 텐데' 하는 아쉬움이 남는 경우)

0~3점

'예'라고 답한 항목이 3개 이하라면, 매우 긍정적인 상태라고 볼 수 있다. 무쾌감증에 해당하지 않거나, 증상이 있다고 해도 아주 약한 수준이다. 목적과 의미, 그리고 기쁨을 주는 활동에 잘 참여하고 있다는 좋은 신호다. 지금처럼 계속해 나가자. 가벼운 조언을 하나 하자면 단기적으로나 장기적으로 기대할 만한 즐거운 일들을 일정에 조금 더 추가해 보면 더욱 좋겠다.

4~11점

'예'라고 답한 항목이 4개에서 11개라면, 경미하거나 중간 정도의 무쾌감증 상태일 가능성이 크다. 기쁨을 느끼기 위해 나름대로 애쓰고 있지만, 그 노력이 충분히 효과적이거나 균형 있게 이루어지지 않을 수 있다. 예를 들어, 즐겁게 지내려고 노력하지만, 스트레스 때문에 정작 제대로 즐기지 못한다든지, 휴가를 떠나도 결국 일 생각만 하다 돌아오는 경우가 있다. 출근길에 차 안에서 급하게 식사를 하거나, 수년간 개인 휴가를 한 번도 쓰지 않은 것을 자랑스럽게 여길 수도 있다. 혹시 이런 모습이 자신에게 해당한다고 해서 너무 걱정할 필요는 없다. 이 책의 뒷부분에서 도움이 될 만한 다양한 기술과 실천 방법을 소개할 예정이다.

12~16점

'예'라고 답한 항목이 12개 이상이라면, 심각한 무쾌감증을 겪고 있을 가능성이 높다. 이 경우에는 이 책에서 제시하는 방법 외에도 추가적인 도움이 필요할 수 있다. 예를 들어, 집단 치료나 개인 상담, 약물 처방 등이 있다(자세한 내용은 10장에서 다룬다). 기쁨을 느끼지 못하는 정도가 심각하다면, 저기능 우울증에 빠지거나 물질 사용 장애가 발생하게 될 가능성이 커지기 때문에 더 높은 수준의 치료가 필요하다. 특히 인간관계가 흔들리고 있다면 더욱 주의해야 한다. 이는 내 이야기를 들어주고, 감정을 공감해 주며, 곁에서 지켜봐 줄 친구나 가족과 같은 지지 체계가 부족하다는 의미일 수 있다. 행복과 성장을 지원하는 긍정심리학 분야의 연구 결과에 따르면, 불행을 겪는 사람은 업무 성과가 저하되거나 이혼할 가능성이 높아지고, 심지어 심장마비 위험도 커진다. 따라서 심각한 무감쾌증을 결코 가볍게 여겨서는 안 된다.[12]

4장

마조히즘: 나를 힘들게 하는 이유

이대로도 괜찮다는 착각

내가 치료실 의자에 앉게 되리라곤 생각하지 못했다. 한 번에 450달러나 하는 상담을 꼬박 3년이나 이어갔지만, 마지막 몇 달이 되어서야 그 도움을 제대로 활용했다. 이 믿기 어려운 경험에 관해 이야기해 보겠다.

정신과 의사가 되어가는 길목에서 나는 컬럼비아 대학교에서 레지던트 수련을 받고 있었다. 그곳에서는 정신과 레지던트들을 인기 있는 정신분석학 전문의와 짝지어 개인 진료를 받게 했다. 레지던트 신분인 우리는 지금 기준으로 한 회기에 450달러쯤 하는 비용을 그대로 내는 대신 그 10분의 1만 내고, 뉴욕의 호화로운 어퍼 이스트 사이드에 위치한 번듯한 상담실로 가 주로 유명 인사들을 진료하는 뛰어난 지성들과 마주 앉을 수 있었다.

이 프로그램의 목적은 우리가 환자를 진료하기 전에 먼저 자신을 돌아보게 하는 데 있었다. 교수진은 우리가 다른 사람을 제대로 치료하려면, 자기 자신의 트라우마와 문제를 충분히 파헤치고 이해해야 한다고 강조했다. 비행기를 타면 안전 수칙을 전할 때 기내 방송으로 흔히 듣게 되는 '먼저 자신의 산소마스크를 쓰라'라는 원리와 같다. 그래서 나는 일주일에 한 번씩, 노트북 두 대와 공부하던 교재들로 무거워진 가방을 들고 배정받은 정신분석 전문의의 근사하게 꾸며진 진료실로 향했다. 값비싼 페르시안 러그가 깔린 호화로운 대기실에 앉아, 담당 의사가 나를 부를 때까지 그 러그를 멍하니 바라보곤 했다. 상담이 끝나고 나올 때면 항상 몸에 꼭 맞는 슈트를 입고 머리를 뒤로 넘긴 남자를 지나쳤는데, 나는 그가 월스트리트에서 일하는 사람일 거라고 짐작했다. 그의 모습에서는 뭔가 돈 냄새가 나는 듯했다. 내가 대기실을 나서며 그를 지나칠 때마다 그는 나를 조금 이상한 눈빛으로 바라보곤 했다.

사실 처음 이 프로그램에 대해 나는 회의적인 입장이었다. 초반에는 상담을 몇 번 건너뛰기도 했다. 치료를 받아야 할 필요성을 느끼지 못했기 때문이다. '나는 문제없이 잘 지내고 있어. 이건 시간 낭비야'라고 생각했다. 나는 내가 생각하는 '의사다운 일'을 하고 싶었다. 정신과 의사의 역할은 조현병 같은 심각한 정신 건강 문제를 가진 사람들에게 집중하는 것이라고 여겼기 때문이다. 나에게는 그런 심각한 문제가 없었으니, 상담을 받을 필요가 없다고 판단했다. 아마 이 글을 읽고 있는 당신도 비슷하게 생각할지 모른다. 주변에 조현병을 앓고 있는 사람이 몇이나 있는가? 그리고 겉으로는 멀쩡해 보여도, 사실은 고기능 우울증을 앓고 있을 것 같은 사람은 몇이나 되는가? 전문가의 도움이 필요한 사람 중 다수는 자신이 괜찮다고 생각하지만, 실제로는 그렇지 않은 경우가 많다. 그리고 그 다수는 바로 나 같은 사람들이었다.

주치의는 내가 스스로 인식하기도 전에 이미 내 번아웃을 알아챘다. 나는 무심결에, 그리고 무리하게 스스로 혹독한 일정을 강요하고 있었다. 그곳은 세계에서 가장 빠르게 돌아가는 도시에 자리한 아이비리그 대학, 그중에서도 손꼽히게 치열한 프로그램에 참여하고 있었다. 처음 마취과를 선택해 의사의 길을 가기 시작했을 무렵, 내 일과는 새벽 5시에 시작됐다. 병원에 도착하자마자 숨 돌릴 틈 없이 쏟아지는 업무에 휩싸였다. 분만 중인 산모들이 무통 주사를 애타게 외치며 고통 속에서 비명을 지르는 소리를 견뎌야 했고, 거의 매일 죽음의 순간과 맞닥뜨려야 했다. 반복되는 하루가 지나치게 강렬했다. 집에 돌아오면 곧장 잠에 빠져들었고, 다음 날이면 어김없이 똑같은 하루가 다시 시작되었다.

마취과에서 2년을 보낸 끝에, 결국 그만두기로 결심했다. 이 분야의 극단적인 특성 때문에 심각한 불안에 시달렸고, 내 마음은 자연스럽게 다른 길로 이끌렸다. 의대 마지막 해에는 남아프리카의 HIV 감염 소녀들을 위한 보육원에서 외상 클리닉을 이끌며 한 달을 보냈는데, 그 경험은 내 삶을 송두리째 바꿔놓았다. 내가 진정으로 원하는 영향력은 바로 그런 것이었다. 그래서 마취과에서 정신의학으로 방향을 전환했다. 가까스로 컬럼비아 대학 프로그램의 마지막 한자리를 얻었다. 프로그램 첫해를 마친 뒤에는 문화적 역량에 관한 연구를 맡게 되어, 전 세계를 여행하며 다양한 문화가 정신 건강을 어떻게 바라보는지 이해하는 기회를 얻었다. 지금까지 서른 개국이 넘는 나라를 다녔다. 학업 중에도 잠시라도 시간이 나면 짬을 내 해외로 나가곤 했다. 물론 단순한 휴가가 아니었다. 다른 나라에서 일하며 그곳의 정신의학이 어떻게 실천되는지 배우고, 문화적 시각에서 정신 건강 문제를 어떻게 다루는지 탐구했다. 어떤 동료 레지던트들은 스페인어를 직접 배우기까지 했고, 우리는 우리 사회의 문화적 역량을 높일 수 있는 프로그램을 직접 만들어내기도 했다. 그렇게 치열하게 일하는 것이 내겐 너무나도 자연스러운 일이었기에 정작 내 건강이 위태로워지고 있다는 사실을 깨닫지 못했다.

다섯 번째 상담을 받을 무렵이었다. 나는 그동안 예약된 상담 시간보다 대부분 늦게 도착하곤 했었다. 그날, 주치의는 내 눈을 바라보며 전문적인 치료 현장에서는 좀처럼 하지 않는 말을 건넸다.

"환자에게 마조히즘이라는 용어를 발설하는 건 적절하지 않지만, 당신은 마조히스트입니다."

내 주치의는 마조히즘이 무엇인지, 왜 내가 그 전형적인 사례에 속하는지 설명해 주었다. 그리고 다음과 같은 사실을 일깨워 주었다. "당신이 상담 시간에 늦으면, 그 뒤에 예약된 다른 환자들의 일정도 함께 늦어질 수밖에 없어요."

그 말을 듣는 순간, 상담실을 나설 때마다 값비싼 정장을 입은, 월스트리트에서 일할 법한 남자가 나를 이상하게 바라보던 이유를 알게 되었다. 나는 내 마조히즘 때문에 담당 주치의의 관심이나 지원을 받을 자격이 없다고 느껴 일부러 늦게 도착했던 것이다. 그러나 결국 내가 치료를 진지하게 받아들이지 않음으로써, 나 자신만 손해를 본 것이 아니라 내 뒤에 예약된 환자들에게도 피해를 주고 있었다. 그날의 상담은 내게 큰 전환점이 되었고, 이후로 우리 관계도 달라졌다. 나는 상담 시간을 우선순위에 두기 시작했고, 나 자신을 더 깊이 이해하려고 노력했다.

지금부터 이에 대한 이야기를 풀어보려 한다. 어쩌면 당신도 나와 비슷한 경험을 하게 될지 모른다.

마조히즘이란
무엇인가

대부분의 사람은 '마조히즘'이라는 단어를 들으면 채찍이나 쇠사슬 같은 것을 떠올리게 될 것이다. 하지만 우리가 이야기하는 마조히즘은 성적 취향에 관한 것이 아니다. 사실상 그와는 전혀 관계가 없다. 1980년부터 DSM-3에서 정의한 마조히즘은 만성적으로 자기 자신을 해치고, 남을 기쁘게 하려는 행동 패턴이 지속해서 나타나는 성격장애이다.[1] 예를 들어, 나는 휴가 대신 일을 선택하고, 가방에 노트북 두 대를 넣고 다니며, 거의 공짜로 받을 수 있었던 고가의 정신과 상담도 건너뛴다. 결국 상담이 막바지에 이르러서야 내가 겪었던 트라우마와 독성 연애를 처음으로 꺼내놓았다.

마조히즘은 자기 파괴의 한 형태다. DSM-3에서는 마조히즘적 성향을 가진 사람이 즐거운 경험을 회피하거나 방해하고, 자신이 고통받는 상황이나 관계에 끌리며, 타인의 도움을 거부하는 경향이 있다고 정의한다.

그러나 1994년에 출간된 DSM-4에서는 이러한 정의가 더 이상 등장하지 않는다. 새 판에는 '성적 마조히즘'이라는 진단명만 남았고, 이전 판에서 다루었던 자기 패배적 행동에 관한 내용은 삭제되었다.[2] 내가 정신과 수련을 받을 때, 마조히즘이 DSM에서 제외된 이유가 정치적 논란 때문이었다는 설명을 들은 적이 있다. 이는 특히 가정폭력 생존자들에게 '마조히즘'이라는 낙인이 씌워져, 오히려 피해자에게 책임이 전가될 수 있다는 우려에서 비롯된 것이다.

DSM-3에 제시된 특징 중에는, 더 나은 선택지가 있음에도 반복적으로 실망이나 실패, 학대를 불러올 수 있는 사람이나 상황을 선택하는 것, 타인의 분노나 거절을 유발한 뒤 상처받고 패배감이나 굴욕감을 느끼는 것 등이 포함되어 있었다. 당시 DSM 편찬자들은 마조히즘 진단이 학대받는 여성들에게 책임을 전가하는 결과를 초래할 수 있다는 점을 우려했다. 즉, 피해자가 스스로 학대를 선택하고 상처와 굴욕을 유발한다는 오해를 불러일으킬 수 있었던 것이다. 하지만 수십 년이 지난 지금, 우리는 가정폭력과 같은 트라우마 상황에서 실제로 어떤 심리적 메커니즘이 작동하는지, 그리고 심리학자들이 '트라우마 결속trauma bond'이라고 부르는 현상이 무엇인지 한층 더 명확하게 이해하게 되었다. 나는 마조히즘이라는 용어를 피해자를 비난하기 위해 사용하는 것이 아니다. 오히려 자신의 행복을 되찾을 수 있도록, 지금 무슨 일이 일어나고 있는지 이해하는 데 도움이 되고자 쓴 것이다. 자신의 마조히즘적 경향을 이해하는 것은 부끄러운 일이 아니라, 오히려 자신을 더 강하게 만드는 일이다.

자기희생으로
맺어진 관계

　자기희생은 대개 마조히즘의 한 가지 양상이며, 고기능 우울증 환자들은 끊임없이 자신을 희생하는 경향이 있다. 이러한 마조히즘은 종종 부적응적이고 해로운 인간관계에서 드러난다. 만약 당신이 항상 타인을 기쁘게 하려고 하거나, 순교자 콤플렉스 martyr complex를 가지고 살아간다면, 직장, 우정, 연애, 심지어 가족관계에서도 당신을 이용하는 사람들을 끌어들이게 된다. 그리고 당신이 일방적으로 주는 상태가 지속되면, 상대는 받는 역할에 고착된다. 마조히즘으로 인한 주고받기의 불균형은 타인과 진정성 있고 의미 있는 관계를 맺는 것을 어렵게 만든다.

하지만 당신은 아마 이 사실을 깨닫지 못할 것이다. 늘 다른 사람을 돕는 데 시간을 쓰느라 누가 나를 도와주는지 돌아볼 틈조차 없기 때문이다. 이런 불균형한 관계에 빠지는 이유 중 하나는 관계를 제대로 검증하지 않기 때문이다. 하루에 처리해야 하는 일들에 치여 자신을 위해 시간을 낼 여력조차 없는데, 하물며 인간관계를 꼼꼼히 살펴볼 시간은 더더욱 없다. 당신은 일에 너무 몰두한 나머지, 타인과의 관계에서 드러나는 위험 신호 자체를 놓치거나, 혹은 무시하고 지나쳐버릴 수 있다.

여기서 살펴봐야 할 부분은 본인을 바쁘게 하는 일이 사실상 트라우마에 대한 반응일 수 있다는 것이다. 처리되지 않은 트라우마는 자신을 바쁘게 몰아붙여 문제로부터 회피하고, 그 과정에서 낮은 자존감, 자기 비난, 수치심 같은 감정들을 내면화하게 한다. 겉으로 드러나지는 않지만, 마음 깊은 곳에서는 어쩌면 자신이 사려 깊은 친구나 사랑받는 파트너를 가질 자격조차 없을지도 모른다고 생각하게 된다. 삶의 다른 영역에서도 기쁨과 즐거움을 늘 뒷전으로 미루듯, 인간관계에서도 마찬가지다. 게다가 어떤 관계가 더 이상 즐겁지 않고 오히려 부담스럽게 느껴지더라도 무쾌감증에 의한 기쁨 없는 상태에 너무 익숙해져 있어서 관계를 끝내야겠다는 생각조차 하지 못하는 상태에 이르게 된다. 그저 결핍 속으로 점점 더 깊이 빠져들게 될 뿐이다. 실제로 내가 고기능 우울증에 대해 연구한 결과, 미혼자보다 기혼자가 무쾌감증에 해당하는 비율이 더 높게 나타난다.

피학적~masochistic~ 관계란 다음과 같다. 예를 들어, 중요한 프로젝트를 진행하느라 겨우 네 시간도 채 잠을 못 잤음에도 피로를 버텨내며 친구가 끝도 없이 늘어놓는 시어머니 험담이나 최근에 다녀온 여행 이야기를 끝까지 들어주고 있다거나, 충분히 이직할 수 있는 상황임에도 비합리적이고 모욕적인 상사 밑에서 일하고 참아내며 맺어가는 관계도 있다. 가족들 앞에서는 무자비하게 자신을 깎아내리면서 뒤에서는 돈을 빌려 달라고 요청하는 친척에게 돈을 빌려주며 그들에게 조용히 미소를 지어주기까지 한다. 아직 진지한 관계를 맺을 준비가 되지 않았음에도 대뜸 동거하자고 하는 연인 관계에 있는 사람과 헤어지지 못하고, 결국 자신이 힘들게 일하며 번 월급으로 상대를 부양하게 되는 관계도 그에 해당한다. 이렇게 타인을 기쁘게 하고 도와주는 것에 자존감이 매여 있다. 하지만 정작 그런 자신은 어떠한가? 결국 피학적 관계는 건강에도 매우 부정적인 영향을 미친다. 늘 타인을 돕기만 하고, 정작 자신은 아무런 지지도 받지 못하는 상황에서 쌓이게 되는 스트레스와 압박감은 흡연만큼이나 해로운 것이다.[3]

나의 인간관계는 균형이 맞는가?

종이 한 장을 꺼내 인생에서 중요한 관계를 맺고 있는 누군가의 이름을 적어보자. 그 사람은 연인, 가장 친한 친구, 가족, 혹은 아주 가까운 직장 동료일 수 있다.

    이제 종이에 두 개의 칸을 만든다. 왼쪽 칸에는 지난 한 주 동안 그 사람과의 관계를 유지하기 위해 내가 했던 모든 일을 나열하자. 예를 들어, 소셜 미디어에서 본 재미있는 밈을 보내주거나, 저녁 식사에 초대하거나, 안부 문자를 보내거나, 그 사람이 좋아할 만한 책이나 기기의 리뷰를 공유한 일 등이 있다. 오른쪽 칸에는 지난 한 주 동안 그 사람이 나와의 관계를 유지하기 위해 했던 모든 일을 나열하자.

    이제 시소의 양쪽이 균형을 이루는지 살펴본다. 어느 한쪽이 더 무거운지, 혹은 비슷한지 살펴보자. 관계를 유지하기 위해 온 힘을 쏟는 편에 자신이 속하는 것은 아닌지, 혹은 상호적 관계를 이루고 있는지 생각해 보자. 이 책의 후반부에는 불균형 관계에서 벗어나기 위해 어떻게 변화해야 하는지 알아보고, 때에 따라서 정리해야 하는 관계에 관한 내용들까지 다루고 있다. 지금은 그저 그간 맺어온 관계의 상태를 점검해 보자. 이 과정을 가장 가까운 관계에 있는 세 명의 지인을 들어 반복해 보자. 그리고 어떤 패턴이 보이는지 관찰하자.

마조히즘의
세 가지 유형

 균형을 잃은 관계를 식별하고, 궁극적으로 그러한 관계를 내려놓기 위해서는 마조히즘이 드러나는 유형들을 이해해야 한다. 그동안의 임상 경험을 바탕으로 고기능 우울증 환자들에게 반복적으로 나타나는 마조히즘의 주요 유형을 세 가지로 구분했다.

문화적 마조히즘

 문화적 마조히즘이란 개인의 민족적 전통, 종교, 국적, 또는 가족의 가치관에 뿌리를 두거나, 심지어 그것에 의해 규정되는 자기희생적 행동을 의미한다. 이 유형의 마조히즘은 우리의 신념과 깊은 관련이 있다.

  전 세계를 돌며 문화 정신의학을 연구하는 과정에서, 문화적 마조히즘은 어디에나 존재한다는 사실을 직접 목격했다. 예를 들어, 영국 문화권에서는 '굳건한 태도'를 유지하며 맡은 일에 불평하지 않는 것을 미덕이라 여긴다. 기독교 문화에서는 누군가에게 상처를 받았을 때 '다른 뺨마저 돌려대라'라고 가르치며, 누가복음의 선한 사마리아인이나, 인류 역사상 대표적인 고난의 인물이자 신앙과 인내의 상징인 구약성경의 욥$_{Job}$과 같은 인물을 본보기로 삼는다. 미국의 자본주의 문화권에서는 다른 나라에 비해 유급 출산휴가, 육아휴직을 비롯한 개인 휴가 일수가 현저히 부족하다. 치솟는 업무 압박 위에 자본주의가 더해지면서 부는 더 집중되고 빈곤은 더 고착되어 그 격차를 키운다. 이런 패턴은 일부 가정에도 배어 있어, 가족 중 첫째가 자신의 유년 시절을 희생해 동생을 돌보는 일에 이바지할 것이라는 기대심리가 자연스러운 규범처럼 작동한다.

  문화적 마조히즘의 수혜자는 계층 구조의 최상위에 있는 이들이다. 평민과 선을 긋는 귀족층, 다른 인종 집단 위에 서려는 지배적 인종 집단, 신도들을 거리 집회 대신 예배당에 머물게 했던 역사적 종교 지도자들, 그리고 직원을 책상 앞에만 붙들어두는 CEO가 그 예이다.

관계적 마조히즘

관계적 마조히즘이란 타인을 기쁘게 하려는 마음에서 비롯된 자기희생적 행동을 말한다. 여기서 '타인'은 직장 동료, 친구, 연인 등 삶을 함께 살아가는 다양한 사람들을 포함한다. 이 유형의 마조히즘은 타인과의 관계에서 자신을 희생하는 데 초점이 맞춰져 있다.

관계적 마조히즘은 주로 여성에게서 나타나는데, 사랑하는 사람과의 관계에서 여성들이 집안일이나 육아를 도맡아 하는 모습으로 발현된다. 또한, 다양한 관계에서 발생하는 감정적 노동의 대부분을 여성들이 떠맡는 경우도 이에 해당한다. 예를 들어, 남편과 그의 형제가 가족 모임 중에 말다툼이 벌어지지 않도록 중재자 역할을 도맡아 온 아내, 중요한 프레젠테이션을 앞둔 파트너에게 힘을 북돋아주는 역할 등이 있다. 이는 전 세계 전반에 걸쳐 나타나는 현상이다. 일부 사회에서는 여자아이들에게 예의 바르고 순종적일 것을 기대하고, 남자아이들에게는 자기주장을 펼칠 것을 장려한다. 직장에서도 이런 역할 구분은 이어지는데, 여성들이 남성 동료보다 적은 급여를 받아도 의문을 제기하지 않거나, 사회 전반에 걸쳐 조성된 이중잣대에 반하는 목소리를 내지 않는다. 솔직히 말해, 아침 회의에 도넛을 가져오고, 자발적으로 회의록을 작성하며, 회의가 끝난 후 의자를 정리하는 일은 거의 언제나 여성의 몫이다. 친구들과 모임에서 대부분의 일정을 계획하고, 단체 채팅방에서 모두가 원활하게 소통할 수 있도록 신경 쓰는 역할을 누군가가 도맡는 모습에서도 관계적 마조히즘을 확인할 수 있다.

관계적 마조히즘의 수혜자는 부권 사회를 비롯해 당신의 인생에서 관계를 맺고 있는 이들 중 주는 것보다 받는 데 더 집중하는 모든 이들이 이에 해당한다.

커리어 마조히즘

커리어 마조히즘이란 직업(또는 무급 자원봉사)이나 경력상의 성취를 위해 자기 자신을 희생하는 행동을 의미한다. 이러한 유형의 마조히즘은 우리가 중요하다고 여기거나 행복을 가져다줄 것이라 믿는 사회적 인정과 성공을 위해 자신을 희생하지만, 실제로는 타인의 필요를 우선시하는 데 초점이 맞춰져 있다.

커리어 마조히즘은 과도한 업무 부담과 충분한 인정의 부재 속에서도, 자신에게 더 높은 기준을 끊임없이 적용하는 직업군에서 자주 드러난다. 예를 들어, 대학원 학자금 대출로 인한 막대한 부채와 낮은 임금을 감수하며 도움이 절실한 사람들을 위해 일하는 국선 변호사, 전쟁 지역에서 위험을 무릅쓰고 진실을 알리고자 애쓰는 기자, 농업 분야 노동자, 비영리 단체 종사자, 군인, 성직자 등이 대표적이다. 또한, 금융회사 신입사원이 언젠가 임원급 사무실, 이른바 코너 오피스를 쓰게 될 그날을 위해, 주 80시간씩 일하며 사적인 삶을 거의 포기하는 경우도 이에 해당한다. 자기 일이 타인의 필요를 위해 상당한 신체적, 감정적, 경제적 부담을 감수해야 하는 상황이라면 커리어 마조히즘을 경험할 가능성이 크다. 이 현상은 미래의 성공을 위해 현재의 자신을 희생하는 형태로도 나타난다. 고기능 우울증을 겪는 사람들은 직업적 성취와 개인적 자존감을 불가분의 관계로 여기기도 한다.

커리어 마조히즘의 수혜자는 자신을 제외한 거의 모든 사람일 수 있다. 특히 자본주의 사회에서 경제적 위계의 최상위에 있는 사람들이 커리어 마조히즘의 가장 큰 수혜자인 경우가 많다.

경영 컨설팅 회사에서 파트너(임원이자 주주)로 일하는 40세의 제이콥을 커리어 마조히즘의 전형적인 사례로 들 수 있다. 제이콥은 과로와 번아웃에 시달리면서도 주 60시간 이하로 일하는 법을 도저히 찾을 수 없다고 말했다. 오전 9시부터 오후 5시까지는 고객 미팅, 업무 관련 통화, 인재 영입을 위한 점심 약속 등으로 회의 일정들이 빼곡히 차 있었고, 프로젝트 관련 업무나 인력 배치, 쏟아지는 이메일과 메시지에 답장하는 일 등과 같은 업무들은 정작 근무 시간 전후에야 겨우 처리할 수 있었다. 주말에도 그는 본인의 회사를 설립하기 위한 계획을 세우거나, 동료들과 골프장이나 농구장 코트사이드에서 일과 관련된 네트워킹을 하며 시간을 보냈다. 심지어 한 번은 딸의 팔이 부러져 응급실에 실려 간 날조차도 일과 관련된 전화 통화를 끊을 수 없어 병원에 있는 내내 이어버드를 귀에서 뺄 수 없었고 그저 딸이나 의사와 이야기를 나눠야 할 때에만 잠시 음소거로 해둘 수밖에 없었다고 했다.

　마조히즘이 지닌 문제 중 하나는 바로 전염성이다. 친구나 가족은 물론 동료들에게도 쉽게 옮길 수 있다. 제이콥만 과도하게 일하는 것이 아니라, 함께 일하는 컨설턴트들 역시 그의 속도에 맞추기 위해 똑같이 일해야 했다. 게다가 파트너 직급의 다른 동료들은 대부분 2주간의 정기휴가를 떠났지만, 제이콥은 제대로 휴가를 간 적이 한 번도 없었다. 그는 아직 자신이 그런 휴가를 누릴 만큼의 위치에 오르지 못했다고 생각했다(사실은 그 반대였다). 나는 그런 제이콥에게 1년 중 가장 한가한 달에 몰디브로 일주일간 휴가를 다녀올 것을 제안했고, 그는 그 제안을 받아들였다. 그가 그렇게 완벽하게 일을 내려놓고 자리를 비웠을 때, 아무 문제도 일어나지 않았다는 사실, 그리고 몸과 마음이 훨씬 건강해졌다는 사실을 깨닫고 나서 변화가 시작되었다. 그는 자신이 필요 이상으로 일에 매달려 왔다는 사실을 알게 되었다. 그리고 가족과 함께 소중한 시간을 보내며, 그동안 얼마나 많은 것을 놓치며 살아왔는지 되돌아볼 수 있었다.

마조히즘적 악순환을 끊는 세 가지 간단한 방법

　마조히즘의 악순환을 끊는 일은 절대 쉽지 않다. 그 과정에서 이득을 얻는 사람이 있기 마련이고, 그들은 그 이점을 쉽게 내려놓으려 하지 않는다. 이 책의 다음 장에서는 고기능 우울증을 극복하고 마조히즘에서 벗어날 수 있는 다양한 검증된 도구들을 소개할 것이다. 그에 앞서, 지금 바로 실천해 볼 수 있는 마조히즘적 성향에서 벗어나는 데 도움이 될 만한 간단한 방법 세 가지를 아래와 같이 제시한다.

첫째, 몸이 보내는 신호에 귀 기울이자. 반드시 신체적인 통증이 있어야만 스스로가 자신을 해치고 있다는 사실을 알 수 있는 것은 아니다. 예를 들어, 일에 집중하려고 하루 종일 커피를 마시다 보면 카페인 과다로 심장이 평소보다 더 빨리 뛰는 것을 느낄 때가 있다. 이것 역시 몸이 보내는 중요한 신호다. 나는 평소에 친구들에게 손톱이 자주 깨지면 그것이 과로의 신호임을 알고, 그럴 때는 당장 속도를 늦추고 자신을 돌봐야 한다고 조언하곤 한다. 이런 신호들을 결코 무시해서는 안 된다.

둘째, 주변의 조언에 귀 기울이자. 내가 감당하는 희생은 결코 나 혼자만의 문제가 아니다. 때로는 내 주변 사람들, 즉 연인, 친구, 직장 동료, 이웃, 자녀 등도 함께 그 희생을 감내하게 된다. 나는 동료나 친구, 혹은 딸의 반응에서 중요한 신호를 읽어낸다. 만약 내 주변 사람들이 새 프로젝트로 인한 일정이 너무 무리한 것 같다고 넌지시 말하거나, 내가 밤새 이메일을 확인하느라 가족을 챙기지 못하는 것 같다는 이야기를 듣게 되면, 나는 그 신호를 그냥 넘기지 않는다. 오히려 그 조언을 진지하게 받아들이고, 행동을 바꾸려고 노력한다. 그러한 알람을 당신도 적극적으로 활용할 수 있다. 직장에서든, 개인적인 삶에서든, 새로운 프로젝트를 맡거나 중요한 결정을 내리기 전에 믿을 만한 친구에게 내가 혹시 너무 많은 짐을 지고 있지 않은지 물어보는 것도 좋은 방법이다.

셋째, 마음의 소리에 집중하자. 어떤 일에 '예스'나 '노'를 말하기 전에 잠시 멈춰서서 그 일을 정말 하고 싶은지 스스로에게 물어보자. 누구나 어떤 날에는 주말까지 일하기엔 너무 지쳐 있다거나, 오늘은 빨래 같은 집안일조차 하고 싶지 않다는 등의 자신이 내는 작은 감정의 목소리가 들려올 때가 있다. 그런데도 그 목소리를 외면한 채, 자신을 억지로 몰아붙이며 남을 돕고자 하는 호의가 정작 상대방에게는 그리 중요한 일이 아닐 경우가 있다. 결국 그런 행동이 당신의 가치를 높여주지도 않는다. 당신은 아무것도 하지 않아도 이미 매우 소중하고, 존중받아야 할 가치 있는 존재임을 잊지 말자.

애착 유형
이해하기

만약 자신에게 마조히즘적 성향이 존재한다고 판단된다면, 먼저 자신의 애착 유형을 이해하는 것이 중요하다. '애착 유형 attachment style'이라는 용어는 이제 대중문화의 일부가 되었지만, 그 기원은 방대한 심리학 연구에 있다. 이 개념은 공식적인 진단명이 아니고, DSM에 등재된 것도 아니지만, 전문가들 사이에서는 널리 받아들여지고 있다. 애착 유형이라는 개념은 정신분석가 존 볼비 John Bowlby와 발달심리학자 메리 에인스워스 Mary Ainsworth가 영아와 양육자 사이의 상호작용을 설명하기 위해 처음 제시한 것이다. 이후 수십 년이 흐르면서 심리학자들과 정신과 전문의들은 이 개념을 성인의 연인 관계에도 적용하기 시작했다. 즉, 우리가 연인에게 얼마나 의존할 때 편안함을 느끼는지, 또 타인이 우리에게 얼마나 가까이 다가오는 것을 허용하는지를 설명하는 틀로 활용되고 있다. 애착 유형은 크게 불안형, 회피형, 안정형, 혼합형의 네 가지 유형으로 나뉜다.[4]

- **불안형**Anxious Attachment: 전체 인구의 약 20%가 이 유형에 속하며, 상대방에게 버림받을 것에 대한 두려움을 가진다는 특징이 있다. 이 유형은 관계에서 안정감을 얻기 위해 자신의 필요와 욕구를 무시하거나, 자신을 희생하면서까지 상대를 기쁘게 하려 한다. 또한, 관심을 끌기 위해 조종적 행동을 하거나, 파트너로부터 더 많은 확신을 요구하기도 한다.
- **회피형**Avoidant Attachment: 약 25%가 회피형 애착 유형에 해당한다. 이 유형은 친밀감보다 독립성을 더 중시하기 때문에 누군가와 가까워지는 데 어려움을 겪는다. 회피형 애착을 가진 사람은 상대가 자신에게 지나치게 의존한다고 느끼면 부담스럽게 여기고, 심리적 거리를 두려는 경향이 있다. 이 역시 심리적 방어기제로 작용하는 마조히즘적 성향이라고 볼 수 있다.
- **안정형**Secure Attachment: 인구의 약 절반 정도가 이 이상적인 애착 유형에 속한다. 이 유형은 관계에서 건강한 균형을 구현한다. 즉, 조종적인 행동 없이 자신의 욕구를 솔직하게 표현하고, 상대방의 필요에도 적절히 반응할 수 있다. 또한, 타인에

게 의지할 수도 있고, 타인이 자신에게 의지하도록 허용할 수도 있다.

- **혼합형**Combination: 전체 인구의 약 3~5%는 불안/회피형, 안정/불안형, 공포/회피형 등 여러 유형이 혼합된 불안정한 애착 유형을 보인다. 이 유형의 사람들은 친밀감을 원하면서도, 동시에 상처받는 것이 두려워 타인을 밀어내는 경향이 있다.

모든 마조히스트가 동일한 애착 유형을 가진 것은 아니다. 연인 관계에서 마조히즘적 경향은 불안형 애착을 가진 사람들에게 더 자주 나타나지만, 마조히스트가 반드시 불안형 애착에만 속하는 것은 아니다. 안정형 애착을 가진 사람도 인생에서 트라우마와 같은 특정한 경험을 겪게 되면 마조히즘적 관계에 빠질 수 있다. 어느 시점에 자신이 가치 없는 사람이라고 여기면서부터 타인이 자신을 함부로 대하는 것을 수용하게 되기 때문이다. 따라서 자신의 애착 유형을 이해하는 것은, 자신에게 나타나는 마조히즘적 성향이 어떤 방식으로 드러나는지 파악하는 데 도움이 된다.

자신의 애착 유형뿐만 아니라 잠재적 동반자의 애착 유형 역시 함께 고려해야 한다. 내 임상 경험에 따르면, 마조히즘적 성향을 지닌 사람은 특히 회피형 애착을 가진 파트너에게 끌리는 경향이 있다. 회피형 애착을 지닌 사람을 파트너로 선택할 경우, 아무리 노력해도 제대로 된 대우를 받지 못하고, 그 노력에 대한 보상도 얻지 못하는 상황에 처하게 된다. 결국 상대방의 사랑을 얻기 위해 불가능한 과업을 계속 시도하는 악순환이 반복된다. 마조히스트가 회피형 애착을 가진 사람에게 끌리는 이유는, 그 관계가 끝없이 '해결해야 할 과제'처럼 느껴지기 때문이다. 실제로 내 환자인 니키아 역시, 어린 시절부터 성인이 될 때까지 이러한 유형의 역기능적 관계를 반복해 왔다.

니키아의 이야기는 그녀가 열 살이던 때부터 시작된다. 그 무렵 아버지가 교통사고로 하반신이 마비되어 휠체어 신세를 지게 되었고, 어머니는 그 사고 이후 술에 의지하게 되었다. 결국, 니키아는 아버지와 어머니 모두를 돌봐야 하는 상황에 놓인다. 니키아는 저녁을 준비하고, 집 안을 청소하며, 집세가 밀리지 않도록 집주인에게 수표를 전달하는 등 집안의 모든 일을 도맡아 하게 되었다. 가족을 지키기 위해 애쓰는 과정에서, 니키아는 어린 나이에 자연스럽게 돌봄 제공자의 역할을 내면화했고, 그 과정에서 '자기희생'이라는 문제적 성향까지 습득하게 된다.

니키아가 뷰티 업계의 성공한 기업가로 성장한 어른이 된 시기로 빠르게 넘어가 보자. 니키아는 노트북 앞에 앉아 판매 실적을 열 건 더 올리기 위해 애쓰거나, 홍보 자료를 완벽하게 다듬기 위해 몇 시간이고 꼼짝하지 않고 일했다. 그러지 않을 때에는 언제나 주변 친구들을 챙기는 데 시간을 쏟았다. 모든 친구의 생일을 기억하고, 축하하기 위해 브런치를 계획하는 사람이었으며, 여행을 준비할 때도 언제나 가장 먼저 이메일을 돌려서 모임을 주도했다. 또 누군가가 이별의 상처를 위로받고 싶어 새벽 1시에 전화를 걸어와도 늘 받아주는 친구였다. 니키아는 모두에게 모든 것을 내어주는 그런 사람이었다. 하지만 그들 중 그 누구도 니키아를 위해 그런 일을 해주지는 않았다.

니키아가 나를 찾아와 상담을 시작한 이유는 가족을 원했기 때문이다. 그녀는 좋은 사람을 만나 결혼하고, 아이를 갖고 싶어 했다. 그러나 지금까지 그녀가 만난 남자들은 대부분 하루 가벼운 만남만을 원하거나, 이미 여자친구가 있는데 바람피우는 이들이었다. 그녀는 자신이 노력하면 상대방의 마음을 얻을 수 있다고 굳게 믿었기에, 자신을 진심으로 아끼거나 소중히 여기지 않는 남자들과도 계속 관계를 이어갔다. 평소에는 아무런 연락이 없다가도 자정이 넘은 시간에 "자니?"라고 보내오는 문자에도 언제든 답장했고, 자신에게 관심을 보이지 않는 남자들에게도 애쓰며 지냈다. 그녀의 불안형 애착과 자기희생적인 행동은 마치 열추적 미사일처럼 회피형 애착을 가진 남자들에게로 이끌렸다. 나는 우선 니키아의 연애 문제를 다루기에 앞서, 건강하지 못한 우정 관계부터 살펴보기로 했다. 니키아가 친구라고 부르는 지인들이 그녀의 연락을 귀찮아한다면, 그들로부터 좋은 남자를 소개받거나, 그녀를 위해 베이비 샤워를 열어주는 등 자연스러운 일상적 경험조차 기대하기 어렵기 때문이다. 니키아는 주변 모든 사람과 더 건강한 애착 관계를 맺는 방법을 배워야 했다. 그리고 그것은 충분히 가능한 일이었다.

대부분의 사람들은 자신에게 형성된 애착 유형이 평생 변하지 않을까 걱정한다. 하지만 애착 유형은 혈액형이나 지문처럼 타고나는 것이 아니라는 점에서 희망적이다. 애착 유형은 시간과 노력을 들이면 충분히 바꿀 수 있다. 물론 변화하기 위해서 치료와 실제 삶에서의 연습 같은 노력이 필요하지만, 분명히 가능한 일이다. 그리고 자신이 회피형 애착을 지닌 사람에게 끌릴 수 있다는 사실만 인식해도, 앞으로 삶에서 겪게 될 더 많은 상처를 예방할 수 있다.

나는 마조히스트일까?

거울을 똑바로 들여다보고, 자신이 얼마나 남을 만족시키기 위해 애쓰며 그 무거운 압박을 스스로에게 씌워왔는지 깨닫게 된다면, 이제 어깨를 편안히 내리고, 더 당당하게 설 수 있다. 나는 DSM-3에 나와 있는 마조히즘성 성격장애 기준을 현대적으로 재구성해, 여러분이 이런 경향이 있는지 더 쉽게 이해할 수 있도록 준비했다.[5] 아래 질문에 '예'와 '아니요'로 답해보자. '예'가 많으면 마조히즘 경향이 더 높다는 의미다.

1. 나의 정체성은 남을 위해 무엇을 할 수 있는지에 달려 있다. 누가 부탁하지 않아도 주변 사람을 도우려 애쓴다. 남에게 헌신하는 행동이 습관이 되어, 자신을 희생하는 일을 멈추지 못한다.
   (사례: 다른 학부모들에게 인정받기 위해 밤새 아이 학교 프로젝트를 준비한다. 만난 지 얼마 안 된 사람의 환심을 사기 위해 몇 시간씩 줄을 서서 공연 티켓을 산다.)

2. 나는 거의 거절을 하지 않는 사람으로 알려져 있어서, 사람들이

각종 부탁을 하기 위해 나에게 몰려온다.

(사례: 같은 반 학부모들이 아이 하교 마중을 자주 부탁해도 불편함을 표현하지 않는다. 함께 먹고 마셨는데도 내가 계산하는 걸 당연하게 여긴다. 내가 처리해야 할 일이 많아도 동료들은 내게 일을 떠넘기고, 상사는 내가 지쳐 보여도 별다른 배려 없이 야근이나 추가 업무를 맡긴다.)

3. 내가 선택한 행동 때문에 오히려 불리한 상황에 놓이거나, 실망하거나, 실패하거나, 부당한 대우를 받는 일이 많다.

(사례: 이미 결혼한 사람과 관계를 맺거나, 학대가 만연한 동아리에 가입한다. 지나치게 비판적인 부모와 경계를 두지 못한다. 혹독하기로 소문난 코치가 있는 팀에 지원하거나, 더 좋은 사람으로 바꿔주고 싶은 상대나 인생의 어려움에 처한 사람과 연애한다.)

4. 즐거움이나 기쁨을 누릴 기회를 거절하고 일에 몰두하는 편이다.

(사례: 회사 동료들이 회식을 즐기는 동안 혼자 남아 일한다. 가족들이 휴식하거나 영화를 볼 때도 집안일을 도맡아 한다.)

5. 누군가가 도와주겠다고 하면 거절하거나, 혼자 할 수 있다고 한다.

(사례: 가사도우미가 오기 전에 미리 집을 정리한다. 파티나 행사를 준비할 때도 도움을 받지 않고 혼자 준비한다. 무거운 짐을 옮길 때 낯선 사람이 도와주겠다고 해도 사양한다.)

6. 누군가가 나에게 친절을 베풀거나 칭찬하면 불편하다.

(사례: 칭찬을 받으면 어색하다. 학교에서 상을 받거나 회사에서 표창장을 받을 때, 사회적으로 인정받는 일이 부담스럽게 느껴져 그 의미를 축소한다. 특별한 행사에 초대받아도 내가 그 자리에 어울리지 않는다고 생각해 거절한다.)

7. 자신이 거둔 성공과 성취를 축하하는 데 어려움을 느낀다.

(사례: 노력 끝에 승진해도 다른 사람에게 축하받고 싶지 않다. 직장에서 상을 받게 되어도 공개적인 자리에서 받고 싶지 않다. 내가 칭찬받을 자격이 없다고 느껴 상을 받으러 단상에 오를 때 불안감에 실수할 것만 같다.)

지금까지 이야기한 고기능 우울증과 그에 동반될 수 있는 무쾌감증, 마조히즘에 대한 내용이 자신을 더 잘 이해하는 데 작은 계기가 되었으면 하는 바람이다. 고기능 우울증이 어떻게 자아를 잃게 했는지, 그리고 이제 어떻게 하면 다시 자신을 되찾을 수 있을지 궁금해졌으리라 생각한다.

다음 장에서는 '5V 원칙'에 대해 이야기하려 한다. 이 다섯 가지 단계가 고기능 우울증을 극복하고, 마땅히 누려야 할 기쁨 가득한 삶을 되찾는 데 실질적인 실천법으로 활용되길 바란다.

2부

삶의 기쁨을 되찾는

5V 원칙

5장

인 정 Validation :

나를

받아들이는

힘

회복은 인정에서 시작된다

소피아는 미국 중서부의 아주 가난한 시골 마을 출신으로, 누구보다 성실하게 글을 쓰는 사람이었다. 영화 학교에 들어가 유명한 시나리오 작가가 되겠다는 일념으로 로스앤젤레스에 왔다. 하지만 캘리포니아에 정착한 지 몇 달도 안 되어 멘토이자 에이전트가 되어줄 수도 있다고 믿었던 사람이 근무 시간 후 그녀를 사무실로 불렀고, 그녀는 성폭력을 당했다. 그때 그녀 머릿속에는 '여기서 빨리 나가야 한다'라는 생각뿐이었다. 집으로 돌아온 뒤에는 그 일을 아예 없었던 일처럼 덮어두고 싶었다. 업계에서 성공하는 길에 어떤 것도 걸림돌이 되게 하고 싶지 않았기 때문이다.

그래서 과제에 파묻혀 있거나 등록금을 벌려고 일을 하는 시간이 아니면, 소피아는 인디 영화계를 뒤흔들 다음 각본을 쓰려고 열을 올렸다. 강사들이 "넌 제2의 웨스 앤더슨이 될 재목이야"라고 치켜세울 때마다 네 시간밖에 자지 않는 생활을 스스로 정당화했다. 또 "업계에서 자리 하나만 얻으면 행복해질 거야"라고 마음속으로 되뇌며, 두려움을 누르고 취업에 발판이 될 만한 사람이라면 누구에게든 먼저 다가갔다.

간절히 바라던 꿈을 이룰 기회가 찾아왔다. 졸업 후 소피아는 뉴욕의 한 프로그램에 합류했고 곧 뉴욕으로 이사했다. 하지만 '고기능 우울증'은 두고 올 수 없었다. 오히려 뉴욕에 도착하자마자 그 우울증은 저기능 우울증으로 급격히 악화되었다. 심리적 스트레스와 팬데믹 상황이 그녀를 순식간에 바닥으로 끌어내렸다. 소피아는 아침에 일어나는 것조차 힘들어졌고, 줌으로 참여하던 아이디어 미팅조차 이어가지 못하는 상황에 이르렀다. 그제야 그녀는 성폭행을 당했던 기억이 머릿속에서 떠나지 않고 있다는 사실을 깨달았다. 나를 찾아왔을 무렵, 그녀는 아예 글을 쓰지 못하는 상태였고, 참여하던 프로그램에서도 쉬는 중이었으며, 생활비를 감당하는 것조차 버거운 상태였다.

"저에게 정말 무슨 문제가 있는 걸까요?" 소피아는 소파에 앉아 두 다리를 꼭 모으고, 무릎 위에서 손가락을 단단히 맞잡은 채 조심스럽게 말을 이어갔다.

"저는 제가 강인하고, 어떤 어려움도 견뎌낼 수 있는 사람이라고 생각했어요. 그런데 단 한 번의 일이 제 인생을 산산조각 내버렸어요."

겉으로는 문제 없이 잘 지내는 것처럼 보이지만, 내면의 고통이나 부정적인 경험을 숨긴 채 살아가는 사람들이 있다. 우리는 누구도 부정적인 모습을 보고 싶어 하지 않는다고 배우며 자라왔다. 그래서 때로는 심리상담사나 정신과 전문의처럼 도움을 주기 위해 곁에 있는 사람들에게조차 자신의 진짜 마음을 털어놓지 못한다. 여성, 특히 유색인종 여성들은 트라우마를 그저 참고 견디라고 배우는 경우가 많다.

나는 소피아에게 PTSD의 심각성을 파악하고 진단하기 위해 표준화된 평가 도구인 CAPS-5(Clinician-Administered PTSD Scale for DSM-5)를 활용해 인터뷰를 진행했다.[1] 이 도구는 원래 참전 군인들을 위해 개발되었지만, 트라우마(외상적 사건)를 겪은 모든 사람의 정신질환 진단에 활용되기도 한다. CAPS-5는 임상 현장에서 널리 사용되지는 않지만, 나는 자주 활용하는 편이다. 이 도구는 트라우마가 누군가에게 미친 영향을 실제 수치로 정량화할 수 있게 해준다.

평가가 끝났을 때, 나는 당황하지 않을 수 없었다. 소피아의 CAPS-5 점수는 내가 지금까지 봐왔던 사례 중에서 가장 높았다. 더 중요한 것은, 그 숫자가 소피아에게도 큰 충격이었다는 점이다. 마치 혈압이 200/90mmHg까지 치솟거나 BMI 수치가 비만 범위에 속한다는 사실을 알게 되었을 때처럼, CAPS-5 점수를 직접 확인한 것은 소피아에게 경각심을 주는 계기가 되었다. 그 점수를 통해 소피아는 자신의 트라우마가 다른 사람들과 비교해 보아도 얼마나 심각한 영향을 미치고 있는지 객관적으로 확인할 수 있었다. 그리고 본인에게 문제가 있는 것이 아니라, '문제가 되는 일'이 자신에게 일어났던 것임을 깨닫게 되었다. 이 과정을 통해 소피아는 자신을 탓하고 수치심에 사로잡혀 살아가던 삶에서 벗어나, 그 가해자에게 죄를 묻게 된 용기와 다시 글을 쓰기 시작할 힘을 얻었다. 물론 이런 변화가 하룻밤 사이에 일어난 것은 아니었다. 하지만 우리의 상담이 이어지면서 결국 변화는 찾아왔다.

소피아의 CAPS-5 점수는, 그녀가 자신에게 관용을 베풀고 우울을 극복하기 시작하는 데 반드시 필요했던, 자신의 경험을 그 누구도 반박할 수 없는 결정적 증거였다.

회복은 인정에서 시작된다

비행기가 활주로를 치고 나가 V1이라는 결정 속도에 닿으면 "V1!" 하는 호출이 울리고, 그때부턴 멈춤이 아니라 이륙만이 선택이다. 당신은 이미 고기능 우울증의 징후들을 확인했다. 이제 첫 번째 V와 함께 우리도 결심 지점에 서 있다. 활주로를 박차고 더 맑고 푸른 하늘로 올라갈 차례다.

다섯 V 중에 첫 번째 개념인 정서적 '인정 Validation'은 가장 까다로운 축에 속하지만, 이것만 체득하면 뒤따르는 V들은 난류 적은 순항 구간처럼 느껴질 것이다.

고기능 우울증을 회복하는 과정에서 '인정'은 자신이 겪은 트라우마가 된 사건 자체를 있는 그대로 인정하고, 그에 따른 감정이나 반응을 비정상으로 낙인찍지 않고 자연스러운 결과로 받아들이는 두 단계로 구성된다. 트라우마적 경험은 직장의 모욕적 대우부터 생명을 위협하는 폭력까지 스펙트럼은 넓고, 반응 역시 과잉 성취, 일 몰두, 무기력, 불안, 슬픔처럼 다채롭다. CAPS-5 점수를 통한 검증을 통해 소피아는 자신이 겪은 성폭행 경험이 얼마나 심각한 트라우마였는지 인정할 수 있었고, 한때 사랑했던 창작 활동에서조차 더 이상 기쁨을 느끼지 못하고 무기력감과 슬픔에 빠진 자신의 상태가 이러한 경험의 자연스러운 결과임을 받아들일 수 있었다.

감정을 자꾸만 외면하려는 이유

대부분의 사람들은 잊고 싶거나 지나쳐 버리고 싶은 경험을 다시 마주하고 싶어 하지 않는다. 특히 고기능 우울증을 겪는 사람들은 다음과 같은 여러 가지 이유로 그 어려움이 배가 된다.

감정을 인정하지 못하는 이유

① 자신의 감정에 대해 생각할 시간이 없다

해야 할 일 목록을 체크하고, 남을 도우려 애쓰는 등 늘 '실행 모드'로 바쁘게 움직이다 보니, 정작 자신과 자신의 감정에 대해 생각해 볼 일이 거의 없다. 게다가 우울증을 겪는 일부 사람들은 '감정 표현 불능증$_{alexithymia}$'이라는 증상을 가지고 있어, 자신의 감정은 물론이고 타인의 감정까지도 인식하기 어렵다. 하지만 감정을 마주하기 위해서는 먼저 그 감정에 이름을 붙일 수 있어야 한다.

② 나약해 보이고 싶어 하지 않는다

고기능 우울증을 겪는 사람들은 흑백논리에 빠지기 쉽다. 누구든 강하거나 약할 뿐, 그 중간은 없다고 생각한다. 그래서 자신의 취약함이나 도움이 필요하다는 점을 드러내고 싶어 하지 않아, 심리 상담이나 감정의 수용을 등한시하게 된다. 이 외에도 우리가 더 명확하게 바라봐야 할 감정 위에 먹구름을 드리우는 복잡한 요인들이 더 있다.

③ 비상 방어 기제가 작동한다

고기능 우울증을 겪는 사람들은 종종 트라우마적인 사건을 겪을 때 자신의 감정에서 분리되거나 해리되는 경험을 한다. 이는 우리가 일하고, 가족을 돌보고, 제때 공과금을 처리하며, 하루를 버텨낼 수 있도록 우리 몸이 자신을 보호하려는 반응이다. 아침에 가족 모두가 각자의 일정에 늦지 않게 집을 나서도록 챙기는 바쁜 상황에서는 슬프거나 불안한 감정을 느낄 여유조차 없다.

그렇게 지내다 보면 결국 우리는 부정적인 감정을 인식하고 견디는 데 어려움을 겪게 된다.

④ 감정 표현에 대한 부정적인 사회적 시선이 존재한다

많은 사람들이 자신의 감정을 탐색하지 못하도록 억압받아 왔다. 예를 들어, 남성은 감정을 숨기도록 교육받는 경우가 많아 감정을 인정하는 일이 더 어려워진다. 감정 표현이 비교적 허용되는 여성조차도 '과민 반응', '히스테리', '신경질적'이라는 꼬리표가 붙을까 두려워한다. 감정 표현의 어려움은 단순히 성별 때문만이 아니다. 신앙, 문화, 인종, 정체성과 같은 다양한 요인도 영향을 미친다. 영국 문화는 극도의 냉정함을 요구하는 것으로 유명하다. 아시아 문화에서는 감정이나 느낌보다 전통과 의무를 더 중시하는 경향이 있다. 자신이 속한 환경과 정체성에 따라 감정을 인정하는 일이 더 쉬워질 수도, 더 어려워질 수도 있다.

⑤ 가족에게 감정을 솔직하게 표현하는 법을 배우지 못했다

가족은 여러분이 감정에 이름 붙이고 표현하는 능력을 기르는 데 큰 역할을 한다. 만약 감정을 드러내는 데 불편함을 느끼는 부모("다 괜찮아!")나, 여러분의 부정적인 감정을 받아들일 공간을 만들어주지 않는 부모("그렇게 속상해할 것 없어!") 밑에서 자랐다면, 감정을 표현하는 것이 더 어려울 수 있다. 그들이 감정 표현의 본보기가 되어주지 못한 데에는 감정 관련 질환이나 정신 건강 문제로 힘들었기 때문일 수도 있다.

⑥ 감정을 피하는 게 습관처럼 몸에 배어 있다

감정을 드러내는 누군가가 사랑스럽지 않게 보이거나, 사회적 무리에서 환영받지 못하는 모습을 본 적이 있을 것이다. 이러한 경험을 바탕으로 나 역시 내 감정이 문제를 일으키기 전에 애써 눌러버리게 된 것이다.

내면 깊은 곳에서 어떤 충동이 일어나더라도, 치유 과정에서 이 단계를 생략할 수는 없다. 고기능 우울증을 극복하려면 자신의 감정을 이해할 줄 알고, 적절히 표현하며, 스스로 조절하는 힘을 길러야 한다.

정체를 알아야
치유할 수 있다

　누군가가 칠흑같이 어두운 방에 당신을 밀어 넣고 문을 잠가 버렸다고 상상해 보자. 갑자기 어디선가 무언가가 전속력으로 달려오는 듯한 무서운 소리가 들린다. 이 상황에서는 무엇이 다가오는지 알 수 없으니, 본능적으로 자신을 보호하려고 사방으로 팔을 휘두르게 될 것이다. 이번에는 똑같은 방에 갇혔지만, 불이 켜져 있어 모든 것이 훤히 보인다고 가정해 보자. 이제 다가오는 것이 무엇인지 확인할 수 있다. 방 안에 있는 도구 중에서 자신을 지키는 데 쓸 수 있는 것이 무엇인지도 살펴볼 수 있다. 그리고 달려오는 것이 정말로 나를 해치려는지, 아니면 단지 나를 지나쳐 문을 향해 가는 것인지도 구분할 수 있다.

그 방은 인생을 비유한 것이다. 그리고 전속력으로 당신을 향해 달려오는 소리는 바로 당신의 감정이다. 부정적인 감정을 제대로 인식하고 이름 붙이지 못하면, 우리는 두려움과 무력감에 사로잡히게 된다.

인간은 예측할 수 없는 무지無知한 상태, 즉 알지 못하는 모든 것을 본능적으로 꺼린다. 모르는 것은 우리의 안정감을 위협할 수 있기 때문이다. 반대로, 아는 것은 우리에게 기분 좋은 확신과 힘을 준다. 네잎클로버와 독성 옻나무를 구분할 수 있다는 것은 숲속을 기분 좋게 산책할 수 있느냐, 아니면 고통스러운 경험을 하게 되느냐를 결정짓는다. 붉은왕뱀과 산호뱀을 구분할 수 있는 것은 생과 사를 가르는 차이기도 하다. 분노와 슬픔을 구분할 수 있는 것 역시 충족되지 않은 삶과 기쁨을 주는 삶을 가르는 중요한 차이다. 우리는 때때로 슬픔을 분노로 착각하곤 한다. 그럴 때 충동적이거나 분노에 휩싸인 행동을 하게 되고, 자신을 방어하기 위해 허공에 주먹을 휘두르다 보면 결국 소중한 사람들에게 상처를 주고 만다.

감정 기복이 심하고 분노에 휩싸인 환자들을 상담하다 보면, 실적 압박으로 날카로워진 CEO와 크게 다르지 않다. 그들에게 "분노가 사실은 자신도 의식하지 못한 불안일 수 있다"라고 알려주면, 대부분 놀란 반응을 보인다. 그들은 마치 어두운 방 안에서 허공에 주먹을 휘두르듯, 연말 실적에 대한 걱정 때문에 실적을 보고하는 동료를 붙들고 화를 내는 것뿐이다.

자신이 분노 조절에 문제가 있다고 생각하지만 실제로는 불안한 마음을 가지고 있다면, 화를 다스리는 데만 집중해서는 원하는 결과를 얻기 어렵다. 어두운 방에 불을 켜듯, 자신이 진짜로 마주하고 있는 감정이 무엇인지 들여다보아야 한다. 부정적인 감정의 실체를 정확히 인식하고 인정해야만 비로소 적절한 도구를 선택하고, 치유를 위한 올바른 행동을 취할 수 있다. 분노를 진정시키려면, 그 분노가 사실 불안, 슬픔, 죄책감, 당혹감, 두려움 등 다른 감정이 분노라는 가면을 쓰고 나타난 것은 아닌지 먼저 살펴야 한다. 자신의 감정을 명확히 인식하고 받아들이지 않으면, 자신에게 필요한 치유의 방향을 정할 수 없다.

자신의 감정을
존중한다는 것

　　인지행동치료에서는 '인지 삼각형'이라는 개념을 통해 '생각', '감정', '행동'이 서로 영향을 주고받는 관계를 시각적으로 설명한다. 이때 '생각'이 삼각형의 꼭대기에 위치한다는 것은 개인의 인지적 해석이 감정과 행동을 이끌거나 조절하는 데 핵심적인 역할을 한다는 뜻이다. 따라서 비합리적이거나 왜곡된 생각을 바로잡으면, 감정과 행동 역시 긍정적으로 변화할 수 있다. 예를 들어, "이민자로서 나는 두 배로 노력해야 겨우 절반만큼 나아갈 수 있다"라고 생각하면, 자기 의심이나 우울, 압박감, 슬픔 같은 부정적인 감정이 생길 수 있다. 이러한 감정은 자신의 가치를 증명하려고 지나치게 애쓰거나, 반대로 자신을 고립시키고 포기하는 행동으로 이어진다. 하지만 "사람들은 나의 가치를 알아줄 것이다"라고 생각을 바꾸면, 희망, 신뢰, 자신감 같은 긍정적인 감정이 생기고, 행동 역시 더 당당해질 수 있다. 이처럼 생각을 바꾸면 감정과 행동도 달라진다는 점이 인지행동치료의 핵심이다.

고기능 우울증을 겪는 사람이라면 인지행동치료 모델의 삼각형을 옆으로 돌려, 감정을 인지 삼각형의 최상단에 두는 것이 필요하다. 그 까닭은 세 가지로 요약할 수 있다.

감정을 최상단에 둔 감정의 삼각형

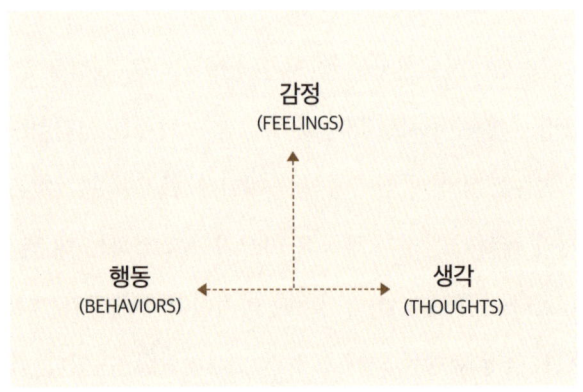

첫째, 고기능 우울증을 앓는다는 것은 곧 자신의 감정을 충분히 존중하지 않는다는 의미이다. 그러므로 무엇보다 감정을 우선시하고, 생각이나 행동 등 삶의 다른 모든 차원이 감정에 대한 인식에서 자연스럽게 파생되도록 하는 것이 바람직하다.

둘째, 우리는 잘못된 생각을 하는 경우가 많다. 감정에 초점을 맞추면, 이러한 사고의 오류에 맞서고 더 빠르게 문제의 본질을 명확히 할 수 있다. 예를 들어, '성폭행을 당한 내 잘못이야'라는 잘못된 생각에서 출발하면, 수치심이라는 감정과 대인관계를 꺼리는 행동으로 이어질 수 있다. 하지만 '나는 무력감을 느꼈어'라는 감정에서 출발하면, '나는 피해자일 뿐이고, 그런 일을 겪을 이유가 전혀 없어'라는 생각에 도달할 수 있으며, 심리 상담을 받거나 외부의 위협으로부터 자신을 지키는 법을 배우는 자기방어 수업을 듣는 행동으로 이어질 수 있다. 이처럼 감정에서 출발하는 것은 트라우마를 겪은 피해자들이 내면화된 자기 비난을 극복하는 데 도움이 된다.

셋째, 생각이 잘못되면 그에 따른 행동 역시 잘못된 방향으로 흘러가게 된다. 예를 들어, 직장에서 프레젠테이션을 할 때 심장이 두근거리고 손이 떨린다면, '나는 형편없이 발표하고 있다'라는 생각에 사로잡히게 된다. 그러면 앞으로 더 많은 시간을 투자해 준비하겠다며 자신을 몰아붙이는 방식으로 문제를 해결하려 할 것이다. 하지만 감정을 먼저 들여다본다면, 이러한 불안감이 사실 가면 증후군에서 비롯된 것임을 깨닫게 된다. 즉, 스스로 자기 능력을 의심하는 마음이 불안의 근원임을 알 수 있다. 감정의 원인을 이해하면, 기존에 그릇된 생각에 도전하고 더 건강한 방향으로 행동할 수 있다. 예를 들어, '내 팀은 내가 필요하고, 내가 여기 있는 걸 원한다. 그리고 지난달에 승진도 하지 않았는가?'와 같은 긍정적인 생각을 하게 되면, 퇴근 후에 남아서 일하는 대신 요가 수업에 가기 위해 15분 일찍 퇴근하는 선택을 할 수도 있다. 이런 꿈같은 삶에 다가가는 방법에 대해서는 앞으로 더 자세히 다루어 보겠다.

내 환자 중에는 자기 생각에서 벗어나기 힘들어하는 경우가 많다. 오히려 그 생각을 반복해서 곱씹으며 점점 더 집착하게 되기도 한다. 특히 고기능 우울증이 있는 사람들은 상황을 개선하려고 생각에 몰두하는 것이 문제 해결의 길이라고 믿지만, 실제로는 오히려 자신을 더 힘들게 만들 뿐이다. 그래서 나는 그들에게 문제를 해결하려 애쓰기보다는 그 문제나 생각에서 한 걸음 떨어져 일상생활을 이어가 보라고 권한다. 이것이 바로 최근 주목받고 있는 메타인지 치료Metacognitive Therapy, MCT의 기본 원리다. 메타인지를 통해 우리는 '자기 생각에 대해 다르게 생각하는 법'을 훈련할 수 있다. 비유적으로 말하자면, 방 안에 집채만 한 코끼리(즉, 모두가 알고 있는 큰 문제)가 있더라도, 우리는 깊게 호흡하고, 경직된 어깨의 힘을 빼고, 차 한 잔의 향과 맛, 온기를 즐길 수 있다. 생각이 완전히 사라진다는 것이 아니라, 그 생각을 바꾸려고 애쓰지 않는 것이다. 나 역시 이 메타인지 전략을 자주 활용한다. 예를 들어, '마감일이 다가온다'라는 생각이 들 때, 그 생각을 억지로 바꾸려 하지 않는다. 평소처럼 저녁을 먹고, 딸아이와 놀며 일상을 보내면서, 무슨 일이 크게 잘못되지는 않을 것이라고 믿는다. 불안이나 스트레스를 느낄 때, 자신의 생각에 너무 집착하지 않는 연습을 해보는 것을 추천한다.

감정을 무시하기보다는 감정에 집중하는 것이 잘못된 생각이나 깊이 내면화된 신념을 극복하는 데 어떻게 도움이 되는지 이제 이해할 수 있게 되었다. 앞으로는 자신의 감정에 더 집중하는 능력을 기르는 것이 중요하다. 이를 위한 한 가지 방법은 감정을 외면하고 무시하거나 바쁘게 지내며 회피하지 않고, 자신의 감정을 명확히 인식하고, 존중하며, 인정해 주는 것이다. 하지만 어떻게 자신의 감정을 인정해야 하는지, 우리에게 정말 필요한 그 방법에 대해 누구도 제대로 가르쳐주지 않았다. 지금부터 그 방법에 대해 알아보려고 한다.

그동안 겪어온 트라우마로 인한 감정을 인정하고 받아들이기 위해 활용할 수 있는 세 가지 도구가 있다. 그것은 자기 인정 self-validation, 언어적 인정 verbal validation, 사실적 인정 factual validation 이다. 이 중 한 가지만으로도 고기능 우울에서 회복하는 여정을 시작할 수 있다. 더 많은 도구를 활용한다면, 그 여정은 한결 수월해질 것이다.

자기 인정:
무슨 일이 일어난 것일까?

　　자기 인정이란, 자신이 삶에서 겪은 트라우마를 부정할 수 없는 사실로서 있는 그대로 스스로 인정하고 받아들이는 연습이다. 이 과정은 정신과 전문의, 부모, 친구, 혹은 다른 누군가의 도움 없이 오롯이 자신이 내리는 인정이며, 자신의 감정, 생각, 경험을 받아들이는 방식이다. 그중에서도 경험에 대한 자기 인정은 내면을 단단하게 만드는 가장 강력한 자기 인정 방식 중 하나이다.

경험에 대한 자기 인정

　트라우마에는 나르시시즘적 성향을 지닌 부모로부터의 양육 환경, 자연재해, 학교나 직장 내 괴롭힘, 건강 위기, 교통사고, 사랑하는 사람과의 사별, 학교 총기 난사 사건 등 신체와 마음을 압도할 수 있는 다양한 사건들이 포함된다. 고기능 우울증을 겪는 사람들은 이러한 경험조차도 이를 악물고 참거나, 더 강한 사람이 되면 극복할 수 있다고 생각하기 쉽다. 하지만 현실은 다르다. 우리는 이 모든 경험을 있는 그대로 인정해야 한다. 이러한 사건들은 가장 강인한 사람조차도 뿌리까지 흔들릴 수 있는 트라우마를 남긴다는 사실을 받아들여야 한다.

　고기능 우울증을 겪는 사람이라면, 자신이 살아오며 겪은 트라우마를 인식하고 그것이 오래도록 마음에 상처를 남겼다는 사실을 인정하는 일이 쉽지 않을 수 있다. 우리는 종종 직접 보고 나서야 믿게 되는 경우가 많다. 그래서 나는 자신이 겪은 트라우마에 대해 다른 사람들에게 털어놓았을 때, 그들이 어떻게 반응하는지를 듣고 지켜보며 자기 인정을 연습해 보기를 권한다.

　수상 경력에 빛나는 TV 프로듀서이자 시나리오 작가인 숀다 라임스 Shonda Rhimes 는 "누군가가 스크린 속 인물을 통해 자신의 모습을 발견할 때, 그 안에는 깊은 자기 인정이 깃들어 있다"라고 말했다.[2] 바로 이런 이유로 나는 일부 환자에게 특별한 숙제를 내주곤 한다. 자신의 삶을 반영하거나, 자신의 감정과 닮았거나, 자신이 겪었던 트라우마와 비슷한 주제를 다루는 영화를 시청해 보라는 것이다. 만약 어린 시절 괴롭힘을 당한 경험이 있다면 〈원더〉, 〈문라이트〉, 〈불리〉 같은 영화를 추천한다. 이혼의 아픔을 겪고 있다면, 포근한 침대에 누워 〈결혼 이야기〉, 〈오징어와 고래〉, 〈씨민과 나데르의 별거〉, 〈결혼의 풍경〉과 같은 영화를 보는 것도 도움이 될 수 있다.

당신이 어떤 트라우마를 겪었든, 그 경험을 반영하는 영화를 찾아보고, 그 이야기와 직접 마주해 보자. 이야기 속에서 자신과 닮은 인물을 발견한다면, 그를 또 다른 자아로 받아들여 보자. 그들의 삶에서 일어나는 비슷한 일들에 마음을 열고 감동을 느껴 보자. 누군가가 그 사건과 관련해 다양한 감정과 구체적인 삶의 변화를 겪는 모습을 지켜보는 것은, 자신이 겪은 상처를 인정하고 받아들이는 데 도움이 된다. 이야기가 전개되는 과정을 따라가다 보면, 이런 힘든 순간들이 사람을 얼마나 벼랑 끝까지 몰아붙일 수 있는지에 대한 보편적인 진실을 깨닫게 된다.

이 연습을 위해 두 시간을 내는 것이 부담스럽거나, 너무 자극적으로 느껴질까 봐 두렵다면 걱정하지 않아도 된다. 장편 영화 대신에 자신과 비슷한 경험을 다룬 시, 단편 소설, 기사 등을 읽거나, 관련된 노래나 팟캐스트 에피소드를 들어도 괜찮다. 어떤 매체를 선택하든, 작가, 감독, 뮤지션, 배우가 자신의 경험에 빛을 비추고 그것을 인정해 내는 과정을 지켜보면서, 그 순간 자신에게 어떤 감정이 드는지에 집중해 보아야 한다.

감정에 대한 자기 인정

내 진료실에 들어서면, 책상 위와 벽, 선반마다 놓인 거울들이 가장 먼저 눈에 들어온다. 거울은 자기 감정을 인정하는 데 있어 놀라울 정도로 강력한 도구다. 거울 속 자신과 오래도록 눈을 맞추는 경험에는 특별한 힘이 있다. 그 반영은 결코 거짓을 말하지 않는다.

거울 앞에 서서 자기 눈을 들여다보며 '나는 지금 어떤 기분이지?'라고 조용히 물어보자. 그 순간은 외모를 평가하는 시간이 아니다. 자신의 감정, 마음의 상태를 점검하는 시간이다. 이 연습을 반복하다 보면 점점 더 자신의 감정에 가까이 다가갈 수 있다. 맑은 눈빛이나 살짝 감긴 눈이 보내는 신호, 반쯤 지어진 미소나 치켜 올라간 눈썹이 말하는 의미를 읽어낼 수 있게 된다. 그리고 약 15초쯤 거울을 바라본 뒤, 이번에는 자신의 감정을 소리 내어 인정해 본다. 감정에 이름을 붙이고, 그 감정을 받아들이는 것이다. 거울 속 자신을 바라보며 "슬프다", "설렌다", "두렵다", "오늘은 꽤 행복하다"라고 말해보자.

이 연습은 집에서 할 수도 있지만, 거울 앞을 지나치거나 상점 창문에 비친 자신의 모습을 볼 때도 언제든 해볼 수 있다. 잠시 멈춰 자신의 눈을 바라보고, 그 속에 담긴 감정을 느껴보자. 감정의 범위를 충분히 이해하게 되면, 이런 자기 감정 인정 연습이 훨씬 수월해진다. 나는 아이들을 상담할 때 다양한 표정의 감정

차트를 보여주며, 오늘 자신의 기분과 가장 닮은 얼굴을 골라보라고 한다. 감정을 표현하는 데 익숙하지 않은 아이들에게는 이런 방식이 자신의 감정을 드러내는 데 큰 도움이 된다.

거울 앞에서의 자기 성찰은 결코 부정적인 감정 속에 자신을 가두어 두라는 뜻이 아니다. 슬픔이나 후회에 잠겨 그 안에서 허우적거리기를 바라서도 아니다. 핵심은 그런 힘든 감정을 회피하지 않고 인정함으로써, 그것들이 내면과 사고에 어떤 파장을 남기는지 스스로 자각하는 데 있다. 그렇게 진솔하게 자신의 감정을 바라본 뒤에는, 그 감정을 충분히 인정하되 자신을 다시 세워주는 긍정의 말을 스스로에게 건네보는 것도 의미가 있다. 예를 들어 다음과 같은 문장을 활용해 볼 수 있다.

- 완벽하지 않은 나를 인정하고 용서할 수 있다.
- 어떤 감정이 찾아와도 나는 이 시간을 잘 이겨낼 수 있다.
- 나는 매일 조금씩 더 강해지고 있다.
- 지금의 이 감정은 영원하지 않다.
- 나는 어제보다 오늘 더 나은 나를 만났다.
- 지금 느끼는 감정을 있는 그대로 받아들여도 괜찮다.
- 부정적인 생각을 놓아주고, 행복을 안에 들이기로 선택한다.

외출 직전 거울을 보는 순간, 공적인 자리에서 어울리지 않은 자신의 모습을 깨달을 때가 있다. 정돈되지 않은 머리, 주름진

옷, 색이 다른 양말, 체형과 맞지 않는 하의 등은 표면상 실수처럼 보이지만, 실제로는 피로, 과부하, 자기 효능감 저하, 주의 분산 등 내면의 상태가 반영된 무의식적 표식일 수 있다. 내가 머리를 질끈 묶고 출근하는 날이면 이를 '높은 집중 요구'를 의미하는 실용 모드가 작동한 것이라며 동료들과 농담 삼아 주고받기도 한다. 다수의 사람은 중요한 과업 전에는 머리를 묶어 각성을 높이고, 휴식 시에는 머리를 풀어 긴장을 완화하는 식으로 자기 신호 체계를 구축한다. 이에 따라 환자들에게 자신의 무의식적 단서에 주목하라고 권하고, 동시에 의식적 스타일링을 통해 감정 상태를 건강하게 외재화하는 전략을 병행하라고 조언한다. 이러한 미세 신호들은 심리적 자기 인식과 자기 돌봄 개입의 초기 지점으로 활용될 수 있다.

  스타일은 문화의 표현이며, 자신의 문화를 드러내는 일은 정신 건강에도 큰 영향을 미친다. 예를 들어, 흑인들은 머리, 손톱, 옷차림에서 독특하고 예술적인 스타일을 자주 표현한다. 내가 처음 정신과 수련을 시작했을 때, 나는 이런 문화적 표현을 자제하고 주변 사람들과 비슷한 모습에 맞추라는 말을 들었다. 그때는 잘 몰랐지만, 이는 흑인이 누릴 수 있는 기쁨을 억누르고 내 감정을 무시하는 방식이었다(이에 대한 자세한 내용은 이 장의 뒷부분에서 더 다루고 있다). 생머리든, 땋은 머리든, 레게머리든 부적절하다고 여겨지거나, 손톱이 너무 길고 화려하다고 평가받는 등, 아프리카계 미국인과 아프리카 디아스포라에 속한 사람들은 이런 공적인 공간에서 종종 자신을 드러내지 못하게 된다. 이러한 침묵은 결국 자신을 표현하는 기쁨을 누릴 자격이 없다고 믿게 만든다. 나는 이 글을 읽는 모두가 목소리를 낮추기보다 오히려 높이기를 바란다. 그것은 단지 묶여 있던 머리를 풀어보는 것만으로도 충분하다.

언어적 인정: 무슨 말을 했는가?

카밀이 중환자실 침대에서 의식을 회복했을 때, 그녀가 처음 내뱉은 말에는 한숨과 실망이 묻어 있었다. "아, 살아 있네." 열세 살 소녀 카밀은 다시 눈을 감고 고개를 저었다. 새벽 1시 무렵, 당직이던 나는 약물 과다 복용 환자가 도착한다는 호출을 받았다. 프로작 한 병을 통째로 삼킨 카밀은 도착 당시 심장 기능이 거의 멈추기 직전이었다. 쌍둥이 오빠가 집안일을 공평하게 하지 않는다고 따지려 방에 들어갔다가 그녀를 발견했고, 즉시 911에 신고했다. 덕분에 병원 도착 직후 위세척을 시행할 수 있었고 카밀은 목숨을 건졌다. 의식을 되찾은 카밀은 자신의 선택이 끝내 삶을 멈추지 못했다는 현실과 마주했다. 급박한 신체적 위기는 넘겼지만, 우리 앞에는 여전히 길고 험한 여정이 남아 있었다.

중환자실을 나서려던 나는, 주말을 맞아 교외로 여행을 갔다가 돌아온 카밀의 부모님과 마주쳤다. "정말 유감입니다. 지금 얼마나 힘드실지 감히 짐작도 안 됩니다." 내가 말했다.

"우린 여기 병원에 온 지 한 시간도 넘었어요. 여기 있는 동안 우리한테 위로의 말을 건넨 사람은 한 명도 없었어요. 줄곧 질문하고 서류를 내밀고 다음 절차에 대한 설명뿐이었죠." 카밀의 어머니는 내가 건넨 그 한마디의 인정(위로)을 받아들이는 듯하며 답했다.

언어적 인정이란, 신뢰할 수 있는 타인에게 자신의 감정이나 경험에 대해 긍정과 공감을 받는 것을 의미한다. 내가 부모님께 전한 언어적 인정에는 그들의 감정을 구체적으로 언급하지 않았고, 그저 감정을 인정해 주었을 뿐이지만, 그 순간 우리 사이에 연결고리가 생겼다. 누군가가 그들의 감정, 혹은 적어도 그들이 매우 힘든 감정적 상황을 겪고 있다는 사실을 알아주었다는 것만으로도, 부모님은 자신이 이해받고 있다고 느끼게 되었다. 이것이 바로 카밀의 부모님이 딸을 꼭 치료해 달라고 부탁하게 만든 열쇠가 되었다. 그리고 카밀과의 상담을 통해, 그녀 역시 간절히 언어적 인정이 필요하다는 사실을 깨닫게 되었다.

부모의 경제적 여유 덕분에 쌍둥이는 맨해튼의 한 명문 사립학교에 다녔다. 오빠는 남자 배구부 주장으로 활약하며 학생회

장인 여자친구와 교제 중이었고, 카밀은 그런 오빠의 존재감 뒤에 가려 학교생활에 섞여 들기가 점점 더 어렵게 느껴졌다. 그녀는 매우 수줍음이 많았고 최신 유행에는 관심이 없었으며, 친구를 사귀는 일은 거의 불가능할 만큼 어려운 일이었다.

그런 카밀에게 부모는 늘 "걱정하지 마"라고 했다. 하지만 이런 말은 감정을 인정해 주기보다 덮어버리는 위로다. 불안한 사람에게 "진정해", 우울한 사람에게 "그 정도로 불행한 건 아니야"라고 하는 것과 같다. 열세 살 아이에게 "걱정하지 마"라고 반복하는 건 그 감정을 들여다보지 않겠다는 신호가 되곤 한다. 이 가족은 서로의 감정에 대해 제대로 이야기해 본 적이 없었다. 부모는 카밀의 괴로움을 '들어주기'보다 선물을 사주며 달래려 했다. 병원에도 데려갔지만, 그곳에서도 그녀의 이야기는 충분히 귀 기울여지지 못한 채 약 처방 한 병으로 끝나기 일쑤였다. 모두가 문제를 '고치려' 했지, 진심으로 함께 있어 주려 하지는 않았다. 그래서 아무도 사태의 깊이를 깨닫지 못했다. 또래 관계에서 일찍 고립감을 겪으면, 그것은 실제 신체 통증과 유사한 강도의 상처로 다가올 수 있다. 사회적 거절은 신체적 통증을 느낄 때 활성화되는 뇌 영역과 겹치는 부위를 자극한다는 연구도 있다. 학교에서의 고립, 집에서의 비(非)경청이 날마다 쌓이자, 카밀은 결국 그 고통을 멈추고 싶어졌다. 그리고 그 순간 그녀는 집에 있던 항우울제 약병을 집어 들었다.

카밀을 맡아 온 몇 달 동안 나는 프로작 복용을 중단하고,

무엇보다 그녀의 말을 끝까지 듣고 감정을 인정하는 상담에 초점을 두었다. "그랬구나, 봄방학 때 반 친구들이 여행을 가는데 너는 같이 못 가서 정말 속상했겠다" "학교에서 힘든 시간을 보내고 있을 때 부모님이 제대로 들어주지 않는다고 느끼면 어떤 기분이 들어?"와 같은 질문과 반영을 통해 감정을 비춰주었다. 하지만 주 1회 1시간의 인정과 공감만으로는 충분한 변화를 이루어내기 어려웠다. 그래서 부모에게도 동일한 경청, 반영, 감정 명명 방법을 체득하도록 지도했다. 고위험군 아동을 다루는 정신 건강 전문의에게는 아동 개인뿐 아니라 부모나 보호자 상담이 필수적이다.

    카밀의 부모와의 상담에서 나는 카밀이 부모로부터 사실상 감정을 외면당해 왔다는 점을 설명했다. 의도적 회피라기보다, 아버지는 일에 과도하게 몰두했고 어머니는 경제적으로 부족함이 없으니 큰 고민도 없을 것이라 여겨 온 인식이 문제였다. 우리는 상담 시간 동안 아이의 말을 중간에 자르지 않고 끝까지 듣는 연습, 아이가 한 말을 반영하면서 평가를 섞지 않는 공감 화법을 다뤘다. 예를 들어 "넌 원하는 걸 얻지 못할 때마다 소리 지르잖아" 대신 "올해 이비자에 못 가게 되어 화가 났구나"라고 구체적 감정과 맥락을 짚어주는 식이다. 어른들은 이런 언어는 성숙한 어른에게나 가능하고 아이는 어려울 것으로 생각할 수 있지만, 실제로 아이들은 새로운 소통 방식을 어른보다 더 빠르게 흡수한다. 오히려 감정을 인정하는 문장을 한 번 더 생각해 꺼내는 데 어려움을 겪는 쪽이 부모다.

언어적 인정은 친구, 연인, 심리 상담사, 종교 지도자뿐만 아니라 소셜 미디어를 통해 만나는 낯선 이들까지, 다양한 대상을 통해 이루어질 수 있다. 나는 내 인스타그램 피드의 댓글란을 '단체 치료group therapy'라고 부른다. 누군가 고통스러운 경험을 공유하면, 전혀 모르는 사람들도 "정말 힘들었겠어요. 분명히 이겨낼 수 있을 거예요" 혹은 "당신만 그런 건 아니에요. 저희 엄마도 학대적인 부모였고 그런 행동을 하셨어요"와 같은 말을 남기곤 한다.

공식적인 사회 제도 역시 언어적 인정과 깊이 연결된다. 예를 들어, '유급 출산 휴가'라는 제도의 명칭과 기능을 통해, 여성들은 출산이라는 신체적 트라우마를 겪은 후 당연히 가져야 할 회복의 시간을 공식적으로 인정받게 된다. 이는 금요일에 새로운 생명을 맞이했다고 해서 월요일에 곧바로 출근할 수 없는 이유, 즉 신체적·정서적·경제적·정신적으로 큰 변화를 겪는다는 사실에 대한 사회적 공감의 표현이기도 하다. 또한 직장에서 '정신 건강 휴가'를 허용하는 것 역시, 우리 모두가 때로는 압박감에서 벗어나 휴식을 취할 권리가 있음을 공식적으로 지지하는 언어적 인정의 한 형태라 할 수 있다.

'자기 인정' 연습이 중요한 이유는 우리가 항상 그런 인정을 받을 수 있는 것이 아니기 때문이다. 예를 들어, 우리는 여성에게 갱년기 건강 휴가를 주거나, 남성에게 충분한 출산 휴가를 제공하는 사회에 살고 있지 않다. 벨기에나 영국처럼 법적으로 주 4일 근무제를 시행하거나, 기업이 이를 도입하도록 장려하는 시범 프로그램을 성공적으로 운영하는 나라들도 있지만, 어떤 문화권에서는 오히려 주말까지 일하도록 부추기기도 한다.³

그리고 '언어적 인정' 역시 사랑과 마찬가지로, 내가 그것을 원한다면 먼저 주는 법을 배워야 한다. 이 또한 처음에는 서툴러도 연습을 통해 점점 익숙해지는, 일종의 배움의 곡선learning curve을 따른다는 점을 기억해야 한다.

언어적 인정과 관련한 실수

고기능 우울증을 겪는 사람이라면, 주변 사람들을 챙기느라 정작 자신의 감정이나 필요는 무시하는 데 익숙할 수 있다. 하지만 인정은 우리에게 익숙한 '지원support'과는 다르고, 여러 면에서 미묘한 차이가 있다. 그래서 이번에는 언어적 인정과 관련해 사람들이 자주 저지르는 실수 몇 가지를 소개하려고 한다.

① 너무 말을 많이 하고 있지 않은지 되돌아보자

인정은 주로 상대방의 이야기를 잘 들어주는 데서 시작된다. '공간을 차지하는 것(내가 이야기의 중심이 되는 것)'과 '공간을 만들어주는 것(상대가 마음껏 이야기하도록 배려하는 것)'은 분명히 다르다. 인정이란 "네 전 남자친구 보면 가만 안 둘 거야" "넌 그 직장 진작에 그만뒀어야지"처럼 상대방의 이야기가 끝나기도 전에 내가 먼저 내 생각을 드러내는 것이 아니다. 상대가 스스로 자신의 감정을 돌아보고 이야기할 수 있도록 말할 수 있는 여유와 공간을 주는 것이 중요하다. 누군가 내 곁에 앉아 자신의 이야기를 털어놓을 때, 그저 조용히 들어주고 허용해 주는 것만으로도 그 사람은 자신의 감정과 경험이 존중받고 있다고 느끼게 된다.

② 감정보다 문제 해결에 더 초점을 두고 있을 수 있다

우리는 타인에 대한 지지를 행동으로 보여주려는 경향이 있다. 그래서 누군가가 자신의 문제를 털어놓으면 본능적으로 그 문제를 해결하는 데 집중하게 된다. 그러나 언어적 인정에서는 문제를 해결하려 하기보다 경청하는 자세가 더 중요하다. 지금은 친구에게 "그런 몸무게에 관한 농담이 너에게 상처가 된다고 엄마에게 직접 말해보는 게 어때?"라고 조언할 때가 아니다. 오히려 친구의 이야기에 온전히 귀 기울이고, 그런 말을 들었을 때 어떤 기분이 들었을지 이해한다고 말해주는 것이 필요하다. 실제로 내 동료 중 한 명은, 언어적 인정이 필요한 대화에서 즉시 해결책을 제시하려는 충동을 물리적으로 억제하기 위해 손을 허벅지 아래에 두고 앉아보라고 환자에게 조언하기도 한다.

③ 닫힌 질문이나 주관적 판단이 담긴 질문을 하지 않는가

예를 들어, "그건 너무 잔인하지 않아?" 또는 "그 사람에게 화난 건 아니야?"와 같은 질문은 상대방이 자신의 감정이나 생각을 충분히 표현할 기회를 제한한다. 대신, "그때 기분이 어땠어?" "그 일이 있었을 때 무슨 생각이 들었어?" "무슨 일이 있었는지 조금 더 자세히 말해줄 수 있어?"와 같이 열린 질문이나 중립적인 질문을 통해 소통하는 것이 바람직하다.

④ '잘 모르겠다'라며 그저 듣고 넘기진 않는가

우리가 자신의 감정을 말로 표현하기 어려운 이유는 정말 많다. 누구나 어떤 일에 대해 느낀 감정을 바로 말하기 힘들 수 있다. 머릿속이 하애지거나, 고개를 저으며 대답을 회피할 수도 있다. 이럴 때는 그 사건이 감정적으로 어떤 영향을 미쳤는지 묻기보다는, 신체적으로 어떤 변화가 있었는지 이야기하도록 유도하는 것이 도움이 된다. 예를 들어, 상대방이 누군가와의 어색한 대화 후에 배가 아프거나 두통이 왔었다고 말할 수 있도록 대화를 이끌어주면, 그것이 불안감에서 비롯된 감정임을 스스로 깨닫는 데 도움이 될 수 있다. 물론, 경우에 따라서는 질문을 할 수 없는 상황도 있다. 예를 들어, 누군가가 SNS에 자신에게 일어난 트라우마 경험을 공유했다면, 굳이 그 감정에 대해 대화를 이어갈 필요는 없다. "이야기해 줘서 고마워요. 정말 힘드셨겠어요" "저도 비슷한 일을 겪었는데, 그때 아무도 제 이야기를 들어주지 않았어요. 이런 일이 생겨서 정말 유감이에요"처럼 간단히 공감의 메시지를 전하는 것만으로도 충분하다. 혹은, '좋아요'를 누르는 것 그 자체가 위로될 때도 있다.

⑤ 언어적 인정의 경계를 넘고 있지 않은가

트라우마를 마구 쏟아내는 사람들을 조심하자. 만약 당신 곁에 늘 불평만 늘어놓는 사람이 있다면, 이제 그들이 당신을 감정 쓰레기통으로 삼지 못하도록 막아야 할 때다. 이런 상황에서는 자신을 위해서도 분명히 목소리를 내야 한다. 예를 들어, "네 기분을 이해해. 그런데 이런 일이 자주 반복되는 것 같아. 혹시 이런 상황이 계속되는 이유가 있을까?"라고 말해보자. 상대방에게 공감하고 이해를 표현하는 것이 어느 순간 그들의 문제 행동을 조장하는 단계로 넘어가지 않도록, 스스로 경계를 세워야 한다.

사실적 인정 : 누구의 도움을 받아야 할까?

지금부터 설명할 마지막 유형의 인정은 과학적 데이터에 기반을 둔 검증이다. 이는 의료 전문가에게서 제공될 수 있으며, 내가 이 장의 앞부분에서 환자 소피아에게 사용한 CAPS-5 같은 검사도 여기에 포함된다. '사실적 인정'은 앞의 두 형태와는 약간 다르다는 점을 알아둘 필요가 있다. 여기서는 그 사람의 '감정'을 인정하는 것이 아니라, 어떤 경험이 그 사람에게 미친 영향을 정량적으로 확인하는 것이다. 소피아의 경우, 자신이 겪은 트라우마를 수치화할 수 있었던 것이 자신의 경험이 정당화되었다는 감각을 주었고, 전체 상황을 조망하게 해주었다.

의료 전문가들은 다양한 데이터를 활용해 환자의 경험에 대한 사실적 인정을 객관화할 수 있다. 내가 활용하는 또 다른 방법은 혈액 검사다. 철분이 낮으면 에너지가 부족하다는 뜻이고, 기분을 끌어올리는 데 도움이 되는 운동을 충분히 못 하고 있을 가능성을 시사한다. 비타민 B12 결핍은 인지 기능 저하를 일으킬 수 있는데, 이는 왜 그 사람이 예전만큼 직장에서 제대로 능력을 발휘하지 못하고 좌절감을 느끼는지를 설명해 줄 수 있다. 비타민 D 결핍은 우울감을 느끼게 만들 수 있다. 어떤 사람들은 "나는 우울하다", "나는 슬프다"라고 말할 준비가 안 되어 있지만, 필요 수치가 50nmol/L인데 자신의 비타민 D가 5nmol/L에 불과하다는 것을 보면, '뭔가 잘못되었다'라는 사실 기반 검증이 된다. 고기능 우울증이 있는 사람에게서 혈액 검사 이상이 나타나는 것은 드문 일이 아니다. 우리는 감정만 무시하는 것이 아니라 건강도 무시한다. 남들의 웰빙을 챙기느라 자신의 것은 돌볼 겨를이 없다.

신체적 질환은 또 다른 형태의 사실적 인정이다. 일부 문화권에서는 자신이 우울감에 압도당하고 있다고 털어놓는 것보다 두통이나 요통을 호소하는 것이 훨씬 더 쉽게 받아들여진다. 감정적 고통은 약함이나 도덕적 결함으로 간주하기 쉽지만, 신체적 질환은 도덕적으로 문제 삼을 여지가 없다. 그래서 고기능 우울증을 겪는 이들은 자신의 정서적 고통이 신체적 증상으로 나타날 때 결국 의사의 진료실을 찾게 된다. 스스로 불안을 인식하지 못한 채, 위장 장애나 변비, 목 통증 같은 신체 증상만을 문제 삼으며 약이 필요하다고 생각하게 된다. 지금은 머리카락이 까맣지만, 20대 시절 나는 일찍부터 머리가 희어지고 머리카락이 빠지기 시작했다. 그 이유를 알기 위해 주치의를 찾을 필요는 없었다. 그것이 레지던트 시절 내내 지속된 극심한 스트레스 때문임을 스스로 알고 있었다.

서양 의학만이 사실적 인정을 독점하는 것은 아니다. 마사지 치료사가 당신의 뭉친 근육 부위만 보고도 당신의 직업을 알아맞힐 수 있다면, 그것 역시 사실적 인정이다. 침술사가 당신이 숙면을 하도록 돕거나 임신 확률을 높여줄 수 있다면, 이는 스트레스가 당신의 몸에 미치는 영향을 사실적으로 인정해 주는 것이다. 몸의 신호를 듣고, 그 메시지를 받아들이며, 자신의 경험을 인정받는 방법은 다양하다. 이렇게 함으로써 자신에게 관용을 베풀고, 필요한 도움을 구하며, 고기능 우울증의 악순환에서 벗어날 수 있을 것이다.

자신을 진정시키는 연습

고기능 우울증 환자(특히 의사나 간호사)들은 항상 '작동 모드'에 있기 때문에 심박수가 높은 경우가 많다. 만약 이것이 당신에게도 해당한다면, 다음과 같은 연습을 해보자. 이 연습은 자신에게 사실에 근거한 검증을 제공하고, 자기 몸을 더 잘 이해하며, (가능하다면) 긴장을 푸는 데 도움이 될 것이다. 심박수 측정이 가능한 시계를 착용하고 있다면, 심박수가 분당 100회 이상 올라갈 때 잠시 멈춰서서 자신의 상태를 인식해 보자. 심박수 측정기가 없다면, 손목에 손가락을 대고 15초 동안 뛴 맥박 수를 세어 4를 곱하면 분당 심박수를 알 수 있다. 맥박이 급격히 빨라질 때, "내가 지금 어떤 감정을 느끼고 있지?"(감정: '스트레스를 받아')와 "왜 그렇게 느끼는 걸까?"(생각)를 자신에게 물어보자. 이렇게 하면 '고기능 우울증 삼각형'을 활용하여 부정적인 생각과 행동(예: "아이와 다투고 나서 아이가 나를 싫어하는 것 같아. 휴대전화를 집어던지고 싶어")을 피하고, 긍정적인 방향(예: "우리의 대화가 원활하지 못했어. 오늘 밤에 다시 이야기해 봐야겠어")으로 나아갈 수 있다. 긍정적인 생각과 행동에 도달하면, 심박수가 실제로 내려가는지 관찰하자.

잘못된
비타당화에 대한 경계

'신은 자신이 감당할 수 있는 시련만 주신다'라는 고전적인 말은 고통을 무시하고, 그 고통을 인정하기보다는 그냥 넘기라고 부추긴다.

"너는 정말 운 좋게도 부자 부모를 만났구나. 나는 아무것도 없이 자랐어"라는 식의 비교에는 '비교는 인정의 도둑이다'라는 말이 어울린다. "운이 없었네. 하지만 그래서 네가 큰돈을 받는 거 아니겠어?"라는 식의 무효화는 희생만이 미덕이라는 세뇌라고 봐도 무방하다.

여기서 공통된 맥락이 드러난다. 비타당화Invalidation란 한 사람의 감정이나 생각을 인정하거나 존중하지 않고, 그 사람의 내면적 경험을 무시하거나 깎아내리는 태도나 반응을 말한다. 예를 들어, 어린 시절 학대를 당했는데도 부모가 그런 일은 없었다고 믿게끔 자녀를 가스라이팅하는 것도 비타당화에 해당한다. 친구가 "나는 더 심한 일을 겪었으니 네 일은 별거 아니야"라고 말하는 것도 마찬가지다. 그리고 누군가가 내 감정이나 경험을 인정하지 않고 그냥 넘어가거나 무시하는 행동 역시 비타당화이다. 예를 들어, 힘든 일을 털어놨을 때 친구가 "정말 힘들었겠다"라고 하면서도 바로 "그래도 저녁은 먹으러 갈 거지?"라고 묻는다면, 이것도 감정을 제대로 인정하지 않는 반응이다.

내가 처음 만들었던 소셜 미디어 릴스 중 하나는 우리가 정신과 전문의로서 배워온 프로이트식 태도에 관한 것이다. 아무런 감정도, 반응도 드러나지 않도록 무표정한 얼굴을 유지하는 것이다. 하지만 실제로 상담하면서 알게 된 것은, 상담 중에 내 반응을 확인할 수 있었던 환자의 예후가 더 좋다는 점이다. 그들은 자신의 고통이 무시되는 것이 아니라, 그 고통이 인식되고 있다는 반응을 원한다. 비타당화는 단순히 인정받지 못하는 데서 그치지 않는다. 오히려 수치심의 소용돌이에 더 깊이 빠지게 만든다. '내가 과민반응을 한 것은 아닐까?' '내가 너무 나약한 것은 아닐까?' 하는 생각이 더욱 굳어진다. 이처럼 주변 사람들에게 지속적으로 비타당화를 겪은 사람은, 자신이 겪은 고통스러운 경험을 해소하기 위해 술이나 약물에 의존하게 될 수 있다.

비타당화를 조성하는 환경

비타당화는 사람뿐만 아니라 환경에서도 비롯된다. 예를 들어, 자신이 연속 근무를 감당해야 하는 최전선 근로자라고 느껴진다면, 비타당화가 만연한 직장에서 일하고 있는 것이다. 공립학교 교사라면, 일에 필요한 물품과 인력을 확보하기 위해 끊임없이 싸워야 하는 과정에서 비타당화를 경험할 수 있다. 수년간 쌓아온 경력이 단 한 번의 실수로 끝날 수 있기에 밤낮없이 일하는 변호사도 마찬가지다.

솔직히 말해서, 내가 고기능 우울증을 겪던 시절, 내 사무실은 비타당화 환경이 조성되어 있었다. 직원들이 '속도를 좀 늦춰야 한다' '계속해서 지금처럼 일하는 건 불가능하다'라는 식의 의견을 내놓았지만, 나는 괜찮지 않은 현실을 인정하기보다는 '조금만 더 힘낼 수 없을까?'라고 되묻곤 했다. 나는 그 정도는 문제가 되지 않는다고, 더 열심히 하면 할 수 있다고, 더 많이 일을 해낼 수 있다고, 모든 게 잘되고 있다고 직원들에게도, 나 자신에게도 말했다. 하지만 현실은 달랐다. 우리는 모두 그 상황을 그저 온 힘을 다해 버티고 있었을 뿐이었다. 우리는 현실을 외면하지 않고, 앞으로 나아갈 수 있는 다른 방법을 찾아야 했다.

한 번은 내 소셜 미디어 게시물에 한 팔로워가 깊이 있는 메시지를 담은 댓글을 남긴 적이 있다. 그는 주지사의 권한으로 국경 순찰 업무에 파견된 주 경찰관이었다. 파견지의 근무 환경은

끔찍했고, 생활 공간도 형편없었다. 그와 동료들은 상사에게 여러 차례 불만을 제기했지만, 아무것도 달라지지 않았다. 그들이 겪은 그런 비타당화는 1년도 채 되지 않아 열 명이 스스로 목숨을 끊는 비극적인 결말로 이어졌다.

이런 치명적인 비타당화의 결말은 반드시 이민자 위기와 같은 극단적인 상황에서만 나타나는 것이 아니다. 예를 들어, 경쟁이 치열한 레지던트 과정에서도 충분히 발생할 수 있다. 커피를 달고 살며 하루 네 시간 이상 잘 수 없는 근무 환경이 당연하게 여겨지는 분위기 속에서, 누구도 이에 대해 감히 불평하지 못한다. 실제로 레지던트가 근무 시간의 부당함을 제기하면 블랙리스트에 오르기도 한다. 레지던트들이 다른 어떤 직업군보다 높은 자살 충동률을 보이는 것은 결코 우연이 아니다.

대부분은 상사와 맞서거나 당장 일을 그만둘 수 없는 상황에 처해 있다. 하지만 비타당화가 일어나는 순간을 인지하고, 그 부정적인 영향을 막기 위해 스스로 경계를 세울 수는 있다. 예를 들어, 퇴근 시간을 명확히 정하거나, 직장 안팎의 동료들에게 정서적 지지를 요청하고, 직장 내에서 계속해서 자신의 목소리를 내며, 새로운 일자리를 찾기 위한 계획을 세우는 등의 실천이 하나의 방법이 될 수 있다.

6장

환기 Venting : 감정 해방의 시작

고통에 대해
거짓말하지 마라

　단연코, 소셜 미디어의 가장 큰 장점이자 단점은 바로 댓글란이다. 인스타그램, 틱톡, 유튜브에 용기 내어 모습을 드러냈다면, 익명의 누군가가 남긴 차가운 악성 댓글에 한 번쯤은 시달려본 경험이 있을 것이다. 그 일로 친구에게 하소연하게 되면, 댓글을 읽지 말라는 진부한 조언을 듣게 될 뿐이다.
　내 생각은 조금 다르다. 내가 만약 댓글을 전혀 읽지 않는다면, 내 소셜 미디어 피드가 수백 줄에 달하는 팔로워들의 메시지로 가득 차 있다는 사실을 결코 알지 못했을 것이다. 그들은 자신의 상처, 트라우마, 그리고 압도되는 감정과 상황을 솔직하게 털어놓는다. 다음은 팔로워들이 남긴 댓글이다.

"스물일곱 살에 번아웃을 겪었고, 완전히 지쳐버렸다. 내가 해온 모든 노력을 가족들은 인정해 주지 않고, 오히려 더 많은 걸 요구하는 부모님이 원망스럽다. 부모님의 자랑거리가 되기 위해 주 60시간씩 일하는 고액 연봉의 직장에 다니는 일, 절대 반복하지 않을 거다. 내 인생에 그런 일은 절대 없다."

"나는 그동안 새엄마로부터 아빠의 바람에 관한 트라우마 덤프trauma dump를 당해왔다. 지금은 아빠와 그 가족 모두를 차단하고 연락하지 않는다. 그들과 소통하는 것 자체가 나를 불안하게 만들기 때문이다. 그리고 지금은 연인과의 작은 말다툼이나 언쟁만으로도 불안 때문에 패닉상태에 빠지곤 한다."

"나는 겉으로 보기엔 모든 걸 잘 해내는 사람이었다. 그 시기에는 일, 친구, 가족을 위해 끝없이 자신을 몰아붙이는 나를 멈추게 할 수 있는 유일한 방법이 내 뇌가 나를 기절시키는 것뿐이었다. 실제로 매일 아침 기절하곤 했다. 결국 나는 매우 심각한 우울증이라는 인생의 난제를 마주하게 되었다. 오전 7시부터 오후 2시까지, 그리고 오후 2시부터 밤 11시까지, 이렇게 하루에 두 군데서 일했다. 돈이 필요해서가 아니라, 내가 충분히 해내지 못하고 있다는 생각에 사로잡혀 있었다."

사람들은 왜 자신의 가장 내밀한 감정과 고통스러운 비밀을 세상에 공개할까? 나를 괴롭히는 슬픔을 떨쳐내고, 쉽게 얻을 수 있을 것 같으면서도 좀처럼 손이 닿지 않는 내면의 평화를 얻는 데 필요한 것이 바로 정서적 환기다. 인간은 연결과 소통이 필요한 사회적 존재다. 먹을 것과 안식처가 생존에 필수적인 것처럼, 정서적 소통 역시 인간의 기본 욕구다. 자신의 감정이나 고민을 다른 사람(혹은 소셜 미디어의 경우 수백만 명의 사람들)과 나누거나, 일기장에 적으며 자신을 되돌아보는 것은 감정을 발산하는 행위에 해당한다. 이는 내면에 쌓아두었던 답답한 마음을 밖으로 꺼내 해소하는 방법이다. 그러나 이러한 감정 표출조차 고기능 우울증을 겪는 사람들에게는 쉽지 않은 일이다.

겉보기엔 아무 문제 없어 보이는 우리는 자신의 고통에 대해 침묵하는 경우가 많다. 부정적인 이야기는 아무도 듣고 싶어 하지 않는다고 배우며 자라왔기 때문이다. 우리는 부정적인 감정을 인정하지 않으려 하고, 인간을 불완전하게 만드는 그런 감정들은 용납할 수 없다고 여긴다. 또한 감정을 털어놓는 것 자체를 불평하는 것과 동일시하며 죄책감을 느끼기도 한다. 우리가 어떻게 감히 불평할 수 있겠는가. 힘든 과거를 겪은 사람이 나만은 아닐 테고, 우리는 과거보다 훨씬 더 나은 지금의 삶을 살아가고 있으니 말이다. 그러나 결국 침묵은 고립의 악순환 속에 우리의 내면을 가두고 압도한다. 이와 관련해 앨리스 워커Alice Walker의 소설 『은밀한 기쁨을 간직하며』에 나오는 한 구절이 떠오른다. 소설 속 주인공인 아프리카 부족 출신의 한 여인은 이런 문구가 적힌 팻말을 든다.

"자신의 고통에 대해 자신에게 거짓말을 하면, 결국 너는 그 고통을 즐겼다고 주장하는 사람들에 의해 죽임을 당하게 될 것이다."

사실, 마음을 털어놓는 데 있어 유일한 한계는 당신의 상상력뿐이다. 무엇이든 문제 될 것 없으니, 마음껏 이야기해 보자. 자신의 감정을 쏟아낼 수 있는 공간이 있다는 것, 그리고 그 감정이 누군가에게 인정받을 수 있다는 가능성은 감정을 토로하는 행위를 가치 있게 할 뿐만 아니라, 고기능 우울증에서 회복하는 데에도 필수적이다.

감정의 환기가
필요한 이유

　브런치 자리에서 교묘하게 내 몸매를 비하하는 말을 던지는 언니로부터 받은 상처, 주말 내내 친구의 이사를 도와주느라 생긴 허리 통증을 묵묵히 감당하는 상황, 마흔 살이지만 일곱 살 아이처럼 철없는 행동을 하는 남자친구로 인한 스트레스 등, 이런 일들로 인해 쌓인 감정을 마음껏 털어놓을 수 있는 치유의 공간이 필요하다. 이는 누군가를 비난하기 위한 목적이 아니라, 마음속에 쌓인 감정을 풀어내는 데 그 의미가 있다. 특히 고기능 우울증을 겪는 사람들에게는 더욱 그러한데, 그 이유는 다음 네 가지로 정리할 수 있다.

첫째, 이미 충분히 스트레스를 겪어왔다. 둘째, 무엇이 진짜 자신을 괴롭히는지 곱씹어볼 여유조차 없이 늘 바쁘게 지낸다. 셋째, 침묵을 선택함으로써 오히려 자신의 건강을 위협하게 된다. 넷째, 감정 환기는 세대를 잇는 고통의 악순환을 끊는 데 도움이 된다. 이제 이 이유를 하나씩 살펴보고자 한다.

이미 충분히 스트레스를 겪어왔다

고기능 우울증을 겪는 사람들은 아침에 알람이 울리기도 전에 불안에서 비롯된 불균형한 에너지에 이끌려 하루를 시작하고, 밤에는 침대에 누워서도 머릿속이 복잡해 잠들지 못한 채 소셜 미디어 화면을 끝없이 넘기곤 한다. 이렇게 온종일 쉴 틈 없이 달리는 이들에게 감정을 털어놓는 일은 사납게 요동치는 감정 에너지를 해소하는 데 도움이 된다.

우리를 이렇게 만든 요인 중 하나는 살아가면서 감정을 털어놓지 않도록 길들여진 문화적 고정관념이다. 이러한 분위기가 서서히 바뀌고 있긴 하지만, 오랫동안 미국 사회에서는 자신의 감정을 드러내지 않고 혼자서 어려움을 감당하는 것을 당연하게 여겨왔다. 우리는 부정적인 감정을 표현하는 것을 경시하고, 모두가 더 강인해져야 하며, 힘든 내색을 하거나 불평해서는 안 된다고 단언해 왔다.

그러나 우리는 '정서적 환기'를 불평complain의 좀 더 성숙해진 언니쯤으로 생각할 수 있다. 정서적 환기는 아무에게나, 아무 이유 없이 어떤 것에 대한 불만을 마구 쏟아내는 것이 아니다. 정서적 환기는 의도적으로 감정을 해소하는 과정으로, 삶을 앞으로 나아갈 수 있게 도와준다. 그리고 올바른 방식으로 이루어진다면, 오랫동안 마음속에 쌓여 있던 상처와 고통에서 벗어날 수 있게 해준다. 만약 스트레스를 해소할 출구가 없다면, 사실상 그것은 치명적일 수도 있다.

"드디어 행복해졌어." 내 멘토이자 정신과 의사인 파디 하다드 교수가 자신을 진심으로 이해해 주는 상담 전문가를 만나 상담을 시작하게 되었을 때, 나에게 이렇게 말했다. 하다드는 입양 관련 정신 건강 분야의 전문가로 트라우마를 겪은 아이들이 새로운 부모와 유대감을 형성할 수 있도록 도왔다. 그는 자신이 맡았던 대부분의 아이들에게 제3의 부모와 같은 존재가 되어, 가족 전체가 입양으로 인해 겪게 되는 변화에 잘 적응할 수 있도록 깊이 관여해 왔다. 또한, 뉴욕시 공립 병원 최초로 아동 정신과 응급실을 운영하기도 했다. 그곳에서 그는 전 세계에 존재하는 가장 심각한 아동 정신 건강 위기 사례들을 마주했다.

고기능 우울증을 겪고 있는 하다드는 남들보다 훨씬 더 오랜 시간 일했고, 쉬는 날조차 거의 없었다. 휴가를 떠날 때도 그는 늘 전화 연락이 가능한 상태를 유지했다. 그러나 진정한 상담 전문가를 만나기 시작하면서, 하다드에게도 자신이 목격해 온 모든 트라우마를 털어놓을 수 있는 공간이 생겼다. 또한, 진정한 휴식이 필요하다는 사실을 스스로 인정하게 되었고, 실제로 휴식을 취하도록 독려하며 그 실천을 도와주는 신뢰할 수 있는 존재도 얻게 되었다.

진정으로 나를 괴롭히는 것이 무엇인지 알아차릴 시간을 갖지 못했다

정서적 환기를 하게 되면, 마음속에 쌓아두었던 모든 것을 쏟아내는 동시에 통찰력을 얻을 수 있다. 환기는 잠시 멈춰 서서 스트레스를 유발하는 근원이 무엇인지 파악하게 해주며, 때로는 고통을 극복할 방법을 찾을 기회를 주기도 한다. 이러한 과정은 내 말을 들어주는 누군가가 곁에 있을 때 훨씬 더 수월해진다. 나를 바라보는 상대의 객관적인 시선은 내 감정과 상황을 연결해, 내가 느끼는 좌절이 어디에서 비롯된 것인지, 어떻게 해결할 수 있을지 더 잘 이해할 수 있게 도와준다.

여기서 한 가지 염두에 두어야 할 점은, 감정을 강하게 환기하고 싶어 하는 지나친 욕구는, 대개 무언가가 내면을 서서히 잠식하고 있다는 신호다. 내가 이를 실감하게 된 것은 어느 날 내 휴대전화에 모르는 번호가 뜬 순간부터였다. 연인이나 배우자가 만나온 '다른 여자'에게서 걸려 온 전화를 받는 경우는 그리 드문 일이 아니다. 하지만 내 담당 환자가 만나온 '다른 상담 전문가'에게서 걸려 온 전화를 받는 일은 극히 드물다. 적어도 내 기준에는 그랬고, 실제로 그런 일이 내게 일어났다. "왜 제 환자에게 렉사프로Lexapro를 처방하셨나요?" 전화기 너머로 낯선 목소리가 들려왔다. 그녀 역시 같은 약을 처방하려다 약국에서 이미 다른 의사가 처방했다는 사실을 알게 되었고, 그래서 내게 전화를 걸었던 것이다.

무슨 일이 벌어지고 있는지 알아내기까지 시간이 좀 걸렸지만, 결국 우리가 함께 담당해 온 환자는 삼각관계 속에서만 편안함을 느낀다는 사실이 드러났다. 그는 늘 누군가에게 버림받을 경우를 대비해, 함께 있어 줄 '백업 요원(이 경우에는 상담 전문가)'이 필요하다고 느꼈다. 그렇게 하면 자신의 과도한 감정 표출 욕구를 언제든 충족시킬 수 있기 때문이다. 그는 어린 시절에 이러한 행동을 학습했고, 어른이 되어서도 그 행동을 반복했다. 그래서 나와 또 다른 정신과 전문의를 동시에 만나왔던 것이다.

감정을 억누르고 침묵하는 것은 건강에 해롭다

감정 환기를 통해 부정적인 감정을 건강하게 표현하면 심장 질환의 위험을 낮추고, 타인과의 유대감을 높일 수 있다는 사실이 여러 연구 결과에서 확인된다. 반면, 자신의 고통을 내면에 가두고 자신을 고립시키면 정서적 문제와 신체적 질병의 원인이 된다. 가족에게 갑자기 짜증을 내거나, 불면증에 시달리게 되고, 원인을 알 수 없는 두통이나 허리 통증이 나타나기도 한다. 이런 증상들은 업무 효율성 저하나 친구, 가족과의 관계 단절로 이어질 수 있다. 그렇게 쌓여가는 스트레스는 결국 신체적 손상을 더 악화시키는 방향으로 이끌 뿐이다.

내 멘토 파디 하다드의 이야기가 해피엔딩이었다면 좋겠지만, 현실은 그렇지 않다. 막 자신을 위한 인생을 살아가기 시작하려던 참에, 그는 암으로 인해 갑작스럽게 세상을 떠났다. 몸에 이상을 느꼈을 때는 이미 너무 늦어 있었다. 너무 열심히 일하면 몸에서 엔도르핀이 분비되어 피로를 느끼지 않게 되고, 그러다 보면 통증에도 무뎌질 수 있다. 그리고 고기능 우울증을 겪는 많은 이들이 그렇듯, 그 역시 타인을 돕는 데 헌신한 나머지 정작 자신을 돌보는 일은 늘 마지막 순서였다. 나는 여전히 그가 그립다.

감정 환기는 세대를 이어온
고통의 악순환을 끊는 데 중요한 역할을 한다

감정 환기는 자신을 괴롭히는 것이 무엇인지 스스로에게 솔직해지게 하고, 그것을 타인과 대화를 통해 표현하도록 돕는다. 고기능 우울증을 겪는 사람들이 마음속에 쌓아두었던 스트레스와 좌절감을 털어놓게 되면, 단지 자신의 어깨를 짓누르던 감정의

무게를 덜어내는 데 그치지 않는다. 가족, 친구, 동료들에게 해가 될 수 있는 건강하지 못한 방식으로 스트레스를 해소하려는 시도가 줄어들고, 오히려 그들과의 관계가 더욱 돈독해질 수 있다.

한 번은 유명한 하키 선수가 나를 찾아온 적이 있다. 그는 고기능 우울증을 앓고 있었고, 끔찍한 이혼 과정을 겪고 있었다. 평생 자신의 감정을 속으로만 감추며 살아온 그는 결국 외도를 저질렀고, 그 일로 인해 결혼 생활이 파탄에 이르렀다. 그는 아내를 잃은 것뿐만 아니라 가족 전체를 불안정한 상태로 내몰게 된 점과 특히 이 혼란스럽고 막대한 비용이 드는 이혼 소송의 한가운데에 놓인 딸을 생각하며 깊은 슬픔과 후회에 잠겨 있었다. 그가 나를 찾아왔을 때는 이미 몇 주째 집에 쌓아둔 술을 비워내고 울음을 터뜨리는 날들이 반복되고 있었다.

상담을 통해 그는 다시 일상생활을 해나갈 수 있게 되었다. 감정을 털어놓는 법을 배우면서, 자신의 감정을 더 잘 인식하고, 이름 붙이며, 다른 사람들에게 표현할 수 있게 되었다. 이러한 변화는 딸과의 관계에도 긍정적인 영향을 미쳤다. 그는 감정에 대해 이야기하게 되면서 딸로부터 이전보다 훨씬 더 좋은 아버지가 된 것 같다는 말을 듣기 시작했다. 또한 딸에게서 "사랑해"라는 말을 더 자주 듣게 되었다고 한다. 소통은 감정 환기의 기반이 되며, 감정 환기는 가족이 건강하게 성장해 나가는 데 필수적인 열린 소통을 가능하게 한다.

누구에게
털어놓을 것인가

감정을 환기하는 좋은 방법은 누군가에게 감정을 털어놓는 것이다. 그렇다면 대체 누구에게 털어놓아야 할 것인가. 그 대상은 크게 네 가지 부류로 나뉜다.

정신 건강 치료 전문가

감정을 털어놓을 때는 훈련된 전문가가 내 이야기를 들어주는 것이 가장 이상적이다. 나는 위원회에서 공식적으로 자격을 인증받은 정신과 전문의board-certified psychiatrist로서, 4년간의 의과대학, 4년간의 레지던트 과정, 그리고 2년간의 펠로우십을 거쳤다. 남의 이야기를 듣는 법을 배우기 위해 오랜 시간 동안 많은 교육을 받은 셈이다. 상담 치료 전문가들은 공식적인 교육과 다양한 임상 경험을 바탕으로, 사람들 사이에서 흔히 나타나는 관계의 패턴과 그 안에서 벌어지는 여러 상호작용을 파악해 환자들의 치유를 돕는다.

문제는 나에게 맞는 전문가를 찾는 일이 생각보다 쉽지 않다는 점이다. 실력 있는 상담사일수록 문의가 몰려 대기 명단이 길다. 다행히 팬데믹을 거치며 원격 진료가 보편화되면서, 수십 년 만에 치료 접근성은 크게 좋아졌다. 다만 실제로 자리가 있는 상담사를 확보하려면 여러 곳에 연락해야 하거나, 때로는 운이 따라야 한다. 정신과 의사나 심리 상담사를 찾기 어렵다면 공인 임상 사회복지사, 정신과 레지던트, 혹은 면허가 있는 전문가가 진행하는 집단 치료 프로그램을 고려해 볼 수 있다. 집단 치료는 자신의 이야기를 나누는 동시에 소속감과 공동체 의식을 얻는 장점이 있다. 말 매개 치료나 음악 치료처럼 다양한 형태의 접근도 시도해 볼만하다.

고기능 우울증을 극복하기 위해 상담 치료를 받는 경우, 반드시 선택한 상담사가 유사 내담자 상담 경력과 성공 사례를 보유하고 있는지 확인해야 한다. 자신과 비슷한 내담자를 어떻게 도와왔는지, 어떤 치료 방법을 사용하는지, 그리고 치료에 총 얼마나 시간이 걸릴지 물어보는 것이 좋다. 마지막으로, 정신 건강 지원을 받기 위해 과도한 비용을 내고 있지 않은지도 꼭 점검해야 한다. 비용 부담이 크면 이후 상담 예약을 미루거나 취소하게 되어 치료가 중단될 수 있기 때문이다.

그리고 상담 치료가 모든 사람에게 반드시 해답이 되는 것은 아니라는 점도 인정한다. 상담 비용이 부담스러울 수도 있고, 여러 번 시도했음에도 별다른 효과를 느끼지 못했을 수도 있으며, 낯선 사람에게 자신의 비밀을 털어놓는 데 돈을 쓰는 것이 내키지 않을 수도 있다. 만약 상담사와의 만남이 여의치 않거나 상담을 원하지 않는다면, 아래에 제시된 다른 감정 환기 방법들을 시도해 보는 것도 고려해 보자.

종교 지도자

목사, 이맘$_{imam}$(이슬람 교단의 지도자), 랍비$_{rabbi}$(유대교의 율법 교사), 신부 등 종교 지도자들은 상담사만큼 체계적인 상담 훈련을 받지는 않지만, 감정을 털어놓을 수 있는 매우 소중한 존재다. 의사인 나는 의학적 사례 연구를 통해 지식을 쌓지만, 신앙 지도자들은 성서의 구절이나 사례를 참고한다. 내가 임상 사례를 접하며 경험을 쌓아가듯, 신앙 지도자들도 신도들과의 대화를 통해 경험을 쌓아왔다. 그리고 그들 역시 지도자가 되기까지 수많은 이들의 다양한 이야기를 들어왔다.

　어린 시절, 호기심이 많았던 나는 그렇게 하면 안 된다는 걸 알면서도 아버지께서 교회 여성 신도들과 나누는 이야기를 몰래 엿듣곤 했다. 아버지는 우리 집 근처 교회의 복음주의 목사님이셨다. 그 여성 신도들은 현대판 신데렐라 같은, 그러나 원작 동화보다 훨씬 더 고되지만 구해줄 왕자조차 없는 막막한 미래를 담은 사연들을 아버지께 털어놓았다. 그들은 불법체류자로 이 나라에 들어와 자신들을 데려온 친척들에게 거의 노예처럼 부림을 당한 경험을 이야기했다. 이모가 소개해 준 일터에서 오랜 시간 일했지만, 번 돈은 모두 그 집 식구들이 가져간다고 하소연했다. 머무는 집에서 요리와 청소를 도맡는 건 당연했고, 바깥 외출은 꿈도 꾸지 못한다고 말했다.

　고액 연봉을 받는 직업이 아닐지라도 고기능 우울증에 시달릴 수 있다. 시급을 겨우 받거나 그보다 적은 돈을 벌며 쉴 새 없이 일하면서, 삶의 기쁨조차 누릴 수 없는 상황에 처하게 되는 경우도 있다. 아버지께 자신의 이야기를 털어놓았던 그들은 그렇게 일하고도 결코 돈을 모을 수조차 없었다. 그리고 추방당할까 봐 두려워, 목사인 아버지 외에는 누구에게도 속마음을 털어놓지 못했다. 교회는 그들에게 말 그대로 안식처였다. 또한 교회는 위대한 평등의 장이기도 했다. 그곳에 있는 모든 사람은 동등하게 존중받고, 사랑받으며, 모두가 따뜻하게 맞아주었다. 그것은 그들이 다른 곳에서는 결코 경험하지 못했던 일이었다. 아버지께 마음을 털어놓고, 하나님께 도움을 구하며 기도함으로써, 그들은 매일 지치고 고통스러운 하루를 견뎌낼 수 있었다.

정신 건강 전문가를 만나든 신앙 지도자를 만나든, 그 사람이 나와 잘 맞는지 꼭 확인해야 한다. 스스로에게 이렇게 물어볼 수 있다. '그들과 만나 이야기를 나눌 때 내 말에 귀 기울이고 있다고 느끼는가? 온전히 내게 집중하고 있다는 느낌이 드는가? 내 어려움을 진심으로 이해하고 있다고 생각하는가?' 또한, 그들과 만나기 위해 시간을 내는 것이 부담스럽지 않은지도 살펴봐야 한다. 만약 그 사람이 화요일 오후 2시에만 시간을 낼 수 있고, 그 시간에 맞추기 위해 점심시간을 바꿔가며 겨우 시간을 내야 한다면, 그 만남은 오히려 짐이 될 뿐이고 원하는 도움을 얻지 못할 수도 있다.

신뢰할 수 있는 친구

친구와 함께하는 감정 환기의 황금률은 내가 고민을 털어놓을 수 있을 뿐만 아니라 상대도 내게 고민을 털어놓을 수 있는 사람을 선택하는 것이다. 이렇게 상호 호환적인 관계가 형성되어야 신뢰를 쌓아 나갈 수 있다. 고민을 털어놓을 때는 잔디에 물을 흩뿌리는 스프링클러처럼 무차별적으로 내 주변 모든 사람에게 고민과 감정을 쏟아내기보다는, 음수대처럼 필요할 때마다 짧고

의도적으로만 이야기를 꺼내는 것이 좋다. 아무에게나 내 이야기를 하는 것은 효과적인 고민 나누기가 아니라, 단지 감정을 남에게 쏟아붓는 것에 불과하다. 오히려 이런 행동은 내 기분을 더 악화시킬 수 있다.[1] 따라서 친구와 감정 환기를 하고 싶다면 신뢰할 수 있는 한 사람과 집중해서 대화하는 것이 중요하다.

내 경험상, 감정 환기를 절대 해서는 안 되는 상대가 있다면, 바로 나와 어느 정도 수직적 관계에 있는 사람이다. 나를 상사로 둔 회사 동료, 집안일을 위해 내가 고용한 사람, 그리고 자녀가 그 대상에 포함된다. 아무리 엉망진창이었던 소개팅 이야기가 재미있다고 해도 아이에게 들려주지 않는다. 전 남편이 아무리 나쁜 사람이라 생각하더라도, 베이비시터에게 전 남편을 험담하지 않는다. 만약 그런 이야기들을 그들에게 털어놓는다면, 결국 그들의 마음에 부담만 남기게 된다. 설령 데이트 앱에서 만난 남자가 얼마나 구두쇠였는지에 대한 가벼운 이야기를 웃으며 한다고 해도, 그 말을 듣는 아이는 내색하지 않더라도 속으로 걱정할 수 있다. 그리고 집안일을 돕는 가사 도우미 역시 내 악덕 상사 이야기를 듣는 것보다는 그저 음악을 듣고 싶어 할 것이다.

소셜 미디어 댓글란을 통한 감정 환기

사람들이 소셜 미디어 게시물의 댓글란에서 감정을 쏟아

내는 이유는 그것이 언제 어디서든 접근할 수 있는 집단 치료의 일종이기 때문이다. 개인의 선택에 따라 익명성도 보장된다. 그리고 실제로 효과가 있다. 대부분의 경우, 사람들은 그저 마음속에 쌓인 말을 털어놓고, 타인에게서 공감을 얻고 싶어 한다. 때로는 자신을 스스로 진단하거나, 같은 문제를 겪는 사람들과 공동체를 이루려 하기도 한다. 누군가 심각한 정신 건강 문제를 암시하는 신호를 보내오면, 나는 그들에게 적절한 도움을 받을 수 있는 방향을 안내한다. 그리고 내 피드에 댓글을 다는 대부분의 사람들은 단순히 불만을 표출하고는 다시 일상으로 돌아간다.

반면에 우리는 무고한 트윗이나 인스타그램 게시물에 대한 분노의 역풍이 누군가를 정서적으로 완전히 소진시키는 사례도 익히 알고 있다. 나 역시 가끔 장난스러운 영상을 올렸다는 이유로 면허를 박탈해야 한다는 식의 댓글을 받을 때면 불쾌하다. 하지만 그런 댓글은 삭제하거나 차단하고 넘긴다.

다음의 행동 지침은 온라인에서 마음을 털어놓을 때 얻는 이점은 최대화하고 부정적 결과는 피하도록 돕는 지침이다. 댓글란에서 무엇을 공유할 때는 다음과 같은 사항을 주의하자.

해야 할 일

- 업무적인 관계를 맺고 있지 않은 계정을 이용하자. 그렇게 해야 해당 게시물이 온전히 사적이고, 본인만의 생각이 담긴 게시물이라는 점을 분명히 할 수 있다.

- 목표를 정하고 댓글을 남기자. 누군가의 공감, 피드백, 조언을 받고 싶은 자신의 마음이 진심인지 스스로 확인해 보자.
- 공유한 후에는 알림을 꺼두자. 무례하거나 불쾌한 반응에 마음의 평온을 해칠 필요가 없다.
- 받은 지지는 다시 돌려주자. 비슷한 상황을 겪었거나 겪고 있는 누군가를 도울 수 있다고 느낀다면, 자신의 경험을 나누어보자.

하지 말아야 할 일

- 사자 굴로 들어서지 않는다. 댓글란이 이미 싸움터이거나 매우 적대적인 분위기라면 감정을 나누는 것을 피해야 한다.
- 무조건적인 공감을 기대하지 말자. 모든 사람이 자신의 관점에 공감하거나 동의하지 않을 수도 있다는 점을 받아들여야 한다.
- 게시 후 답글이 달렸는지 계속 새로 고침을 해서는 안 된다. 개인적인 내용을 공유했다면, 댓글 반응에 집착하는 자신을 제어할 줄 알아야 한다.

트라우마 덤핑을 조심하라

 이제 감정을 털어놓는 것이 왜 중요한지, 어디서 해야 하는지 알게 되었으니, 이번에는 '어떻게' 해야 하는지에 대해 이야기해 보자. 믿어지지 않겠지만 감정을 제대로 털어놓는 데에도 기술이 필요하다. 게다가 부작용이 뒤따르기까지 한다.
 임상 현장에서 만난 고기능 우울증 환자들은 소파에 누워 모든 문제를 쏟아내면, 그 문제들이 몇 번의 상담만으로 마법처럼 사라질 것이라고 기대하는 경우가 많다. 하지만 안타깝게도, 현실은 그렇지 않다. 상담을 통한 심리치료는 소파에 누워 누군가가 내 문제를 대신 해결해 주는 과정이 아니다. 바로 당신, 즉 환자가

직접 큰 노력을 기울여야 하는 여정이다. 이 과정에서 당신은 충격적이거나 상처가 되는 일들과 다시 마주하게 될 수도 있다. 그리고 그 아픈 기억이나 복잡한 관계, 부정적인 사고 등 고통스러운 부분들을 스스로 직면하고 극복하고자 하는 의지가 필요하다. 나는 내담자들에게 '뇌는 정말 고집스러운 기관'이라고 자주 말하곤 한다. 자신을 되돌아보고 진정한 자신을 알아가는 과정은 시간이 꽤 걸리지만, 그 과정을 해냈을 때 깊은 성취감과 만족감을 얻을 수 있다. 매력적으로 느껴지는 일은 아닐 수 있지만, 인생에서 정말 중요한 일이다. 절대 쉽지 않겠지만 그만큼 충분한 가치가 있다.

스트레스나 답답함을 해소하려 할 때 사람들이 자주 저지르는 실수 중 하나가 바로 '트라우마 덤핑trauma dumping'이다. 쉽게 말해, 트라우마 덤핑이란 자신의 문제를 한꺼번에 쏟아내 듣는 사람을 압도하게 만드는 행동을 뜻한다. 이에 따라 발생할 수 있는 부정적인 결과는, 무분별하게 쏟아낸 말들이 듣는 사람에게 큰 부담으로 남아 결국 대화가 단절되고 서로 마음을 닫게 만들 수 있다는 점이다. 하지만 다행히도, 이런 실수는 비교적 쉽게 피할 수 있다. 다른 사람에게 고민을 털어놓기 전이나 털어놓는 도중, 그리고 후에 다음 네 가지 질문을 스스로에게 던져보면 된다.

트라우마 덤핑을 피하는 네 가지 질문

① 적합한 사람을 택했는가?

트라우마 덤핑을 아무에게나 무분별하게 하는 사람들이 있다. 고민을 털어놓을 때는 여러 명이 아니라, 신중하게 한 사람을 선택해야 한다. 그리고 그 사람이 내 이야기를 들어줄 충분한 여유와 감정적 역량이 있는지도 반드시 고려해야 한다. 예를 들어, 올해 보너스가 적었다는 불만을 정부 지원금을 받는 예술가 친구에게 털어놓는다면, 감정적인 후폭풍이 생길 수 있다. 마찬가지로, 자녀 양육이 힘들다고 불평하는 것은 난임으로 힘들어하는 친구에게 매우 무심한 행동이 될 수 있다.

② 상대방의 허락은 구했는가?

정신과 의사나 심리 상담사가 당신의 이야기를 들어주는 것은 대가가 지급되는 일이고, 그룹 치료에서는 고민을 나누기 위한 규칙을 따라야 한다. 그리고 친구 관계에서는 고민을 털어놓기 전에 반드시 상대방의 동의를 구하는 것이 필요하다. 예를 들어, "오늘 아침에 있었던 일인데 들어줄 수 있어?" 또는 "혹시 내 이야기가 너무 부담스럽게 느껴지면 꼭 말해줘"라고 말할 수 있다. 또한, 상대방이 부담을 느끼는지 신호를 살피는 것도 중요하다. 상대가 불편해 보이거나 별다른 반응이나 조언을 하지 않는다면, 당신의 이야기를 듣는 것이 난처하게 느껴질 수 있다.

③ 무엇을 깨달았는가?

트라우마 덤핑을 피하려면, 상대방의 피드백이 담길 수 있는 내적 공간을 마련하고, 이를 통해 통찰을 얻어야 한다. 이러한 대화는 결코 일방적인 것이 아니다. 특히 전문가와 이야기할 때는 상대방의 질문을 경청하고, 그들이 주는 피드백을 적극적으로 받아들여야 한다.

④ 일방적인 감정 환기가 반복되고 있지는 않은가?

친구나 가족에게 마음을 털어놓을 때는 반드시 상호성을 유지해야 한다. 감정적 환기가 서로 주고받는 형태로 이루어지고 있는지 점검해야 한다. 그렇지 않으면 상대방을 감정적으로 압도할 위험이 커진다. 따라서 친구나 가족이 자신의 이야기를 나눌 수 있도록 감정을 공유할 공간이 마련되어 있는지 꼭 확인해야 한다.

감정을 털어내는 네 가지 방법

이제 트라우마 덤핑을 피하는 방법을 알게 되었으니, 이번에는 감정을 털어내는 네 가지 방법에 대해 이야기해 보자.

① 저널링

저널링은 우울증 증상을 줄이고, 스트레스를 관리하며, 인지적 처리 능력을 높여 자신을 이해해 나가는 데 도움을 주는 강력한 도구이다.[2] 그렇다고 해서 특별히 노트를 따로 준비할 필요는 없다. 내가 상담하고 있는 청소년 내담자들은 '데이 원$_{\text{Day One}}$'이나 '펜주$_{\text{Penzu}}$' 같은 저널링 앱을 즐겨 사용하는데, 사생활 침해를 걱정하지 않아도 되기 때문이다. 디지털 저널링은 종이 일기와 달리 작성 속도가 더 빠르고, 나중에 찾아 읽기에도 더 편리하다.

고기능 우울증이 있는 사람들은 정해진 루틴을 즐기는 편이기 때문에, 나는 그들에게 감정 환기를 위한 몇 가지 일기 쓰기 방법을 추천한다. 첫 번째 방법은, 마치 다른 사람과 대화하듯이 글을 쓰는 것이다. 예를 들어, '나의 친애하는 일기장에게'라고 시작할 수도 있고, 이제는 곁에 없는 실제 인물에게 편지를 쓰듯 일기를 남겨도 된다. 갑작스러운 심장마비로 남편을 잃은 내 환자는 남편에게 이야기하듯 일기를 쓰곤 한다. 힘든 하루를 마치고 집에 돌아와 직장에서 있었던 일을 남편에게 이야기하듯 적거나, 아침에 일어나 다가오는 하루에 대해 걱정되는 점이나 불안한 마음을 남편에게 털어놓듯 일기장에 적어 내려간다.

또 다른 방법으로 '감사를 곁들인 불평 일기$_{\text{griping with gratitude}}$'가 있다. 한 페이지에는 짜증 나거나, 답답하거나, 걱정되는 모든 것들을 적어본다. 예를 들어, 연인과의 다툼, 직장 상사와의 갈등, 친구들을 위한 깜짝 파티 준비로 인한 스트레스 등 무엇이든 적을 수 있다. 그리고 다음 페이지에는 감사한 점 세 가지를 적는다. 첫 번째 페이지는 지금 겪고 있는 어려움에 대해 자신의 감정을 인정하고 위로할 수 있게 해주고, 두 번째 페이지는 내가 살아가는 데 힘이 되는 소중한 것들을 다시 떠올리게 해준다.

그리고 일기장에 어떤 감정을 쏟아냈든 간에 날짜는 꼭 기록하는 것이 좋다. 일기 쓰기는 일방향적인 대화이기 때문에, 자기 성찰을 위한 가장 좋은 방법은 과거에 썼던 글을 다시 읽어보는 것이다. 이렇게 해야 앞서 언급한 개인적인 통찰력을 얻을 수 있다. 나는 환자들에게 최소한 일주일 전에 썼던 일기를 다시 한 번 읽어보라고 권한다. 그러면 힘들었던 상태에서 어느 정도 진전되고 있는 자신을 발견할 수도 있다. 하지만 때로는 같은 고민을 반복하고 있다는 사실을 깨닫고, 그 악순환에서 벗어나기 위해 도움이 필요하다는 점을 알게 되기도 한다.

② 기도

어린 시절, 나는 교회에 다니고 하나님께 이야기하는 것이 타지에서 억압과 학대를 받아온 많은 이민자에게 얼마나 큰 도움이 되는지 보았다. 내 아버지를 직접 찾아가거나 굳이 자신의 상황을 털어놓고 싶지 않더라도, 하나님께 속삭일 수 있었다. 화요일 밤 성경 수업이나 금요일 밤 기도 모임에서 그 마음을 풀어낼 수 있었다. 기도는 어떤 사람들에게는 자신의 비밀스러운 고통을 털어놓을 수 있는 유일한 공간이 되어주기도 한다.

군이 신앙심을 기르지 않더라도, 자신을 사랑하고 자신의 말을 경청하며 아픔을 이해해 주는 더 높은 존재가 있다고 생각하는 것만으로도 도움이 된다. 어떤 형태로든 신앙이나 믿음이 널리 퍼져 있는 데에는 이유가 있다. 그리고 무엇보다, 그것은 대가를 치르지 않아도 된다는 점에서 더욱 값지다.

③ 울기

이것은 말하지 않고도 감정을 해소할 수 있는 훌륭한 방법이다. 울음은 스트레스 호르몬을 배출하게 해주고, 심박수를 낮춰 대부분의 고기능자들이 좀처럼 경험하지 못하는 휴식 상태에 이르게 한다. 무엇보다 치유 효과가 탁월하다.

④ 예술적 자기표현

감정을 풀어내기 위해 꼭 말을 해야 할 필요는 없다. 손끝에서 시작되는 창의적인 활동 역시 훌륭한 감정의 출구가 된다. 가까운 미술 공방에서 붓을 들어 기분에 따라 색을 고르고, 마음이 이끄는 대로 그림을 그려보자. 피아노 앞에 앉아 떠오르는 멜로디를 연주하거나, 그 순간 마음과 공명하는 곡을 연주해도 좋다. 소셜 미디어에 영상이나 게시글을 올려 지금 느끼는 감정을 솔직하게 표현해 보는 것도 또 하나의 방법이다.

"오랫동안 연기를 잊고 지냈어요." 고기능 우울증을 앓고 있는 내 환자, 엠마가 기쁨이 묻어나는 목소리로 말했다. 그녀는 무대에서 연기하는 일을 잠시 멈추고, 경제학 학위를 따기 위해 학업에 매진하고 있었다. 성적은 늘 최상위권이었고, 멋진 남자친구와 연애도 하고 있지만, 인생에서 아무런 기쁨을 느끼지 못하고 있었다. "어젯밤에는 뭔가 평소와는 다른 일을 해보고 싶었어요." 엠마가 말을 이었다. "그래서 거울 앞에 서서 햄릿에 나오는 오필리아의 독백을 읊었는데, 기분이… 정말 좋았어요. 몇 달 만에 처음으로 다시 연기를 즐겼던 순간이었어요."

창조적인 활동에는 치유의 힘이 있다. 특히 그것이 우리의 열정을 자극할 때 더욱 그렇다. 이런 활동은 자신만의 즐거움과 기쁨의 한 형태로, 무감각의 악순환에서 벗어나는 데 도움을 준다. 나는 내 환자 엠마에게 한 달 동안 일주일에 두 번 독백을 낭독하는 과제를 내주었다. 누구든 자신이 좋아하는 예술적 활동으로 스스로에게 과제를 내줄 수 있다. 그것이 정원 가꾸기이든, 사진이든, 뜨개질이든, 요리이든, 조각이든, 영화이든, 자신에게 절실히 필요한 기쁨을 가져다주는 그 무엇이든 상관없다.

일주일쯤 지난 후에 자신이 만든 작품을 다시 들여다보면 도움이 된다. 이는 마치 정신과 의사나 친구와 같은 외부의 시선이 던져줄 수 있는 통찰을 스스로 얻는 과정이다. 예를 들어, 내 환자 엠마에게는 이런 질문을 던질 수 있다. "왜 하필 오필리아의 독백을 선택했는가? 지금 당신의 연애 관계와 관련이 있는가?" 그림을 선택한 사람에게는 "왜 노란색이나 주황색 대신 어두운 초록색과 파란색으로 색칠했는가?"라고 물을 수 있다. 사진을 찍은 사람에게는 "왜 자연경관이 아닌 인적이 드문 거리를 촬영했는가?"라고 질문할 수 있다. 이처럼 한 작품을 완성한 뒤에는 창작자에서 관찰자로 변신해 본다. 자신이 만든 것을 바라보며 반복되는 주제를 찾아보고, 그 점들을 스스로 연결해 본다. 그리고 그 점들이 자신이 풀어내고자 했던 감정들과 어떻게 이어지는지 생각해 본다.

감정 환기를
실천하는 법

이제 감정 환기가 치유 과정에서 얼마나 중요한지, 그리고 그 방법에 대해 알게 되었으니, 아래의 연습을 통해 직접 실천해 보자. 매주 하나씩 시도해 보고, 그 경험이 자신에게 어떤 영향을 주었는지 기록해 보자.

감정 환기를 위한 네 가지 연습

① 비밀 공유하기
현재 나를 담당하는 정신과 주치의는, 내가 결혼 생활의 막

바지에 이르렀다는 사실을 이혼 절차를 밟기 시작할 때까지 전혀 알지 못했다. 나는 레지던트 시절 첫 번째 정신과 주치의에게 보였던 마조히즘적이고 남을 기쁘게 하려는 행동을 반복하고 있었다. 내 이혼의 세부적인 사정을 말해 그녀를 걱정하게 만들고 싶지 않았고, 부족한 내 모습을 들키게 될까 두려웠다. 고기능 성향이 강할수록 담당의에게조차 실망이나 부담을 주고 싶지 않아 비밀을 감추는 경우가 많다. 치료를 받고 있어도, 자신이 가치 없다고 믿거나 타인을 위해 살아야 한다는 신념 때문에 충분한 도움을 받지 못할 수 있다. 나처럼 온전히 감정을 털어놓지 않으면, 치료에서 얻을 수 있는 기쁨과 안도감을 스스로 막게 된다. 나는 스트레스와 죄책감을 줄이고, 더 많은 공감과 안정감을 느낄 수 있었던 시간을 허비했다. 만약 당신에게 정신과 주치의가 있다면, 아직 말하지 않은 비밀 하나를 골라 그에게 털어놓아 보길 바란다. 이 무거운 짐을 혼자만 지고 있지 않아도 된다는 사실이 어떤 기분인지 느끼게 될 것이다.

② 무덤에 보내는 편지 쓰기

누군가를 잃기 전에 정말 하고 싶었던 말을 전하지 못한 적이 있는가. 그들에게 아직 화가 풀리지 않았다는 것, 용서하지 못했다는 것, 혹은 그들이 내게 했던 말을 갚길 바랐다는 것, 그런 감정들을 묻고 지내다 소중한 사람이 세상을 떠난 뒤에야 자신이 아직 마음의 정리를 하지 못했다는 사실을 뒤늦게 깨닫곤 한다. 그럴 때, 그런 마음을 풀어낼 방법 중 하나가 바로 그들에게 편지를 쓰는 일이다. 이 편지는 답장이 필요 없는, 오직 나만의 감정을 담은 익명 편지여도 괜찮다. 나를 아프게 했던 고인에게, 혹은 끝내 이해할 수 없었던 고인에게 궁금한 점을 남기는 것도 좋다. 종이 위에 마음을 쏟아내고, 그 편지를 그들이 잠들어 있는 추모 공원에 부탁해 무덤 위에 올려둘 수도 있다. 또는, 세상을 떠난 이들에게 보내는 편지를 받아주는 단체를 찾아볼 수도 있다. 이렇게 편지를 쓰는 일은 비록 그들이 더 곁에 없더라도 내 마음에 남아 있던 무거운 짐을 조금은 덜어낼 수 있게 해준다. 때로는 말하지 못했던 진심이 종이 위에서나마 자유로워질 수 있기 때문이다. 슬픔, 분노, 그리움, 용서하지 못했던 마음까지 모두 담아서 한 번 편지를 써보는 것은 어떨까. 무덤에게, 그리고 그곳에 잠든 누군가에게 보내는 이 편지가 내 마음에 작은 위로가 되기를 바란다.

③ 감정 갈아입기

우리는 매일 옷을 입는다. 그렇다면 그 시간을 무감각에서 설렘으로 바꾸는 기회로 삼아보는 것은 어떨까? 나는 특히 우울할 때 아주 멋지게 차려입는다. 그러면 지치고 무기력해 보이던 내 모습이 당당하고 열정 넘치는 모습으로 바뀌곤 한다. 혹은 마음이 불편하거나 불안한 날에는 포근한 스웨터나 신축성 있는 레깅스처럼 편안한 옷을 입는다. 자신의 감정에 맞춰 옷을 입는 일은 자신을 스스로 격려하는 행동이자, 건강한 자기표현의 방법이다.

색채 심리학 연구에 따르면, 분홍색을 바라보면 마음이 차분해지고, 빨간색은 힘이 솟는 느낌을 준다고 한다. 또, 빨간색 옷을 입은 사람을 더 매력적으로 느끼기도 한다. 일부 문화권, 특히 영어권에서는 언어적 유래에 따라 초록색이 질투와 시기를 상징하기도 하지만, 실제로 초록색은 자연 속에 있는 것처럼 편안함을 느끼게 한다. 검은색 유니폼을 입는 스포츠팀이 가장 많은 반칙을 범한다는 연구 결과도 있다. 그래서 조금 더 대담한 모습을 드러내고 싶을 때는 검은색 가죽 재킷을 꺼내 입는 것도 좋다. 색깔은 가족과의 추억(예를 들어, 보라색 옷을 즐겨 입던 할머니에 대한 기억)이나 문화적 배경과도 깊이 연결되어 있다. 예를 들어 빨간색은 북미에서는 사랑과 열정을 상징하지만, 중국에서는 행운을, 일부 아프리카 문화권에서는 죽음과 슬픔을 의미하기도 한다.[3]

④ 마음껏 노래해 보기

노래방이 전 세계적으로 사랑받고(때로는 미움도 받는), 뮤지컬 영화가 할리우드에서 큰 반향을 일으키고 있는 데는 분명한 이유가 있다.[4] 노래는 우리 모두에게 기쁨을 준다. 노래 부르는 것을 즐기든 어렵다고 느끼든, 우리는 샤워를 하거나 빨래를 정리하거나 저녁을 준비할 때, 혹은 혼자 있을 때 자연스럽게 노래를 부르곤 한다. 나는 청소년 상담을 할 때 그들에게 휴대전화를 꺼내 재생목록을 보여 달라고 한다. 그런 다음 몇 곡의 가사를 출력해 함께 읽으며 그 안에 담긴 주제를 찾아본다. 우리가 의식하지 못하는 사이에 노래 속 메시지가 내면에 자리 잡고 있는데, 나는 청소년 내담자와 함께 그것을 발견해 나간다. 이런 방법을 상담 치료를 받는 전문가와 함께 시도해 보면 자신을 이해하는 데 도움을 받게 될 것이다. 또한, 아무도 없을 때 자신의 재생목록에서 분노나 반항적인 감정을 표현한 곡을 골라 마음껏 불러보는 것도 무쾌감증에 즐거운 해독제가 될 수 있다.

7장

가 치 Values :

내 삶 의

기 준 을

찾 다

내가 인생에서
소중하게 여기는 가치

　밀키웨이, 치토스, 나우앤레이터 캔디, 허쉬 초콜릿. 초등학교 시절 어느 해, 내 형제와 친구들은 나에게서 온갖 종류의 간식을 공짜로 얻어갔다. 나는 지금도 제법 잘 나가는 어른이지만, 어릴 때도 똑 부러진 아이였다. 학교에서 독서 경진대회가 열렸고, 엄청난 양의 간식이 상품으로 걸렸지만, 열 살이었던 나는 간식에는 별로 관심이 없었다. 오히려 내가 좋아하는 일을 하면서 얻게 되는 명예와 성취감을 더 즐겼다. 주디 블룸부터 에밀리 브론테, 마야 안젤루에 이르기까지 닥치는 대로 책을 읽었다. 무려 500페이지가 넘는 『작은 아씨들』까지 다 읽고 가장 높은 점수를 받았다.

그리고 결국 평생 먹어도 다 못 먹을 만큼의 엄청난 양의 간식을 상으로 받았다.

수년 후, 대학과 대학원에 진학하면서 독서는 더 이상 나에게 즐거운 활동이 아니라 생존을 위한 기술이 되었다. 이제 더 이상 공짜 간식도 없었다. 나는 유전학, 생물학, 유기화학 교과서를 눈이 침침해질 때까지 들여다보았고, 논문도 끊임없이 꼼꼼하게 읽어야 했다. 그렇게 내가 가장 좋아하던 독서는 어느새 가장 두려운 일이 되어버렸다. 그 스트레스는 시험을 앞두고 악몽을 꾸게 했다. 그 과정에서, 내가 소중하게 여기던 배움의 기쁨도 사라지고 말았다.

그 후로 몇 년이 지나 결혼을 하고, 이혼한 뒤에야 비로소 내 삶에서 기쁨이 어느 순간 사라졌다는 사실을 깨달았다. 그때 나는 어린 시절의 기쁨을 되찾아보려 했다. 배움과 독서를 사랑한다는 것을 알았기에, 다시 책을 읽기 시작했다. 이번에는 소설 속 여성들 대신 실제 인물의 이야기를 읽어보기로 했고, 미셸 오바마의 자서전 『비커밍』을 집어 들었다. 첫 장을 읽는 순간부터, 한때 문학에 푹 빠져 있을 때 느꼈던 그 기쁨이 다시 떠올랐다. 나는 다시 독서와 사랑에 빠졌다. 그로부터 몇 년이 흘렀고, 이제는 일주일에 한 권씩 책을 읽는다. 학창 시절에 느꼈던 압박감은 사라졌고, 오직 남은 건 즐거움뿐이다.

이혼으로 인한 우울감에서 벗어나려고 애쓰는 과정에서 내가 얻은 가장 큰 깨달음은 바로 자신의 가치를 되찾는 것이었다. 이는 고기능 우울증을 겪는 모든 이들이 회복을 위해 반드시 거쳐야 하는 과정이며, 나는 이것을 고기능 우울증 회복의 세 번째 단계로 제안한다.

가치의 정의

온라인이나 TV와 같은 대중매체에서 도덕적 가치에 대한 이야기를 들어봤을 것이고, 직장에서는 임원들을 통해 기업 가치의 중요성이 강조되는 것을 접했을 것이다. 하지만 정작 자신의 개인적 가치가 무엇인지, 그리고 그것이 왜 중요한지에 대해서는 깊이 생각해 볼 기회가 없었을 것이다.

개인적 가치는 내가 인생에서 가장 중요하다고 믿는 것이다. 이는 근면함이나 인내심과 같은 성격적 특성과 혼동해서는 안 된다. 고기능 우울증이 있는 사람들은 종종 이런 실수를 하곤 한다. 여기서 말하는 가치는 성공이나 타인의 인정에서 비롯되는 것이 아니다. 가치는 자신이 소중하게 여기고, 기쁨을 느끼게 해주는 어떤 것이다. 그리고 가치는 삶에 목적을 부여한다는 점에서 큰 의미가 있다. 때로 이러한 가치는 가족이나 문화에 의해 영향을 받기도 한다. 예를 들어, 일부 아시아 문화권에서는 교육을 매우 중시하여 아이들에게 열심히 공부하고 높은 학위에 가치를 두도록 독려한다. 일부 아프리카 문화권에서는 어른에 대한 존중을 중요하게 여겨, 노인을 돌보고 그들의 오랜 지혜를 가치의 중심에 두도록 한다. '당신의 가치가 무엇입니까?'라는 질문에 대부분의 미국인은 가족(가족과 함께하는 시간을 소중히 여기고, 가족을 위해 열심히 일하는 것)이나 공동체(이웃과 함께 살아가는 환경에 애착을 갖고 깊이 관여하는 것)를 언급한다.

    부모님을 통해 나와 세 남매는 우리 가족이 추구하는 가치는 믿음, 자선, 가족이라고 배워왔다. 아버지는 펜테코스탈 교회 Pentecostal 목사였기에 신앙심과 남을 돕는 일을 강조하는 것이 자연스러웠다. 부모님은 우리가 타인을 위해 구체적으로 어떤 행동을 해야 하는지, 그리고 그것이 얼마나 중요한지 늘 일깨워 주셨다. 매주 토요일이면 우리는 아침 일찍 일어나 부모님과 함께 지역 YMCA로 자원봉사를 하러 갔다. 그곳에서는 우리보다 형편이 훨씬 어려운 가족들과 아이들을 만날 수 있었다. 어릴 적에는 그 시간이 힘들게 느껴졌지만, 성인이 된 지금은 부모님이 내게 공감의 가치를 가르쳐주신 것에 감사함을 느낀다. 환자 중 공감 능력이 부족한 이들과 이야기를 나누다 보면, 그들 중 상당수가 부모의 영향을 충분히 받지 못했다는 사실을 알게 되었다.

    하지만 무엇보다 내가 가장 좋아하고, 항상 미소 짓게 만드는 기억은 우리 가족이 '가족'이라는 가치를 얼마나 소중히 여겼는지에 관한 것이다. 우리 형제자매들은 작지만 아늑했던 아파트에서, 매일 밤 잠자리에 들기 전에 서로를 바라보며 "내가 너에게 상처를 준 모든 일에 대해 미안해"라고 말했다. 그날 실제로 했던

못된 말이나 행동이 떠오르기도 했고, 때로는 무엇을 잘못했는지 전혀 기억나지 않을 때도 있었다. 하지만 부모님이 진심으로 바라셨던 것은, 우리가 서로에게 화가 난 채로 잠들지 않는 것이었다. 왜냐하면 우리는 가족이기 때문이다.

비록 부모님과 주변 문화가 우리의 가치관에 큰 영향을 미치긴 하지만, 내가 진정으로 소중하게 여기는 가치는 결국 내 본연의 모습과 내가 직접 겪어온 삶의 경험을 통해 형성된다. 그래서 나는 부모님께서 심어주신 가치들 외에도 배움과 독서가 내게 매우 중요한 의미가 되었다.

가치를 알면
삶의 우선순위가 정해진다

개인적 가치는 고기능 우울증에서 벗어나는 과정에서 반드시 익혀야 할 가장 중요한 'V'다. 가치는 당신이 내리는 모든 선택에 영향을 주고, 모든 행동의 원동력이 된다. 만약 이를 염두에 두지 않고 살아간다면, 자신이 진정으로 중요하게 여기는 것과 어긋나는 잘못된 선택을 하게 되기 쉽다. 이제 개인적 가치를 파악하고 그것을 삶의 우선순위에 둘 때 어떤 긍정적 변화가 일어나는지 살펴보자.

자신을 소진시키는 일을 멈추게 한다

앞선 내용에서 살펴본 것과 같이 고기능 우울증을 겪고 있다는 것은 언제나 작동 모드를 하고 살아가는 것과 같다. 제한된 자금을 최대한 효율적으로 쓰기 위해 머리를 싸매고 고민하고, 한 직장 혹은 여러 직장에서 추가 근무를 이어가며, 캠퍼스 도서관이 문을 닫을 때까지 공부하다가 결국 쫓기듯 나오는 일상이 반복된다.

물질적 성공을 위해 더 열심히 일하는 방법은 누구나 쉽게 찾아낼 수 있다. 하지만 정서적 건강을 위해 어떻게 더 잘 살아야 하는지 알아내는 일은 훨씬 더 어렵고 복잡하다. 만약 승진, 높은 학점, 더 큰 집, 혹은 더 큰 다이아몬드 반지를 얻기 위해 자신을 몰아붙여 왔다면, 결국 헛된 황금, 즉 가짜 금을 좇아온 셈이다. 진정한 24캐럿 금은 행복, 기쁨, 성취감이며, 이는 오직 자기 가치에서 비롯된다. 이달의 최우수 사원으로 선정되거나, 연말 보너스를 받아 마당에 웨이브 풀을 만들 수 있게 되었다고 해서 얻는 것이 아니다. 우리가 자신의 가치에 가까워질수록 일에서 진정한 즐거움을 발견할 수 있다. 반대로 그 가치에서 멀어질수록 무기력에 빠지고, 고기능 우울증의 악순환에 갇히게 된다.

불만족스러운 관계에서 벗어날 수 있게 된다

가치는 우리가 무엇을 소중히 여기는지뿐만 아니라, 누구를 소중히 여기는지에도 영향을 미친다. 고기능 우울증을 겪는 사람들은 공적인 관계나 사적인 관계 모두에서 지나치게 헌신하거나 무리하는 경향이 있다. 하지만 자신의 가치를 정의하고 그 가치에 따라 살아가기 시작하면, 자연스럽게 역기능적 관계는 우리의 삶에서 사라지기 시작한다. 우리는 건강한 관계를 맺게 되고, 더 이상 만족스럽지 않은 관계에서는 벗어날 수 있게 된다. 이는 우리 스스로 무엇이 우리를 충만하게 하고 만족스럽게 하는지 알기 때문이다. 인생에서 가장 중요한 것이 무엇인지 분명히 알고, 그것을 삶의 중심에 둘 때, 우리는 파괴적인 관계나 심지어 이혼까지도 피할 수 있다.

마조히즘 성향에 종지부를 찍게 한다

앞서 언급했듯이, 자신의 개인적 가치를 인식하지 못하거나 그것을 상실하게 되면 마조히즘으로 이어질 수 있다. 자기희생적이고 자기 파괴적인 행동 성향은 타인으로부터 감정적이거나 신체적으로 고통스럽고, 무례하며, 해로운 대우를 받아들이고, 그러한 관계를 지속하도록 만든다. 일부 전문가들은 이러한 경향을 죄책감에서 비롯된 내면화된 공격성, 즉 본래 타인을 향할 수도 있었던 공격성이 자기 자신을 향해 전환된 형태라고 보기도 한다.

어린 시절 자신이 필요로 하던 사랑을 충분히 받지 못하는 환경에서 자랄 수 있다. 그런 경우, 성인이 되어서도 자신이 사랑을 받을 자격이 없다고 느끼게 되고, 그 결과 상호적이지 않은 관계에 머무르거나 타인에게 이용당하는 상황에 빠져들게 된다. 이는 어린 시절의 결핍에서 비롯된 마조히즘적 성향이 인생의 힘든 시기에 그런 선택을 하도록 이끌기 때문이다. 그러나 타인을 만족시키는 데 집중하기보다는 자신의 개인적 가치를 우선시하기 위해 노력한다면, 더 건강한 연애 관계를 선택할 수 있게 된다.

마조히즘적 성향은 연인 관계를 넘어 직장 생활에도 영향을 미칠 수 있다. 우리는 겉보기에는 그럴듯해 보이지만 실제로는 그렇지 않은 직장에 지원하기도 하고, 면접에서 만난 가혹한 상사가 사실은 능력이 뛰어난 사람일 거라고 자신을 스스로 설득하기도 한다. 그러나 우리가 자신의 가치를 지켜나갈 수 있는 사람이 된다면, 이러한 자기 파괴적 행동에서 벗어날 수 있다. 그리고 일터에서도 더 건강하고 현명한 선택을 하게 될 것이다.

이제부터는 자신의 개인적 가치를 실천하고 지키는 것이 새로운 삶의 방식이 된다. 그런 삶을 살아갈 수 있도록 준비해 나가야 한다. 그러다 보면 삶을 즐기게 되고, 순기능적 인간관계를 이어가게 된다. 가장 먼저, 자신에게 정말 중요한 것이 무엇인지부터 함께 찾아보자.

가치를 찾기 위한
질문들

　좋아하는 색깔을 고르거나 돈 걱정 없이 일주일 동안 여행을 간다면 어디로 갈지 정하는 것과 달리, 자신의 개인적 가치 목록을 만드는 일은 쉽지 않다. 이를 돕기 위해 이 장 마지막에 50개가 넘는 다양한 가치 목록을 실어두었다. 하지만 그 목록을 보기 전에, 직접 자신의 개인적 가치를 떠올려 보는 것이 가장 좋다. 제시된 목록을 먼저 보면, 진정으로 소중히 여기는 가치보다는 갖추어야 할 것 같은 가치에 시선이 쏠릴 수 있기 때문이다. 그리고 자신이 정말로 중요하게 여기는 가치가 그 목록에 없을 수도 있다.

나의 가치를 찾기 위한 질문

몇 가지 핵심 질문을 스스로에게 던짐으로써 자신의 가치를 파악해 나갈 수 있다. 아래 질문들을 참고해, 자신에게 가장 중요한 가치 세 가지에서 다섯 가지를 목록으로 만들어보자.

① 어떤 사람을 존경하는가? 그 이유는 무엇인가?

만약 대답이 쉽게 떠오르지 않는다면, 고전적인 면접 질문인 "살아 있거나 이미 세상을 떠난 사람이든 상관없이, 저녁 식사를 할 기회가 주어진다면 누구와 함께하겠는가?"를 떠올려 볼 수 있다. 자신의 가치를 찾으려면 실제 면접처럼 자신을 드러낼 수 있는 인물을 선택하는 것이 좋다. 예를 들어, 음악 천재 프린스와 코스 요리를 함께하고 싶다고 생각한다면, 이는 창의성이나 대담함을 가치 있게 여긴다는 뜻일 수 있다. 혹은 뉴욕 하원의원 알렉산드리아 오카시오-코르테즈와 점심을 먹고 싶다면, 변화나 새로운 길을 여는 데 열정을 느낀다는 의미일 수 있다. 또 어릴 적 돌아가신 할아버지와 식사하고 싶다는 생각이 든다면, 가족이라는 가치가 자신에게 얼마나 중요한지 깨닫게 될 것이다.

② 아침마다 무엇이 나를 침대에서 일어나게 만드는가?

이 질문은 단순히 그날의 할 일을 더 많이 해내기 위해서나, 아이가 냉장고 문을 열 때마다 전기요금이 오를까 봐 걱정하는 것과 같은 표면적인 동기 그 이상을 묻고 있다. 진정으로 아침에 일어나고 싶게 만드는 것은 이런 걱정이나 불안이 아니라, 이상적으로는 나에게 설렘을 주는 가치와 연결되어야 한다. 예를 들어, 주말에 자연 속에서 시간을 보내는 것이 기대된다면, 그것은 내적 평화를 삶에서 중요하게 여긴다는 의미일 것이다. 또는, 지역 푸드뱅크나 동물 보호소에서 자원봉사를 하길 고대한다면, 환경이나 사회, 정치 문제 해결에 기여하고 싶은 마음이 반영된 것이다. 자신의 가치와 연결되지 않은 일은 의무감에 의해 하게 되고, 이러한 일이 반복되면 고기능 우울증 환자의 경우 점점 더 나락으로 빠지게 된다. 반면, 목적의식이 있으면 오히려 에너지를 얻게 되고 심지어 수명이 연장되며, 회복탄력성과 인지 기능까지 향상될 수 있다.[1]

③ 만족과 포만감을 느꼈던 마지막 식사는 언제인가?

이 질문은 상대방의 개인적 가치를 파악할 때 내가 가장 유용하게 활용하는 질문이다. 고기능 우울증이 있는 사람이라면 이 질문에 답하는 것이 매우 힘들다. 고기능 우울증으로 인해 기운이 늘 가라앉아 있어 좋은 기억이 잘 떠오르지 않게 된다. 그들은 더 많은 계약을 성사시키기 위해, 프로젝트를 한 건이라도 더 마무리하기 위해, 타인을 위한 생일 파티를 준비하기 위해, 늘 시간에 쫓기는 삶을 살아온 탓에 만족감을 느꼈던 순간조차 기억하지 못하게 된다. 그럼에도 자신이 늘 부족하다고 생각한다.

내가 내담자들에게 마지막으로 배부르고, 충분히 먹고, 만족스러웠던 때가 언제였는지 물으면, 대개 아주 오래전으로 거슬러 올라가야 한다. 그들로부터 "아, 그때가 부모님이 이혼하시기 전이었어요" 혹은 "끔찍한 연애를 시작하기 직전이었어요"와 같은 대답을 듣게 되는 경우가 있다. 이런 대답은 그 사람에게 중요한 것이 안정감이나 지속되는 안정성, 혹은 진정한 애정임을 시사한다. 혹시 이 글을 읽으며 당신도 자신의 인생을 되짚어보고 있다면, 다음 질문이 당신이 찾는 답에 더 가까이 다가가는 데 도움이 될 것이다.

④ 어린 시절 무엇에 열정을 느꼈는가?

나에게는 독서와 배움이 그 열정의 대상이었지만, 누군가에게는 모험을 떠나거나, 패션을 통해 자신을 표현하거나, 다른 사람에게 친절을 베푸는 일이 그에 해당했을지도 모른다. 나는 환자들이 어린 시절의 기억을 떠올릴 수 있도록 '감각적 몰입sensory engagement'이라는 방법을 활용한다. 쉽게 말해, 자신만의 기쁨을 발굴하는 고고학자가 되어보라는 것이다. 나는 내담자들에게 아주 행복했던 시절을 떠올릴 때 오감을 모두 활용해 보길 권한다. 그 시절의 사진을 들여다보거나, 그때 즐겨 듣던 음악을 들어보고, 예전에 자주 먹던 음식을 다시 먹어보거나, 어린 시절 살던 집을 찾아가 그 공간의 냄새와 촉감을 느껴보라는 것이다. 이렇게 감각을 따라 떠나는 여정은 무쾌감증으로 인해 좀처럼 설렘을 느끼지 못하던 이들이 다시금 그 감정을 발견하는 계기가 된다. 의식적으로는 무엇이 기쁨을 주었는지 기억나지 않을 수 있지만, 미각, 후각, 청각, 시각, 촉각 같은 감각이 무의식 속에 남아 있던 즐거움을 다시 일깨워주기도 한다.

⑤ 어떤 사람으로 기억되길 바라는가?

많은 이들에게 깊은 울림을 주었던 베스트셀러『내가 원하는 삶을 살았더라면』은 저자 브로니 웨어Bronnie Ware가 호스피스 병동 간호사로 일하며 만난, 삶의 마지막을 준비하는 이들이 들려준 '다섯 가지 공통된 후회'에 대한 기록을 전한다.[2]

우리는 무엇을 후회하게 될까? 그들이 말하는 후회는 대부분의 사람이 추구하는 큰 성공이나 고액 연봉과는 거리가 있다. 오히려 그들은 일에 지나치게 몰두했던 자신을 돌아보며 아쉬움을 토로한다. 그리고 다른 이의 기대에 맞춘 삶이 아니라, 자신이 진정으로 원하는 삶을 살 용기가 있었더라면 어땠을까 생각한다. 자신의 감정을 솔직하게 표현하지 못한 점, 소중한 사람들과 더 깊은 관계를 맺지 못한 점, 그리고 자신에게 더 많은 행복을 허락하지 못한 점을 후회하게 되었다고 말한다.

가치를 급하게 찾을 필요는 없다

이 질문들이 당장 당신에게 소중한 가치를 떠올리는 데 큰 도움이 되지 않았거나, 자신이 내린 답이 마음에 들지 않더라도 걱정할 필요는 없다. 이 질문들은 평소 자신의 가치에 대해 깊이 생각해 본 적 없는 내담자들과도 오랜 시간 천천히 다뤄야 하는 주제다. 때로는 머릿속에 떠오르는 표면적인 대답을 곱씹으며, 그 이면을 더 깊이 들여다봐야 할 때도 있다. 이는 자신의 가치를 겉모습만 보고 쉽게 단정해서는 안 된다는 의미이기도 하다. 당신은 아마도 오랜 시간, 심지어 수년 혹은 수십 년 동안 자신도 모르게 고기능 우울증 상태로 살아오며, 지금껏 노력, 희생, 권력, 혹은 내 환자 중 한 명이 젊은 시절을 회상하며 말했던 '최고가 되기'와 같은 것들을 곧 자신의 가치라고 여겨왔을 수도 있다.

토마스는 미국 남자 대학 농구 최상위 리그에서 활약한 전직 농구선수이고, 이후 임원급 헤드헌터로 커리어를 전환해 성공을 거둔 사람이다. 어릴 적부터 성취 지향적인(고기능성) 성향을 보였고, 어머니의 허락을 받아 밤늦게까지 농구하기 위해서는 공부도 열심히 해야 했다. 이런 노력 덕분에 스포츠 전액 장학생으로 대학에 진학했고, 대학 농구팀에서 좋은 성적을 냈다. 졸업 후에는 스포츠에서 쌓은 역량을 바탕으로 헤드헌팅 업계에서 두각을 나타냈다. 토마스는 인재를 발견하고 연결하는 데 감각이 뛰어났다. 최근에는 대기업에서 스카우트되어 단기간에 두 번의 연봉 인상을 받을 만큼 실력을 인정받았다. 하지만 계속된 성과 압박과 높은 기대치로 인해 번아웃을 겪었고, 심신이 지친 상태로 상담을 요청했다. 상담 과정에서 "마지막으로 충만함, 충족감, 만족감을 느낀 때가 언제인가?"라는 질문에, 토마스는 망설임 없이 대학 시절 전국 챔피언십에서 우승했던 순간이라고 답했다.

"그땐 완전히 지쳐 있었지만, 너무 재미있었어요. 버저가 울리고 관중들이 환호하는 순간, 우리가 우승했다는 걸 알았고, 그전까지 한 번도 느껴본 적 없는 감정이 밀려왔어요. 내가 최고라는 걸 알았고, 그래서 뭔가 꽉 찬 충만함을 느꼈던 것 같아요"라고 그가 말했다.

나는 그의 말에 이렇게 되묻는다. "당신에게 최고가 되는 게 정말 중요한 일이었나요? 지금도 헤드헌터로서 최고의 자리에 있는데, 왜 그때 느꼈던 충만함을 느끼지 못하는 걸까요?" 내 질문에 자신의 감정을 되짚어 본 후 토마스는 이렇게 답한다. "사실 제가 최고라서가 아니었어요. 우리가 최고였기 때문이에요. 제가 속한 우리 팀, 제가 선택한 우리 패밀리, 우리가 그 목표를 이루고 함께 축하했던 그때가 가장 충만함을 느낀 순간이었어요."

토마스는 처음에는 '탁월함(최고의 상태에 도달하는 것)'과 '승리(경쟁에서 이기는 것)'가 자신의 개인적 가치라고 생각했다. 하지만 내가 그의 대답에 다시 질문을 던지자, 그는 자신이 진정으로 중요하게 여기는 것이 개인을 넘는 더 큰 목표를 함께 이루어가는 조직의 일부로서 소속감을 느끼고, 그 목표를 위해 다른 사람들과 협력하는 것임을 깨달았다. 나는 그에게 업계 사람들과 교류할 수 있는 네트워킹 행사에 나가보라고 제안했다. 그곳에서 그는 자신의 커리어에서 혼자가 아니라, 함께 더 의미 있는 일을 해 나가고 싶다는 생각을 가진 동료들을 만나게 되었다. 결국 토마스는 그들과 팀을 꾸려 사업을 시작했고, 새롭게 선택한 가족과 함께 더 큰 목표를 향해 행복하게 일할 수 있게 되었다.

개인적 가치 검증하기

이제, 앞서 제시한 질문들을 자신에게 던졌을 때 표면 위로 떠 오른 세 가지에서 다섯 가지의 가치를 기록해 두었을 것이다. 혹은 이 장의 끝에 있는 목록을 훑어보고 가장 마음에 드는 것들을 골랐을 수도 있다. 이제 그 가치들이 정말로 자신이 추구하고자 하는 것인지 점검할 차례다. 십 대 시절에 여행을 좋아했다고 해서 성인이 된 지금도 여전히 방랑벽이 있다고 단정할 수는 없다. 마찬가지로, 예전에 윌 페럴을 좋아했다고 해서 유머 감각이 뛰어난 사람으로 기억되고 싶다고 생각하지 않을 수도 있다.

당신의 가치는 시간이 지나면서 변할 수 있다. 또는 현실적인 가치가 아니라 이상적인 가치를 선택하거나, 자신에게 진정으로 와닿는 가치가 아니라 남들이 인정해 주는 가치를 고를 수도 있다. 어느 쪽이든, 이러한 가치들은 반드시 검증해 볼 필요가 있다. "신앙을 의심해 보지 않았다면, 정말 신앙이 있는 것인지 의문을 가져야 한다"라는 말이 있다. 개인적 가치에 대해서도 마찬가지다. 자신의 가치를 의심해 보지 않는다면, 정말 그 가치를 지니고 있는지 생각해 볼 필요가 있다. 다행히도, 가치 검증은 매우 쉽고(이상적으로는) 재미있기까지 하다.

먼저, 자신의 가치 중 하나를 골라본다. 예를 들어 '예술'이라고 해보자. 그런 다음, 그 가치를 탐색하고 경험하기 위해 할 수 있는 가장 작은 단계를 상상한다. 예를 들어, 동네에서 들을 수 있는 미술 수업을 찾아보는 데 15분 정도 시간을 쓰되, 실제로 신청하지는 않는다. 또는 '예술의 힘'에 관한 TED 강연을 구글에서 검색만 해보고, 아직 시청은 하지 않는다. 아니면 아마존이나 동네 서점에서 예술 관련 책을 둘러보고 위시리스트를 만들어 보지만, 아직 그 책을 사거나 읽지는 않는다.

그리고 이제, 심리상담가라면 한 번쯤 던질 법한 전형적인 질문을 자신에게 해본다. "그 경험이 내게 어떤 감정을 불러일으켰는가?" 탐색 과정에서 설렘을 느꼈다면? 긍정적인 신호다. 예술을 그대로 목록에 남겨둔다. 반대로 불안하거나 압도당하는 기분이 들었다면, 목록에서 지운다. 만약 자신도 모르게 온라인 검색에 15분 이상 몰입했다면, 그것만으로도 많은 것을 시사한다. 반대로 검색을 시작하기 전부터 내키지 않았고, 5분 만에 지루함을 느꼈다면, 그것 역시 충분한 답이 된다.

만약 '나쁜 가치'를
떠올리게 된다면

모든 사람이 사회적 미덕으로 삼는 '좋은' 가치만을 마음에 품을 수 있는 특권을 가진 것은 아니다. 내가 이것을 '특권'이라고 부르는 데에는 분명한 이유가 있다. 실제로 그렇기 때문이다. 만약 당신이 음식이나 주거와 같은 기본적인 욕구조차 충족되지 않은 상태라면, '좋은' 삶의 가치만을 함양하며 살아가기는 쉽지 않을 수 있다. 예를 들어, 어린 시절 부모님이 폭력으로부터 당신을 지키기 위해 애쓰거나, 가족의 생계와 생활을 유지하는 데 온 힘을 쏟았다면, 당신은 자연스럽게 생존이나 통제와 같은 것들을 중요한 가치로 여기게 되었을 것이다. 이는 성인이 되어 직장 생활을 하면서도 반복될 수 있다. 예를 들어, 변호사로서 각자도생이 만연한 직장 환경에서 일하게 된다면, 당신은 자연스럽게 돈이나 우월성 같은 것을 개인적 가치라고 여기게 될 수도 있다.

생존, 통제, 돈, 우월성과 같은 것들을 중요하게 여길 수는 있지만, 이런 것들은 삶에 목적이나 의미를 부여하지 않는다. 오히려 불안과 스트레스의 원인이 된다. 그런 것들로 인해 존경을 받을 수는 있겠지만, 그것이 내가 기억되고 싶은 모습은 아니다. 돈이나 통제력은 아무리 많이 가져도 항상 더 얻으려 하게 만들기 때문에, 그런 것들을 좇다 보면 정작 인생에서 중요한 것들을 놓치게 된다. 안정감은 있을지 몰라도, 만족감은 없는 삶이 된다.

기본적인 가치와 초월적인 가치

나는 어떤 가치를 좋고, 나쁨을 구분하기보다는, 어떤 가치는 기본적인 것이고 또 다른 가치는 초월적인 것이라고 본다. 다음의 도표를 보면 이 두 가치가 서로를 반영하고 있음을 알 수 있다. 지금까지 당신이 살아온 생존 중심의 환경 때문에 음식, 주거, 의복, 성, 안전과 같은 기본적인 가치에 우선순위를 두는 것은 충분히 이해할 수 있다. 이런 기본적인 가치는 매슬로우의 욕구 위계 피라미드 Maslow's Hierarchy of Needs의 맨 아래에 있다. 우리는 이러한 기본 욕구의 단계에 머물 수도 있고, 더 초월적인 단계로 성장할 수도 있다. 내가 당신이 집중해서 찾아내길 바라는 것은 바로 그 초월적 가치다.

고기능 가치 (HIGH- FUNCTIONING VALUES)	유산 탁월함의 추구 변화 만들기, 영향력 발휘, 건강과 웰빙 가족, 친구, 인간관계 예술/창의성, 평온, 자기 돌봄, 자연, 가족
기본적 가치 (PRIMITIVE VALUES)	의복, 주거, 수면, 음식, 물, 공기, 성 자기 충족, 인기 돈, 직업, 재산, 자원, 통제 획득 성취, 지위, 권력 우월감

니키아가 빠져 있던 돌봄의 함정을 기억하는가? 그녀는 어린 시절, 자기희생이라는 기본적인 가치를 따라 살아야 했다. 하지만 성인이 된 후에는 '가족'이라는 초월적 가치에 초점을 맞추었다. 문제는, 니키아가 가족을 위해 자신의 욕구와 바람을 희생하는 것이 곧 자신의 가치를 실현하는 것이라고 여겼다는 점이다. 그녀가 자신을 바로잡고 가족이라는 가치를 다시 삶의 중심에 두었을 때 비로소 진정으로 성장할 수 있었다. 중요한 것은, 가치란 스펙트럼 위에 존재한다는 점이다. 가족과 건강하지 않은 관계를 맺지 않더라도 가족을 소중히 여길 수 있다.

나는 병원에서 아이들에게 '스티커 박사님'으로 불린다. 아이가 무엇을 좋아하든, 그것을 상징할 수 있는 스티커를 꼭 찾아서 준다. 상담이 끝날 때마다 아이에게 잘 해냈다는 칭찬의 의미로 작은 보상인 스티커를 나눠준다. 예를 들어, 나와 함께 게임하거나, 자신의 감정을 말로 표현하거나, 혹은 단지 용기를 내어 치료에 참석한 것만으로도 칭찬 스티커를 받을 수 있다. 그런데 가끔 아이가 상담이 끝날 때 스티커를 달라고 하는 것을 잊는 경우가 있다. 이런 모습은 그 아이가 치료를 통해 감정적으로 성장하고 있다는 신호이다. 상담 자체가 이미 충분한 보상이 되었다는 뜻이다. 아이는 치료실에 들어와 마음이 가득 채워지고, 만족스럽고, 편안함을 느끼기에 더는 스티커가 필요하지 않게 된다.

이것은 어른들에게도 마찬가지이다. 만약 우리가 어떤 일을 할 때 칭찬 스티커나 별 도장 같은 외적인 보상을 위해서가 아니라, 그 자체로 마음이 채워지고 만족스럽고 편안함을 느낀다면, 우리는 올바른 동기와 개인적 가치에 따라 행동하고 있다는 것이다. 반대로, 단지 보상을 받기 위해 무언가를 한다면, 아마도 잘못된 동기에서 비롯된 것일 수 있고, 자신의 가치와도 일치하지 않을 가능성이 크다.

개인적 가치는 성장할 수 있다

개인적 가치를 성찰하고 성장시켜 나가는 과정에서, 기본적 가치는 더 건강하고, 더 행복하며, 더 만족스러운 삶을 추구하는 초월적 가치로 변화될 수 있다. 예를 들어, 외적인 인정을 강박적으로 구하거나, 남들보다 우위에 서고 싶어 한다면, 이는 우월감과 같은 기본적 가치를 추구하며 살아가고 있다는 신호이다. 하지만 이러한 동기 역시 탁월함을 추구하는 것과 같은 더 높은 수준의 가치로 발전할 수 있다. 마찬가지로, 통제 욕구와 같은 기본적 가치도 '영향력'이라는 초월적 가치로 재구성될 수 있다. 또한, 내 환자 아이코의 사례처럼 "내 돈에 손대지 마", "돈이 제일 중요해"라고 말하던 사람이라도 개인적 가치의 성장을 통해 보다 진정성 있는 가치에 기반한 삶을 살아갈 수 있게 된다.

아이코는 가난하지는 않았지만, 매우 소박한 환경에서 자랐다. 그녀와 부모님, 그리고 세 남매는 도시에서 가장 낙후된 지역의 아파트에서 함께 살았다. 아이코는 한밤중에 잠에서 깼을 때, 월말에 지불해야 하는 각종 요금이 부족하다는 이유로 부모님이 다투는 소리를 듣곤 했다. 이런 성장 환경 때문에 아이코는 경제적으로 불확실한 상황에 부닥치는 것을 원치 않았고, 자연스럽게 돈의 가치를 최우선으로 여기게 되었다. 그녀는 재정 관리와 관련된 책을 닥치는 대로 읽었고, 고등학생 때는 지역 은행 인턴십 프로그램에도 참여했다. 성인이 되어서는 투자은행에 입사해 하루 10시간씩 일하며 경력을 쌓았다. 스물다섯 살이 되었을 때, 아이코는 자신이 어린 시절을 보냈던 아파트보다 훨씬 더 큰 집을 마련해 부모님께 선물했다. 하지만 그녀는 행복하지 않았다.

아이코가 상담실에 들어섰을 때, 그녀는 머리부터 발끝까지 부유함이 묻어나는 사람이었다. 샤넬 안경에서부터, 자리에 앉아 다리를 꼬았을 때 드러나는 루부탱 구두의 빨간 밑창까지, 그녀의 부유함이 한눈에 들어왔다. 아이코가 내게 상담을 예약한 이유는 불안 발작이 시작됐기 때문이었다. 우리는 곧 그녀의 불안 원인을 찾아냈다. 서른두 살의 그녀에게는 배우자도 자녀도 없었고, 일과는 늘 늦은 밤까지 이어지며 고객과 일로 가득 차 있었다. 금융업계에서 일하는 다른 워커홀릭 동료들처럼, 그녀 역시 데이트할 시간조차 없었다. 그녀의 모든 시간은 돈을 좇는 데 쓰였다. 배우자를 만나고 가정을 이루고 싶다는 바람 같은 다른 가치들은 돈을 버는 단 하나의 목표에 밀려 뒷전이 되었다. 하지만 자신의 가치가 기쁨이나 동기부여가 아니라 불안을 안겨줄 때, 그때가 바로 자신의 가치를 재평가해야 할 시점임을 의미한다.

나는 아이코가 돈이라는 기본적인 가치를, 자신이 원하는 가족을 만들기 위한 더 높은 차원의 가치로 전환할 수 있도록 도왔다. 이후 몇 년 동안 그녀는 투자은행 일을 그만두고 비영리단체에서 조직의 기금을 관리하고 운용하는 일을 맡았다. 아이코는 자신의 금융 능력을 의미 있는 일에 쏠 수 있게 되었다. 돈을 버는 일은 이제 변화를 만들어내는 가치로 변모했다.

개인적 가치를
우선순위에 두는 연습

이제 검증된 개인적 가치 목록이 준비되었으니, 그것들을 실행해 볼 때다. 직장에서 지나치게 많은 시간을 보내거나, 친구나 가족을 위해 자신의 모든 것을 희생하는 대신, 진정한 개인적 가치에 시간을 투자하기 시작하면, 동시에 고기능 우울증에서 벗어날 수 있다. 여기서 한 가지 당부하고 싶은 점은 개인적 가치에 집중하는 일이 결코 버겁게 느껴져서는 안 된다는 것이다. 이 책을 읽고 있는 독자 중 일부는 '좋아, 신앙의 가치를 알게 되었으니, 이제 나는 일주일에 세 번씩 교회에 가야 하나?' '그럼, 내가 자원봉사를 소중히 여긴다는 것을 알게 되었으니 이제 주말마다 노숙자 쉼터에서 봉사해야 하는 건가?'와 비슷한 생각을 할 수 있다. 나 역시 고기능 우울증을 겪었던 사람으로서, 이미 넘쳐 버린 할 일 목록에 또 다른 과제를 추가하는 것이 우리가 가장 원하지 않는 방향이라는 것을 안다.

개인적 가치를 지키는 것은
소소한 노력이면 충분하다

개인적 가치를 지키기 위해 거창한 노력이 필요한 것은 아니다. 당신이 기억해야 할 목표는 세 가지다. 첫째, 개인적 가치를 실천하는 연습을 통해 그것이 자연스럽게 삶의 방식이 되도록 하는 것. 둘째, 그 실천을 시간이 흐르면서 점차 발전시키고 성장시켜 나가는 것. 셋째, 과거에 일이나 대인관계에서 그랬던 것처럼 가치 실천에 지나치게 몰두하지 않는 것. 나는 당신이 다시 고기능 영역으로 넘어가길 바라지 않는다. 그러니 스스로 속도를 조절할 필요가 있다.

당신이 나처럼 커피를 좋아하거나, 차 애호가라고 해보자. 만약 이 연습을 통해 '공동체'에 깊은 가치를 두고 있다는 사실을 알게 되었다면, 차나 커피를 마시기 위해 대형 프랜차이즈 대신 동네의 작은 개인 카페를 찾아갈 수 있다. 만약 '평등'이 핵심 가치라면, 프랜차이즈 매장에 가더라도 공정무역 커피를 선택할 수 있다. 공정무역 커피란 커피를 재배하고 만드는 과정에 참여한 농부와 노동자들이 정당한 대우를 받았다는 의미다. 혹시 '관대함'을 중요하게 생각한다면, 음료를 만들어준 바리스타에게 20% 정도의 팁을 지급하거나, 동네 카페에 비치된 '동전함'에 잔돈을 남기고 나올 수도 있다.

카페에서 나와 직장을 향해 이동하거나 엘리베이터에 오르는 시간을 활용해 마음속으로 긍정 확언Affirmation을 실천해 볼 수도 있다. 만약 '대담함'을 자신의 가치로 삼는다면, "두려움은 결코 나를 지배하지 않는다" "나는 자신감과 확신을 가지고 이야기할 것이다" "나는 두려움을 극복하며 매일 어제보다 더 강해지고 있다"와 같은 긍정적인 메시지를 자신에게 건넬 수 있다. 혹은 '마음의 평화'를 중요하게 생각한다면, "나는 차분하고 평화롭다" "긴장을 내려놓고 평화를 받아들인다"와 같은 문구를 마음속으로 되뇔 수 있다.

아침에 옷을 입거나 저녁 퇴근길처럼 반복되는 사소한 일상에서도 자신의 가치를 실천할 수 있다. 예를 들어, 창의성이나 독창성을 중요하게 생각한다면, 개성이 드러나는 색상을 조합하여 옷을 입거나 아트 페어에서 산 아름다운 귀걸이를 착용하는 것이 그 가치를 실천하는 행동이라 할 수 있다. 나 역시 TV에 출연하는 날이면 내가 가장 좋아하는 흑인 여성 디자이너의 의상을 꼭 입는다. 이것 역시 문화와 창의성이라는 나만의 개인적 가치를 실천하는 일이다.

당신의 핵심 가치에 가족과 함께하는 시간이 포함되어 있다고 가정해 보자. 퇴근길에 자녀를 학교에서 데려올 때, 라디오를 틀거나 스피커폰으로 업무 전화를 하는 대신, 그 시간을 오롯이 아이에게 집중하는 데 써볼 수 있다. 오늘 아이가 어떻게 지냈는지 이야기를 나누거나, 저녁 식사로 아이가 좋아하는 음식을 준비했다고 이야기하거나, 곧 떠나게 될 여행에 관해 이야기 나눠 볼 수 있다. 소아청소년 정신의학을 전문으로 하는 사람으로서, 나는 아이와 함께 보내는 그 짧은 시간이 결국에는 정말 큰 차이를 만든다고 자신 있게 말할 수 있다.

혹은, 당신이 세상에서 가장 중요하게 여기는 것이 '연결'이라면 어떨까? 배우자의 코트 주머니에 그를 아끼는 내 마음을 담은 쪽지를 몰래 넣어둘 수도 있다. 가족 단체 채팅방에 오랜만에 안부 인사를 남기거나, 모두를 웃게 할 오늘 겪었던 재미있는 일화를 공유해 볼 수도 있다. 대학 친구들과 연락이 뜸했다는 생각이 든다면, 올해 동창회에서 얼굴을 볼 수 있었으면 좋겠다는 메일을 보낼 수도 있다. 만약 신앙을 소중히 여기는 사람이라면, 오늘 저녁에 기도하거나 성경 구절을 읽거나, 잠들기 전에 하루를 허락해 주신 하나님께 감사의 마음을 전할 수도 있다. 꽤 쉬워 보이지 않는가? 결코 어려운 일들이 아니다.

작은 성소 만들기

문화정신의학cultural psychiatry을 공부할 때, 어떤 문화권에서는 자신들이 소중하게 여기는 신앙, 전통, 사람, 가치 등을 기념하고 되새길 수 있도록 작은 성소를 만드는 반면, 또 다른 문화권에서는 그렇지 않다는 점이 늘 흥미로웠다. 이러한 성소는 눈에 보이는 알림으로, 우리가 중요하게 여기는 사람이나 가치, 그리고 삶의 의미를 계속해서 떠올리게 해준다.

자신의 가치를 지키기 위한 한 가지 방법은 이러한 개인적 가치를 늘 상기시켜 줄 수 있는 눈에 띄는 공간을 만들어보는 것이다. 예를 들어, 만약 당신의 핵심 가치가 '탐험'이라면, 여행에 관한 성소를 만들어볼 수 있다. 그동안 세계 곳곳을 여행하며 찍은 사진들로 벽을 꾸미거나, 미국 50개 주 중 방문한 곳을 색칠해 둔 지도를 걸어둘 수도 있다. 내면의 평화가 중요한 가치라면, 방 한쪽에 쿠션과 싱잉볼, 촛불을 놓아두고 명상 공간을 만들어보는 것도 좋다. 지금 잠시 시간을 내어, 당신의 집 안에 자신의 개인적 가치를 시각적으로 상기시켜 줄 수 있는 성소를 어떻게 만들 수 있을지 생각해 보자.

주변의 방해를
이겨내려면

당신이 자신의 가치를 실제로 실천하기 시작하면, 친구나 가족의 반발을 살 수 있다. 예를 들어, 가장 친한 친구가 부업으로 하는 다단계 판매에서 매년 뷰티 제품을 사주었지만, 올해는 그 돈을 플랜드 페어런트후드Planned Parenthood에 기부하기로 한 당신의 결정에 그 친구가 불쾌해할 수 있다. 또는, 여동생이 이번 주에만 벌써 세 번째 데이트를 나가면서 당신이 또 아이를 봐주길 기대했지만, 그 시간에 도예 수업을 가야 한다고 말한다면, 동생은 서운해할 것이다. 그렇다고 낙담하지는 말자. 오히려 그들의 불만은 당신이 올바른 방향으로 나아가고 있다는 좋은 신호다.

나는 그런 일을 직접 겪었다. 짧은 영상으로 여러 정신 건강 장애의 증상, 어린 시절 트라우마가 성인기 행동에 어떻게 드러나는지, 세대 차이가 가족 안에서 어떤 모습으로 나타나는지를 설명해 올리기 시작했을 때였다. 영상이 빠르게 퍼지는 것이 무척 기뻤지만, 모두가 응원해 준 것은 아니었다.

"나도 진료엔 열정이 있지만, 당신처럼 소셜 미디어에 나섰다간 환자들이 내 말을 더 이상 진지하게 듣지 않을 거야." 한 동료가 이렇게 못마땅해했다. "이제 의사 그만두고 배우 하려는 거야?"라며 농담 반, 핀잔 반으로 말하는 사람도 있었다.

나는 유명해지려던 게 아니었다. 다만 도움이 되는 정보를 사람들에게 전달하는 데 성공하고 있었을 뿐이다. 그럼에도 몇몇 동료들은 꽤 불편해했다. 진심으로 열정이 가는 일을 시작하면 그 과정에서 종종 달콤쌉싸름한 순간들과 마주하기도 한다. 누군가는 당신의 기쁨을 깎아내리려 하고, 응원해 줄 것이라 믿었던 이들과 거리가 생기는 아픔도 겪는다. 하지만 그만큼 마음이 더 가벼워지고, 자신이 진짜 사랑하는 일에 쏟을 수 있는 내적 공간이 넓어지며, 당신의 가치와 뜻을 나누는 새로운 사람들이 곁으로 온다. 시간은 점차 많은 것을 회복시켜 나간다. 이제 막 발견한 새로운 기쁨을 어떤 것과도 바꾸지 마라. 당신을 빛나게 하는 소중한 무언가를 찾았다면, 그것을 지키고 아낌없이 투자하며, 같은 마음을 지닌 사람들과 나누자.

나를 소모시키는 관계는 떠나보내라

안타깝게도 고기능 우울 증상을 겪는 사람들은 오랜 기간 자신을 소모시키는, 건강하지 못한 관계들 속에 얽혀 있었던 경우가 많다. 이제는 내 주변 사람 가운데 누가 계속 곁에 머물 자격이 있는지, 떠나보내야 할 사람은 누구인지 스스로 물어볼 때다. 어떤 관계는 더 이상 구제하거나 고치지 못할 수도 있다. 나는 충만하고, 만족스러운 삶을 원한다는 사실을 기억하자. 나의 결핍, 슬픔, 지침을 은근히 당연시하거나 그 안에서 나를 붙잡아 두는 사람들과는 더 이상 함께할 필요가 없다.

친구나 친인척과의 관계를 지킬 가치가 있는지 보려면, 내가 중요하게 여기는 가치를 우선할 때 그들이 어떤 반응을 보이는지 관찰할 필요가 있다. 그 반응은 대체로 네 가지 범주 가운데 어디에 가장 가까운지로 가늠할 수 있다. 시기, 질투, 호기심, 지지이다. 예를 들어 나의 핵심 가치 중 하나를 '자유'라고 정하고, 올해 3주간 호주로 혼자 여행을 가기로 했다고 해보자.

한 친구가 "좋겠다, 여행 마니아 양반, 우리를 두고 세계를 누비느라 혼자 바쁘구나!"라고 비꼬듯 말한다면, 이는 질투에서 비롯된 반응이다. 질투는 내면의 감정에 뿌리를 두고 있다.

또 다른 친구가 "그렇게 오래 자리를 비우면 회사에서 싫어할까 봐 걱정되지 않아?"라고 말한다면, 이 친구는 단순히 네가 가진 것을 원하는 것이 아니라, 네가 그것을 갖지 못하길 바라는 마음을 가진 사람이다. 이것이 바로 시기이다. 시기는 질투보다 더 은밀하고 공격적인 성향을 띤다. "돌아왔을 때 네 자리에 다른 사람이 앉아 있어도 놀라지 마"와 같은 반응에서 그 뉘앙스가 확연히 드러난다.

반면, 호기심이 많은 친구라면 "어떻게 그걸 해낸 거야? 나도 꼭 한번 해보고 싶었는데! 어떤 도시들에 갈 거야?"라고 물어본다. 그리고 진심으로 당신을 지지하는 친구라면 이렇게 말할 것이다. "정말 잘했어! 나도 여행을 참 중요하게 생각하는데, 몇 년 전에 호주에 다녀온 적이 있어. 내가 묵었던 호텔 중 제일 좋았던 곳을 알려줄게. 그리고 환전하지 않은 호주 달러도 좀 남아 있는데, 내일 네 책상에 올려둘게."

우리는 무엇보다, 자신을 우선시하고 경계를 세운다고 해서 주변 사람들과의 관계를 망치려는 것이 아니라는 점을 분명히 인식해야 한다. 오히려 이런 태도가 관계를 지키고 더 단단하게 만드는 방법이다. 우리는 이미 자신을 희생해서까지 친구나 가족을 우선시하는 것이 오히려 자신을 지치고 소모하게 만든다는 사실을 경험으로 알고 있다. 경계를 세우면 일부 사람들은 더 이상 당신을 이용할 수 없다는 사실에 불편함을 느낄 수도 있다. 하지만 당신이 이제는 그들의 개인 ATM이나 비서가 아니라는 이유로 화를 내거나, 당신이 이기적으로 변했다며 다른 사람에게 불평하는 사람은 진정한 친구가 아니다. 진정한 친구라면 오히려 당신의 변화에 관심을 가지고 응원해 줄 것이다. 예를 들어, 당신이 기부할 자선단체를 어떻게 선택하게 됐는지 물어보거나, 다음 주 도자기 수업에서 만든 작품 사진을 보여달라고 할 것이다. 만약 당신이 건강을 더 중요하게 생각하기로 했다고 말한다면, 오늘 점심으로 패스트푸드를 먹자고 권하지 않을 것이다. 대신 근처에 새로 생긴 샐러드 가게를 추천하거나, 몇 달 뒤 열릴 5km 달리기 대회에 함께 참가해 보자고 제안할 것이다. 이처럼 경계를 지키는 것은 질투하거나 시기하는 친구들에게 변화할 기회를 주는 동시에, 진정한 지지가 무엇인지 발견할 기회를 주는 일이다.

물론 쉽지 않은 일이다. 그리고 가끔은 예전의 행동 패턴으로 다시 돌아가는 자신을 발견하게 될 것이다. 자신의 가치에 충실하도록 스스로에게 책임을 지우는 간단한 방법 중 하나는, 어떤 일을 맡기 전에 자신에게 한 가지 질문을 던져보는 것이다. 예를 들어, 교회 모금 행사 봉사활동을 신청하려 하거나, 까탈스러운 친구의 결혼식 들러리를 맡으려 하거나, 안식년을 떠난 동료의 프로젝트를 대신 맡으려 할 때가 그런 상황에 해당한다. 그리고 이때 던져야 할 질문은 "나는 이 일을 남에게 인정받으려고 하는가, 아니면 내 마음이 충만하고 만족스러워지기 위해 하는가?"이다.

나의 가치를
진정한 친구들과 공유하기

자신의 개인적 가치를 진정한 친구라고 생각되는 이들과 나누는 것이 불편하지 않다면, 꼭 그렇게 해보라고 권하고 싶다. 다만, 그 친구들이 나와 비슷한 생각을 하고 있고, 자신의 행복에 집중하며, 내 여정을 응원해 줄 수 있는 사람들인지 확인해야 한다. 또한 아트 스튜디오나 교회, 네트워킹 행사 같은 곳에서 이미 나와 같은 가치를 지닌 사람들을 새롭게 찾아볼 수도 있다. 그렇게 신뢰할 수 있는 사람들로 이루어진 작은 모임이 생기면, 내가 자신의 가치를 우선순위에 두기 시작할 때 그들에게 도움을 요청할 수 있다.

이를 수행하는 첫 번째 방법은 그들에게 직접 도움을 요청하는 것이다. 내 주변 사람들이 어떤 일이 나에게 중요하다는 것을 알게 되면, 그 일에 우선순위를 두는 데 도움을 줄 것이고, 방해하지 않을 것이다. 또 다른 방법은 그들에게 피드백을 받는 것이다. 예를 들어, "요즘 내가 두 달 전과 비교해서 너희 눈에 다르게 보이니?"라고 물어볼 수 있다. 그러면 "응, 요즘 더 행복해 보이고 마음이 한결 가벼워진 것 같아"라고 말할 수도 있다. 하지만 그렇지 않다고 말할 수도 있다. "사실 아직도 많이 예민해 보여. 걱정돼" 혹은 "솔직히 말하면, 한 가지 중독이 다른 중독으로 옮겨간 것 같아. 예전에는 회사 일에만 매달려 있더니, 지금은 동물 보호소에 너무 많은 시간을 쏟는 것 같아"라고 말할 수도 있다. 이런 대답은 내가 지금 내 가치를 어떻게 실천하고 있는지 다시 점검해 볼 때가 되었음을 알려주는 신호이다.

마지막으로, 신뢰하는 사람이 이야기할 때 그저 좋은 경청자가 되어주는 것도 한 가지 방법이다. 어느 날 저녁, 나는 그날 해야 할 일들을 다 끝내지 못한 채 반품할 물건이 있어 서둘러 딸을 데리고 쇼핑몰에 가려 했다. 그때 딸아이가 "엄마, 엄마 때문에 나 스트레스받아"라고 말했다. 그 순간 나는 쇼핑몰에 가는 일이 과연 그렇게까지 중요한 일인가 하는 생각이 들었다. 사실 나 역시 피곤했고, 스트레스를 받고 있었다. 결국 우리는 그 일을 다른 날로 미루기로 했다.

당신이 자신의 가치를 우선순위에 두는 데 도움을 줄 수 있는 또 한 사람이 있다. 바로 당신의 치료사(상담사)다. 만약 치료사에게 예전에 기타를 연주했었고 음악이 자신에게 얼마나 중요한지 이야기한다면, 치료사는 다시 그 길로 천천히 돌아갈 수 있도록 작은 단계들을 함께 계획해 줄 것이다. 또한 치료사는 당신이 실제로 말한 대로 행동하고, 그것을 일정에 기록하도록 도와주는 훌륭한 책임 파트너가 되어줄 수 있다.

가치 목록[3]

자신의 가치를 찾는 일은 단순한 성찰이 아니라, 삶의 방향을 회복하는 심리적 실천이다. 아래 50여 가지의 가치 목록은 당신이 중요한 것을 언어로 구체화하도록 돕기 위한 도구다. 당신의 삶을 움직이는 힘이 무엇인지 먼저 떠올려보자. 목록은 참고일 뿐, 진짜 가치는 당신 안에 있다.

책임감 (Accountability)	존엄 (Dignity)	영향력 (Impact)	인정 (Recognition)
성취 (Achievement)	다양성 (Diversity)	포용 (Inclusion)	지략 (Resourcefulness)
적응력 (Adaptability)	환경 (Environment)	독립 (Independence)	존중 (Respect)
모험 (Adventure)	평등 (Equality)	청렴/진실성 (Integrity)	안정/안전 (Security)
애정 (Affection)	윤리 (Ethics)	직관 (Intuition)	자기 돌봄 (Self-care)
이타심 (Altruism)	탁월함 (Excellence)	기쁨 (Joy)	자기표현 (Self-expression)
야망 (Ambition)	공정 (Fairness)	정의 (Justice)	자기 존중 (Self-respect)
예술 (Art)	신앙/믿음 (Faith)	친절 (Kindness)	평온 (Serenity)

진정성 (Authenticity)	가족 (Family)	지식 (Knowledge)	봉사 (Service)
균형 (Balance)	용서 (Forgiveness)	리더십 (Leadership)	영성 (Spirituality)
아름다움 (Beauty)	자유 (Freedom)	배움 (Learning)	팀워크 (Teamwork)
차분함 (Calm)	우정 (Friendship)	유산 (Legacy)	시간 (Time)
협업 (Collaboration)	재미 (Fun)	사랑 (Love)	전통 (Tradition)
공동체 (Community)	관대함 (Generosity)	변화 창출 (Making a difference)	여행 (Travel)
연민 (Compassion)	사회 환원 (Giving back)	자연 (Nature)	신뢰 (Trust)
연결 (Connection)	품위 (Grace)	양육 (Parenting)	이해 (Understanding)
만족 (Contentment)	감사 (Gratitude)	인내 (Patience)	자원봉사 (Volunteerism)
기여 (Contribution)	성장 (Growth)	애국심 (Patriotism)	취약성 (Vulnerability)
협력 (Cooperation)	건강 (Health)	평화 (Peace)	지혜 (Wisdom)
용기 (Courage)	취미 (Hobbies)	인내심 (Perseverance)	
창의성 (Creativity)	정직 (Honesty)	정치적 신념 (Political causes)	
호기심 (Curiosity)	유머 (Humor)	자부심 (Pride)	

8장

활력 Vitals :

몸과 마음의 신호에 귀 기울이기

10초의
여유면 충분하다

앞에서는 자신의 감정 상태를 느끼고 인정하는 법을 다뤘다. 이제는 신체 상태를 알아차리고 존중하는 것에 대해 이야기하려 한다. 우리는 바쁘게 일하거나 할 일 목록을 처리하느라 몸이 보내는 신호를 종종 놓친다. 더 문제인 건, 그 신호를 알아차리고도 심지어 "별거 아니야"라며 자신을 속일 때가 많다는 점이다. '이 부분만 끝내고 물 마셔야지' '그렇게 춥진 않아. 이것만 마치고 나서 외투 가져오면 돼'라고 말하며 신호를 뒤로 미룬다.

고기능 우울증을 겪을 때 우리는 자기 돌봄을 완전히 무시하게 된다. 예를 들어, '나는 피곤하지 않다. 쉴 필요 없다'라고 생각한다. 심지어 자기 파괴적인 행동으로까지 나아가기도 한다. 이렇게 인간의 가치 중심을 '존재being'가 아니라 '행위doing'에 두게 되면, 오랜 시간 책상에 앉아 있어도 허리 통증조차 느끼지 못하는 상태에 이르게 된다. 24시간 운영하는 캠퍼스 도서관에서 밤새워 공부하면서도 화장실에 가야 한다는 사실조차 인식하지 못한다. 종일 먹은 것이라고는 자녀를 학교에 데려다주며 급하게 먹은 그래놀라 바 하나뿐인데, 저녁이 다 되어서야 그 사실을 깨닫게 된다. 상사가 새로운 프로젝트를 맡아달라고 하면, 이미 체력이 고갈된 상태임에도 불구하고 그 사실을 인지하지 못한 채 미소를 지으며 기꺼이 하겠다고 답하게 된다.

고기능 우울증을 겪을 때 우리는 자신의 기분을 들여다볼 10초의 여유조차 갖지 못한 채 끝없이 자신을 몰아붙이게 된다. 잠시라도 멈춰서 감정을 들여다본다면 자신이 상처받고 있다는 사실을 깨닫게 될 수 있다. 더 나아가 삶에 얼마나 많은 것들이 결핍되어 있는지 생각하게 될지도 모른다. 이런 상태에서 벗어나기 위해 다음과 같은 그라운딩grounding 연습을 시도해 보자.

5, 4, 3, 2, 1 그라운딩 연습

편안하게 앉아 눈을 감고 몇 번 깊게 호흡한 뒤, 다시 눈을 떠 방 안을 둘러본다.

- 5. 지금 읽고 있는 책 너머로 보이는 다섯 가지를 찾아본다. 주변의 생생한 색감, 매일 스쳐 지나던 사물들, 곁에 있는 사람들의 모습까지 떠올려본다.
- 4. 이번에는 만질 수 있는 네 가지를 느껴본다. 머리카락을 쓰다듬을 때의 감촉, 앉아 있는 푹신한 의자의 촉감, 손목에 찬 팔찌의 질감 등. 책을 들고 있다면, 책 표지나 페이지(혹은 이북 리더기)가 손끝에 닿는 느낌은 어떤지 세심하게 느껴본다.
- 3. 이제 들리는 세 가지 소리에 귀를 기울인다. 우리는 집중에 방해된다고 생각되는 소리를 얼마나 자주 무시하며 살아왔는지 떠올려보자. 거리의 자동차 소리, 노트북의 웅웅거림, 새소리, 선풍기 돌아가는 백색소음 등도 생각해 볼 수 있다.
- 2. 이제 코로 맡을 수 있는 두 가지 냄새를 떠올려본다. 자신의 향수나 데오드란트, 혹은 피부 냄새, 옆집에서 나는 닭 요리 냄새, 어제 치우지 않은 쓰레기 냄새 등.
- 1. 마지막으로, 입에서 느껴지는 한 가지 맛을 떠올린다. 민트 치약 맛, 씹고 있던 껌, 점심 때 뿌려 먹었던 소스의 맛 등.

이 연습을 마친 후에는, 몸의 근육에 집중해 보자. 이마, 등, 복부, 어깨 등 어느 부위든 상관없다. 그 근육이 어떤 느낌인지 주의를 기울여보자. 긴장되어 있거나 뻣뻣하거나 아픈 곳은 없는지 살핀 뒤, 그런 부분이 있다면 천천히 이완시켜 보자. 이렇게 자신의 몸에 집중하고, 긴장된 부분을 인식해 풀어주는 것만으로도 마음과 몸이 한결 편안해질 수 있다.

　누군가가 어깨에 힘을 빼라고 하거나, 찡그린 얼굴을 지적하며 무슨 일 있냐고 묻기 전까지는 자신이 몸에 얼마나 많은 긴장을 쌓아두고 있는지 잘 모른다. 불안이 몸에 어떻게 나타나는지에 대해 소셜 미디어에 글을 올리면, 많은 사람들이 "평소에 턱이 아플 만큼 이를 꽉 물고 지내왔다는 걸 깨닫기 전까지 편두통에 시달렸어요"라거나, "영상을 보면서도 손가락 피부를 뜯고 있었는데, 지금껏 그런 버릇이 있다는 걸 몰랐어요"라고 말한다. 단 10초만 투자해도, 피부와 머리카락 상태, 그리고 몸의 근육에서 느껴지는 감각만으로도 내 삶에 어떤 일이 일어나고 있는지 생각보다 많은 것을 알 수 있다.

　'지금, 이 순간에 집중하고 있을 때, 딴생각하게 되진 않았는가?'라는 질문에 답해보자. 만약 마음을 온전히 현재에 두고 있었다면, 답은 '아니요'일 것이다. 뜨거운지, 차가운지, 긴장되어 있는지, 이완되어 있는지 몸에 나타난 반응을 느끼기 위해서는, 친구의 생일 파티 장소를 어디로 할지 고민하거나, 한 시간 뒤에 있을 상사와의 평가 면담, 혹은 올해 내 아이가 생물 시험을 통과할지와 같은 걱정을 잠시 내려놓아야 한다. 단 10초 동안이라도, 당신은 오직 자신의 몸에만 집중해야 한다. 이것은 고기능 우울증을 겪는 사람들이 거의 경험해 본 적 없는 새로운 경험에 해당한다.

몸의 한계를
인정해야 한다

    집에서 화재경보기가 울리는데도 무시하거나, 심지어 배터리를 빼버린다고 상상해 보자. 마침 그때 돼지고기를 굽고 있어서 팬에서 나는 연기 때문에 울린 것으로 생각할 수 있다. 그리고 별일 아닌 듯 넘기게 된다. 하지만 다음번에도 비슷한 상황이 벌어진다면, 그때는 팬에서 나는 연기가 아니라 진짜 불이 난 상황이라면 어떻게 될까? 경보기가 보내는 경고 신호를 무시한 결과, 집에 화재가 날 수 있는 일이다.

    이제 이 상황을 자신의 몸에 대입해 보자. 이번에는 계속해서 꽉 다물어진 턱이 무시당하는 경보이고, 깨진 어금니 때문에 응급실을 찾게 되는 일이 바로 화재에 해당한다. 혹은 계속되는 통증이 경보이고, 어느 날 아침 목을 전혀 움직일 수 없게 되는 일이 화재다. 혹은 만성적인 피로가 경보이고, 아침마다 샤워할 때 배수구에 쌓인 머리카락이 점점 늘어나는 것이 화재다. 불행하게도 우리가 성공을 거듭할수록 바쁘게 지내게 되기 때문에 자신의 몸이 보내는 신호를 무시하기 쉽다. 좋아하는 가수가 평소처럼 춤추지 못하고 공연 내내 앉아서 노래하거나, CEO가 피곤에 찌든 얼굴과 쉰 목소리로 직원들 앞에 서는 모습도 마찬가지다. 이는 모두 겉으로는 잘 해내는 것처럼 보여도, 결국 신체적 손상과 기능 저하, 우울감으로 이어지는 고기능형 사람들의 악순환이다.

나 역시 워라밸work-life balance을 갖추기 전에는 과로로 인해 자주 심한 감기에 시달리곤 했다. 너무 무리해서 일하다 보니 후두염에 걸려 목소리가 나오지 않았고, 아무리 나를 몰아붙여도 환자와 대화하거나 강연에 나설 수조차 없었다. 내 환자 중에는 과로할 때마다 '가성 발작pseudoseizure'을 겪는 사람이 있었다. 그녀는 말 그대로 비간질성 발작non-epileptic seizure을 겪고 나서야 자신에게 쉴 공간이 필요하다는 걸 깨달았다.

고기능 우울증이 있으면, 몸이 완전히 망가질 때까지 멈추지 못한다. 저기능 우울증, 응급실 방문, 건강 이상 같은 경고 신호가 우리를 강제로 멈추게 할 때까지, 뇌에서 이미 수많은 경고를 보냈음에도 우리는 계속 달린다. 결국 심리 상담, 항생제 처방, 입원 같은 조치가 불가피해지는 상황에 이르더라도, 그조차 무시할 때가 많다. 누구도 자신의 몸이 한계에 다다랐다는 사실을 인정하고 싶어 하지 않기 때문이다. 하지만 그렇게 계속하다 보면, 언젠가는 몸이 너무 심하게 망가져서 그게 마지막이 될 수도 있는 현실과 맞닥뜨린다. 다소 암울하게 들릴 수 있지만, 자신을 너무 몰아붙여서 장애를 입거나 목숨을 잃게 되면, 그땐 정말 아무것도 할 수 없게 된다.

자기 내면의 목소리에 다시 귀를 기울여, 자신의 몸을 튼튼하게 지켜 나가길 바란다. 웰빙에 의식적으로 신경 쓰려고 노력한다면, 더 이상 몸을 희생하면서까지 일을 하지 않게 된다. 건강을 잃으면 아무것도 할 수 없다는 사실을 알게 되기 때문이다. 자신이 무슨 일을 하거나 누구를 돕는 것보다, 그저 존재한다는 사실만으로 이미 충분히 소중한 존재임을 기억해야 한다. 자신의 개인적 가치는 성공이나 타인의 인정보다 더 우선되어야 한다. 조금 더 현실적으로 말하자면, 건강을 우선순위에 두는 것은 심각한 건강 문제나 우울증 등으로 인해 일을 조기에 그만두는 일을 막는 데에도 도움이 된다. 몸과 마음을 현재에 집중시키고, 내 몸에 온전히 머물 수 있다면, 단기적으로는 건강을 희생하는 악순환을 멈추고, 장기적으로는 더 나은 삶을 살 수 있다. 그러기 위해서는 먼저 자신의 건강 상태를 점검해야 한다.

몸이라는 기계를
움직이는 요소들

　병원에서 진료를 받을 때는 먼저 바이탈 사인을 측정한다. 체중계에 올라가고, 키를 재기 위해 장비에 머리를 댄 뒤, 체온계를 입에 물고, 혈압 측정을 위해 소매를 걷어 올린다. 이런 기초 정보는 의사가 비만, 심혈관 질환, 기타 질병 위험을 평가하는 데 매우 중요하다. 이어서 의사는 "담배를 피우시나요?" "술은 어느 정도 드시나요?" "현재 복용 중인 약이 있나요?" "최근 독감 예방접종을 받으셨나요?" "성생활은 하고 계신가요?" 같은 생활 습관 관련 질문도 반드시 확인한다.

　주치의가 바이탈을 체크할 때, "지지해 주는 친구가 있나요?" "배우자와 만족스러운 성생활을 하고 있나요?" "직장에서 상사로부터 존중받고 있나요?"와 같은 질문을 받은 적이 있는가? 아마 거의 없을 것이다. 하지만 연구에 따르면 해롭거나 만족스럽지 못한 인간관계는 흡연, 과체중, 음주만큼이나 건강을 해칠 수 있다.[1]

나는 의사에게 하루에 몇 시간이나 일하거나 화면을 보는지 질문을 받은 적이 없다. 하지만 텔레비전, 컴퓨터, 스마트워치 등 각종 화면에 과도하게 노출될 경우, 수면 장애, 고혈압, 시력 저하, 심지어 골밀도 감소까지 초래할 수 있다는 사실은 이미 연구를 통해 입증되었다.[2]

의사가 마지막으로 안아본 사람이 누구냐고 물어본 적이 있는가? 아마 없을 것이다. 굳이 내가 말하지 않아도, 포옹이 행복감을 주고(엔도르핀과 옥시토신 덕분에), 스트레스를 낮추며, 두려움을 씻어내는 데 도움이 된다는 사실을 이미 알고 있을 것이다. 이는 과학적으로 증명된 사실이다.[3] 게다가 연구에 따르면 포옹은 면역력을 높이고, 심장 건강을 증진시키며, 통증을 감소시키는 효과도 있다. 하지만 대부분의 사람들은 충분한 포옹을 나누지 않고 있다는 사실이 안타까울 뿐이다. 뉴욕에 사는 마이테 리즈베스라는 사람이 5년 동안 '접촉 결핍'으로 인해 마치 죽어가는 것 같다고 고백하는 눈물 어린 영상이 틱톡에 올라와 화제가 된 것도 그리 놀랄 일이 아니다.[4]

포옹은 우리 모두에게 필요하다. 피부는 우리 몸에서 가장 큰 기관이다. 연구에 따르면, 보육원의 아이들이나 요양원의 노인들처럼 신체적 접촉이 부족할 때 신체적·정신적 건강에 영향을 받을 수 있다. 또한 신체적 접촉의 부족은 천식, 당뇨병, 고혈압, 우울증, 불안 등과도 연관이 있는 것으로 나타났다.

지금부터 고기능 우울증이 있는 사람들에게 중요한 여섯 가지 활력 징후를 소개하고자 한다. 바로 '일과 삶의 균형', '수면', '관계', '영양 상태', '신체 활동', '디지털 사용'이다. 이 활력 징후들이야말로 당신이 몸이라는 기계를 움직이게 하는 요소들이다. 당신의 몸이 계속 움직이길 원한다면, 몸을 존중해야 한다. 이 활력 징후에 주의를 기울이는 것은 자신의 가치를 저평가하게 만든 부정적인 믿음에 도전하는 일이기도 하다. 내 몸을 돌보는 것은 곧 내가 가치 있는 존재임을 스스로에게 보여주는 일이기도 하다. 더불어, 이 활력 징후에 주의를 기울이면, 당신이 고기능 우울증의 악순환을 끊어낼 수 있을 만큼 신체적·정신적으로 건강한 상태를 유지하는 데에도 도움이 된다.

기존의 전형적인 활력 징후와 달리, 여기서 말하는 활력 징후는 오래 사는 것에 관한 것이 아니라 가볍게 사는 것에 관한 것이다. 남은 수명의 길이가 아니라, 이곳에서 살아가는 동안 누릴 삶의 질에 초점을 맞춘다. 이 활력 징후들의 우선순위를 다시 정하면, 진행 중이던 고기능 우울증을 그 자리에서 멈춰 세울 수 있다.

일과 삶의 균형은
적절한가

 당신은 일주일에 몇 시간씩 일하는가? 아랍에미리트에서 영국에 이르기까지, 전 세계 여러 나라에서 주 4일 근무제를 시도하고 있다. 만약 당신에게 고기능 우울증이 있다면, 이런 발상은 아마도 말도 안 된다고 느껴질 것이다.[5] '내가 해야 할 이 모든 일들을 어떻게 나흘 만에 끝내지?'라는 생각이 들 수 있다. 게다가, 여가 시간이 생긴다면 뭘 해야 할지도 막막할 것이다.

 미국의 상황은 매우 다르다. 팬데믹 이후 기술의 발달로 원격 근무가 가능해지면서 우리는 언제든지 일에 쉽게 접근할 수 있게 되었다. 이제 오후 5시에 퇴근 도장을 찍고 직장을 떠나는 일은 더 이상 찾아보기 어렵다. 상사, 동료, 고객, 심지어 선생님까지 누구든 퇴근 후에도 업무 요청 연락을 할 수 있게 되었기 때문이다. 그래서 우리 중 많은 사람은 단순히 집에서 재택근무를 하는 것을 넘어, 사실상 직장에서 살고 있는 셈이 되었다.

아래에는 고기능 우울증이 있는 사람들이 흔히 보이는 습관들을 정리해 두었으니, 자신에게 해당하는 것이 몇 가지나 있는지 확인해 보자.

- 매주 40시간 이상 일하는 것이 일상이다. 모두가 퇴근한 후에도 혼자 남아 일하거나, 주말에 몰래 출근하기도 한다. 책상이나 노트북에서 고개를 들면 사무실에 혼자 남아 있는 자신을 발견할 때가 많다. 혹은 가족이 모두 잠든 늦은 밤, 집에서 일을 하기도 한다.
- 인간 낙타가 따로 없다. 하루 종일 화장실에 한 번도 가지 않았다가, 집에 도착하자마자 화장실로 달려간다.
- 삭막한 사무실 책상 위에 가족사진이 한 장 있을까 말까 하다. 이는 일에 대한 헌신을 조용히 드러내는 신호다. 일 외에 다른 삶의 흔적이 보이면 상사가 자신을 충분히 헌신적이지 않다고 생각할까 봐 걱정한다. 또는 무쾌감증으로 사무실을 꾸미는 데 아무런 즐거움도 느끼지 못한다.
- 온종일 앉아만 있는다. 줌 회의나 전화 통화에 묶여 있으면서 동시에 이메일 회신이나 다른 업무를 처리한다. 마침내 의자

에서 일어날 때쯤엔 몸이 너무 뻣뻣해져서 제대로 걷기도 힘들다.
- 모든 일을 혼자 해결한다. 업무에 어려움을 겪어도 도움을 요청하거나 힘들다고 인정하지 않는다. 직장에서 느끼는 진짜 감정을 숨긴다.
- 일 외에는 사회생활을 하지 않는다. 회의실에서 열리는 생일 파티 같은 회사 행사에만 참석하고 있다.
- 휴가나 병가를 좀처럼 쓰지 않는다. 휴가가 쌓여 있지만, 사용할 계획이 전혀 없다.
- 오늘이 무슨 요일인지 잊고 지낸다. 가끔 토요일 아침에 일어나 출근 준비를 하다가 오늘이 주말임을 뒤늦게 깨닫는다. 하지만 어차피 주말에도 일할 계획이었으니 개의치 않는다.

워라밸은 가장 다루기 어려운 핵심 요소이다. 고기능 우울증이 있는 많은 사람들에게 일은 곧 삶이기 때문이다. 하지만 우리는 이 상황을 바꾸고자 한다. 좀 더 단단한 '일과 삶의 경계'를 세우기 시작하면 모든 것이 달라진다. 당신의 자존감이 더 이상 업무 성과에만 얽매이지 않게 되고, 어느덧 예순이 되어 책상에서 고개를 들며 '나는 그동안 뭘 하며 살아왔지?'라고 후회하게 되는 일을 막을 수 있다.

수면을
잘 취하고 있는가

"또 악몽을 꿨어요." 상담이 시작되자마자 선은 씁쓸하게 웃으며 말했다. 그러고는 눈을 굴리며 그 꿈이 얼마나 '비논리적' 인지 장황하게 설명했다.

겉으론 미소를 띠고 있었지만, 나는 그 악몽이 무의식적으로 그녀를 두렵게 하고 있음을 직감했다. 그것이 바로 그녀가 치료실을 찾은 이유 중 하나였다. 선은 전반적으로 삶에 매우 만족한다고 했다. 다만 더 잘 자도록 도움을 받고 싶다고 덧붙였다. 경험 있는 의사라면 누구나 수면 문제가 단독으로 나타나는 경우가 드물다는 것을 안다. 수면 곤란은 대개 PTSD, 우울증, 혹은 수면

무호흡증 같은 신체적 질환 등 다른 요인과 얽혀 있다. 그래서 우리는 왜 그 악몽이 반복되는지 알아내기 위해, 가능한 원인을 하나씩 탐색해 나가기 시작했다.

선은 일주일에 한 번씩, 항상 같은 요일인 일요일 밤마다 똑같은 악몽을 꾸었다. 그 꿈의 시점은 졸업 전날이고, 선은 기말고사를 봐야 한다는 사실을 까맣게 잊고 있다가 뒤늦게 시험장에 도착한다. 졸업장을 받으려면 꼭 그 시험을 통과해야 했지만, 교실 문을 열고 들어가려는 순간 이미 몇몇 학생들은 시험을 끝내고 나오는 중이었다. 선은 식은땀을 흘리며 잠에서 깨어난 뒤, 그날 밤 내내 천장과 침실 시계의 초침을 번갈아 바라보며 뒤척이곤 했다.

우리는 여러 번의 상담을 진행하며 그 악몽에 담긴 모든 상징들을 하나씩 살펴보았다. 시험 과목이 무엇이었는지, 왜 시험을 잊고 있었는지, 만약 학사 학위를 받지 못한다면 그것이 어떤 의미일지 등 세세하게 파고들었다. 몇 주에 걸쳐 꿈의 세부 사항을 함께 탐구한 끝에, 선은 자신이 직장에서 얼마나 큰 스트레스를 받고 있는지 깨닫게 되었다. 출판사에서 편집장으로 일하는 선은 일과 사생활의 경계가 거의 없었다. 남편과의 관계에서도 잠자리가 끝나기만을 기다렸다가 이메일을 확인하고 나서야 잠이 들곤 했다. 한밤중에 화장실에 갈 때도 휴대전화를 들고 들어가 한 시간 가까이 뉴스 기사를 훑어보다가 다시 침대에 눕곤 했다. 스스로 정한 마감일을 지키기 위해 가족 모임을 거르기도 했다.

그녀는 일과 중에는 불안을 외면했지만, 그 불안은 악몽의 형태로 계속 나타났다. 자신이 그 자리에 어울리지 않는다는 두려움과 '가면 증후군'에 시달리며 자신의 능력을 과소평가해 왔기 때문에, 남들보다 두 배로 열심히 일해왔다. 어떤 작은 실수라도 저지르면 자신의 평생 업적이 모두 사라질 것이라는 생각이 내면 깊숙이 자리 잡고 있었다. 선은 너무나도 야망이 컸기에, 명성 있는 작가를 다른 출판사보다 먼저 영입하고, 회사의 수익을 유지하며, 직원 모두를 만족시키기 위해 얼마나 많은 행복을 희생하고 살아왔는지조차 알아차리지 못했다.

선만의 문제가 아니다. 마치 모두가 '피로 올림픽'에 참가하고 있는 것처럼 느껴진다. 대학생들은 밤새워 공부한 것을 자랑삼아 말하고, 초보 엄마들은 좋은 부모가 되려면 밤낮없이 아이를 돌보는 것이 당연하다며 자신을 설득한다. 레지던트들은 밤을 새우는 것을 일종의 훈장처럼 여긴다. 우리 모두 한 번쯤은 새벽 4시까지 넷플릭스를 보다 잠을 놓친 경험이 있을 것이다. '나는 남들보다 잠을 덜 자면서도 더 많은 일을 해내고 있어. 정말 대단한 사람이야'라고 생각하기도 한다. 하지만 현실은 그렇게 하면서 자신을 점점 더 지치게 만들고 있을 뿐이다.

반복되는 악몽이나 불면증, 그 밖의 수면 문제가 없더라도, 충분한 휴식을 취하지 못하면 인지 능력이 저하될 위험이 있다. 게다가 다크서클이 짙게 내려앉은 채 출근하는 일도 피할 수 없다. 고기능 우울증과 싸우려면 에너지가 필요하다. 그런데 우리는 그 에너지를 스스로 고갈시키고 있다. 아래 이어지는 내용을 통해, 고기능 우울증이 있는 사람들이 빠지기 쉬운 잘못된 수면 습관들을 살펴보고, 해당하는 부분이 있는지 점검해 보자.

- **평일에 하루 정도 밤을 새우곤 한다.** 그런 뒤 주말에는 친구나 가족과 시간을 보내기보단 부족한 잠을 보충한다.
- **주로 불편한 소파에서 잠든다.** TV를 보며 쉬려고 하지만 실제로는 자주 깨거나 깊이 잠들지 못해 수면의 질이 떨어진다.
- **잠들기 전에 술이나 건강에 해로운 야식을 과하게 먹는 편이다.** 이로 인해 수면의 질이 떨어지고, 잠을 깊이 자기 어렵다.
- **전자기기(노트북, 휴대전화 등)를 침대로 가져간다.** 전자기기에서 나오는 블루라이트가 수면의 질과 수면 시간에 부정적인 영향을 미친다는 연구 결과가 있다.[6]
- **잠들기 전에 침대에 누워 소셜 미디어를 계속 넘기며 도파민을 쫓는다.** 비관적인 뉴스나 게시물을 계속해서 찾아보면서 신경을 곤두세운다. 그렇게 휴식할 수 있는 시간을 낭비해 버리곤 한다.
- **천장을 바라보며 잠들지 못한다.** 잠자리에 든 지 20분이 넘었지만 일로 인한 스트레스로 쉽게 잠들지 못한다.
- **불규칙한 시간대에 일한다.** 한밤중이나 아침에 일어나자마자 이메일을 확인하거나 회신 메시지를 보낸다.
- **스스로 평온함을 깨뜨린다.** 불안감을 유발하는 요란한 알람 소리로 자신을 깨운다.

- **휴가 내내 잠만 잔다.** 휴가 직전까지 과도하게 일한 탓에, 휴가 동안 지나치게 잠을 자거나 몸살이 난다.

여러 문화권에서는 잠을 줄이기보다는 오히려 잠의 중요성을 강조한다. 예를 들어, 인도의 일부 지역처럼 기후가 더운 곳에서는 활동을 줄이고 낮잠을 잠으로써 사람이 지치지 않도록 체력을 보존하기 위해 낮잠을 활용한다. 어쩌면 온도가 일정 수준에 도달하면 우리 몸이 자연스럽게 쉬도록 설계되어 있기 때문일 수 있다.[7] 스페인과 라틴아메리카 일부 지역에는 주로 점심 식사 후, 오후 가장 더운 시간대에 낮잠을 자는 '시에스타Siesta' 문화가 있는데, 이 시간에는 대부분의 상점도 문을 닫는다. 일본에서는 점심시간에 책상에서 잠깐 눈을 붙이거나 출퇴근길에 잠을 자는 것이 자연스럽게 받아들여진다. 이를 '이네무리inemuri(자리에서 졸기)'라고 부르며, 열심히 일한다는 신호로 여겨지기도 한다.[8]

깊고 편안한 수면을 위한 습관

나는 선과 함께 두 가지 전략에 집중했다. 첫 번째는, 직장에서 한 번의 실수가 그녀의 인생을 망치지는 않는다는 점을 인식시키는 것이었다. 실수해도 괜찮고, 큰 실수가 일어날 가능성은 거의 없다는 사실을 알게 했다. 그리고 우리는 새로운 야간 규칙을 정했다. 그녀의 수면 습관에 경계를 두기로 했다. 더 이상 침실에 휴대전화를 들고 들어가지 않고, 매일 밤 11시에는 침실의 불을 끄기로 했다. 그리고 밤중에 화장실에 가기 위해 잠에서 깨지 않도록 식습관도 바꾸었다.

그녀의 악몽이 완전히 사라졌다고는 할 수 없지만, 확실히 크게 줄어들었다. 악몽이 다시 나타날 때면, 그것이 평소보다 더 큰 불안감과 고기능 우울증이 다시 스며들고 있다는 신호임을 알게 되었다. 그래서 정신 건강을 지키는 습관을 더 강화해야 한다는 점을 인식하게 되었다. 만약 당신도 수면 문제로 어려움을 겪고 있다면, 깊고 편안한 수면을 위한 아래 두 가지 수면 위생 습관부터 실천해 보자.

잠자기 전 기록하는 습관

침대 옆 테이블에 펜과 일기장 또는 노트를 두자. 잠자리에 들기 전에, 그날 할 일 목록 중 끝내지 못한 일들, 그리고 불안을 유발하는 모든 것들을 적어보자. 예를 들어, '이번 주에 필요한 식료품 잊지 않고 꼭 주문하기' '세탁물 찾아오기' 혹은 '내일 발표는 걱정하지 마! 잘 해낼 거야'와 같이 쓸 수 있다. 이러한 기록 습관의 목적은, 잠들기 전에 걱정거리를 머릿속에서 꺼내어 마음을 진정시키고, 선의 사례에서처럼 불안에 휩싸인 악몽 대신 평온한 꿈을 꾸도록 돕는 데 있다.

내가 환자들에게 가르치는 또 다른 기술은 걱정 미루기이다. 이 방법은 매일 정해진 시간과 장소를 정해두고, 그때 그곳에서 걱정거리를 적어보는 것이다. 예를 들어, 오후 2시 5분에 주방에서, 혹은 아침 8시에 현관 앞에서 적는 식이다. 이렇게 특정한 시간에만 걱정을 털어놓는 것이 핵심인데, 하루 종일 틈틈이 걱정하는 대신 정해진 시간에만 걱정을 풀어놓음으로써 불안이 삶을 지배하지 않도록 하는 데 목적이 있다. 만약 하루 중에 걱정 미루기를 실천하는 것을 잊고 있었다면, 잠자리에 들기 전에도 할 수 있다. 단, 이때 주의할 점은 침대에 누워 걱정을 풀어놓지 않는 것이다. 침대에서 걱정하기 시작하면 침대와 불안을 연관 지어 생각하게 되고 오히려 평온함을 잃게 된다. 걱정을 털어놓는 것 자체는 스트레스를 줄이는 데 도움이 되지만, 침대에서는 하지 않는 것이 좋다.

15분 일찍 일어나는 습관

이 중요한 활력 징후를 개선하기 위해 할 수 있는 가장 좋은 방법은 아침에 평소보다 15분 정도 일찍 일어나는 것이다. 더 많이 쉬라고 이야기하고는 일찍 일어나라니 의외일 수 있지만, 사실 내일을 준비하는 것은 오늘부터 시작된다. 내일 아침 일찍 일어나려면, 오늘 밤 평소보다 조금 더 일찍 잠자리에 들어야 한다.

이 작은 변화가 큰 영향을 미칠 수 있는 이유는 다음과 같다. 아침에 서두르는 것은 불안이나 고기능 우울증이 있는 사람들에게 매우 해롭다. 늦게 일어나거나 겨우 회사에 맞춰 나가는 것은 몸을 '투쟁-도피 모드fight-or-flight mode'로 몰아넣는 것과 같다. 얼굴을 겨우 씻고, 허겁지겁 옷을 입고, 부엌에서 오래된 베이글 하나를 집어 들고 뛰쳐나가는 식으로 아침을 시작하는 것은 건강에 좋지 않다. 출근길 내내 지각에 대한 걱정으로 유발되는 스트레스도 마찬가지다. 이렇게 하루를 시작하면, 무언가를 자주 잊게 되고, 머릿속이 정리되지 않아 예민해져서 타인을 친절하게 대하기 어려워진다.

아침과 저녁의 루틴을 지키는 것은 고기능 우울증이 있는 사람에게 하루 중 가장 중요한 부분이다. 일단 밖으로 나가 일과가 시작되면, 출근길 교통체증이나 상사의 기분까지 우리가 통제할 수 없는 영역의 일들이 너무 많다. 하루 24시간 중에서 자신의 통제 영역 안에 있는 일을 할 수 있는 시간은 바로 하루의 시작과 끝, 즉 아침과 저녁뿐이다. 이 두 시간대는 평온을 찾을 기회가 될 수도 있고, 반대로 혼란의 순간이 될 수도 있다. 단 15분만 일찍 일어나 평온을 선택해 보자. 이 작은 변화는 쉽게 습관화할 수 있고, 하루를 더 건강하게 시작할 수 있게 해준다. 침대에서 일어나기 전에 가볍게 스트레칭을 하거나, 건강한 아침 식사를 하거나, 출근길에 조금 더 천천히 걸어도 되는 여유가 생긴다. 일찍 잠자리에 들어야 할 이유가 생긴 것이고, 아침에 일어났을 때 하루를 앞서가는 기분도 느낄 수 있다.

사람과의 관계는
어떠한가

　연구자들은 행복을 만드는 요인이 무엇인지 조사해 보면, 돈이 얼마나 많은지, 어떤 직업을 가졌는지, 어떤 차를 타는지, 어떤 집에 사는지가 행복의 판단 기준이 아니라는 사실을 알게 된다고 말한다. 행복의 가장 큰 예측 변수는 평생 어떤 사람과 함께 살아가게 되는지, 그리고 그 관계가 얼마나 행복한지에 달려 있다. 여기서 문제는 대부분 사람들이 건강한 파트너를 선택하는 방법에 대해 배울 기회가 거의 없다는 것이다.
　고기능 우울증이 있다면, 파트너를 선택하는 데 있어서 훨씬 더 불리해진다. 그 이유는 세 가지이다.

첫째, 하루 동안 해야 할 일에 압도되어, 자기 삶의 영역으로 들어오는 사람들을 제대로 검증하지 못할 수 있다. 그들을 시간, 관심, 사랑을 함께 나눌 수 있는 사람인지 충분히 고려하지 않고 받아들이게 된다. 둘째, 무쾌감증으로 인해 연인 사이에서 나누게 되는 보통의 기쁨을 당신도 그 사람을 통해 느끼고 있는지조차 확신할 수 없다. 마지막으로, 자존감 문제로 씨름하게 될 가능성이 크다. 자신이 사랑받을 자격이 있는지 확인하고 싶어서, 혹은 자신의 사랑을 증명하고 싶은 마음에 지나친 헌신을 하게 되고, 그러다 결국 상대방에게 이용당하는 순교자가 되어버릴 수 있다. 이렇게 마조히즘이라 불리는 자기희생적인 관계가 시작된다.

왜 건강한 선택이 어려운가

아직 언급하지 않은 또 하나의 중요한 이유가 있다. 고기능 우울증이 있는 사람들이 관계에서 건강한 선택을 하기 어려운 이유를 설명해 주는 심리학 개념인 '반동형성reaction formation' 때문이다. 반동형성은 우리에게 극도의 불편함을 주는 감정을 피하도록 돕는 방어기제다. 이로 인해 고기능 우울증이 있는 사람은 실제로 자신이 진심으로 원하는 것과는 정반대의 행동을 하게 된다. 타인에게 경계를 두거나 거절하게 될 때 느끼는 죄책감을 피하기 위해서다. 예를 들어, 어떤 기회가 있으면 그것이 세상에서 가장 하고 싶지 않은 일이라도 받아들인다. 그리고 정신을 차려보면, 이미 주 60시간씩 일하고 있으면서도 새로운 대형 프로젝트를 진행하기로 합의한 자신을 발견하게 된다. 매일 밤 상사 앞에서 책상을 뒤엎는 상상을 할지라도 거절하지 못한다. 또 다른 예로, 친구 결혼식에서 들러리를 서고, 여행 경비, 파티 비용, 결혼 선물 등으로 수천 달러를 쓰면서도 사실은 그 사람을 내심 싫어하는 경우가 있다. 혹은, 연인관계에서 가정폭력의 갈림길에 서 있으면서도 그 사람과 결혼하는 꿈을 꾸기도 한다. 최근에 만난 루이스의 사례가 그랬다.

"정말 굴욕적이었어요." 루이스는 상담 중에 이런 말을 털어놓으며 자신의 감정을 인정하기 시작했다. "우리는 친구들과 함께 콘서트에 가기 위해 기차를 타고 이동 중이었어요. 그때 내 남자친구는 감정을 주체하지 못하는 상태에 이르렀고, 내게 소리를 질렀어요. 그곳에 있던 모두가 그 소리를 들었고, 그 순간엔 평소와 다른 차원의 기분이 들었어요. 친구들은 내 남자친구의 행동에 충격을 받은 모습이 역력했고, 집에서 우리끼리 있을 때와는 또 다른 문제처럼 느껴졌어요. 심지어 몇 칸 떨어진 자리에 앉아 있던 낯선 사람들도 우릴 쳐다봤어요."

루이스는 서른한 살이었고, 남자친구와 결혼을 전제로 5년째 연애 중이었다. 두 사람은 결혼반지를 함께 보러 다녔고, 루이스는 집에서 감정적 학대를 당하고 있음에도 그와 함께 가정을 이루는 것을 꿈꿨다.

기차에서 있었던 사건 이후로 상황이 달라졌다. "그 사람이 나를 때린 적은 없지만, 더 위협적으로 변해갔어요"라고 루이스는 말했다. 그리고 둘 사이에 함께 입양한 두 마리의 강아지를 해치겠다고 협박한 일에 대해 털어놓았다. 루이스가 마음을 열고 내게 자신의 이야기를 털어놓게 되면서 자신이 가정폭력 상황에 놓여 있다는 사실을 점점 더 자각하게 되었다. 나는 루이스가 그 상황에서 안전하게 벗어날 수 있도록 도왔다.

자신이 지금 맺고 있는 모든 관계에 대해 생각하는 시간을 가져보자. 그 관계가 나를 돕는지, 아니면 해치는 것인지 생각해 보고 조금이라도 의심이 든다면, 아래의 '부정적인 대인관계의 나쁜 습관'을 활용해 보자. 누가 당신의 관심을 받을 자격이 있고 누가 그렇지 않은지 판단하는 데 도움이 될 것이다.

- **차갑고 폐쇄적인 바디랭귀지**: 따뜻하고 열린 바디랭귀지는 손을 잡아주거나, 옆에 앉았을 때 무릎이 닿거나, 오래도록 사랑스러운 시선으로 눈을 바라보는 행동이다. 반면, 주먹을 꽉 쥐거나, 팔짱을 끼고, 시선을 마주치지 않는다면 상대가 당신에게 마음을 닫고 있다는 신호이다.[9]
- **동료 집단의 압력**: 가족 구성원, 친구, 동료로부터 건강하지 않은 일(예: 원하지 않는데 술을 마시라고 강요하거나, 필요하지도 않고 감당할 수도 없는 물건을 사도록 부추기는 행동 등)을 하라고 압박당해 본 경험이 있는가?

- **일방적인 과도한 희생**: 특정 친구, 가족, 배우자를 위해 희생하고 노력하는 만큼 상대방도 나를 위해 똑같이 희생하거나 배려하는가?
- **언어적 학대**: 외모를 비하하고, 성취를 깎아내리고, 죄책감을 이용해 통제하는 등 정서적으로 학대하는 친구, 가족, 연인을 둔 적이 있는가?[10]
- **신체적 학대**: 친구, 가족, 연인관계에 있는 사람이 밀치거나, 때리거나, 손찌검하거나 그 외의 신체적 폭력을 행사한 적이 있는가? 설령 장난삼아 한 행동이라도 정당화될 수 없다.

가용성 낮추기

앞선 목록을 읽으면서 아마 '이제는 거리 두어야 할 독이 되는 사람들' 몇 명이 떠올랐을 것이다. 가족이든 친구든 연인이든, 부정적 에너지를 주는 사람에게 곧장 출구를 안내하는 일은 쉽지 않다. 그러니 서서히 시작하라. 예를 들어 집을 구하는 일이 힘들다고 하소연하는 지인에게 대신 집을 알아봐 주겠다며 나서지 않고, 전화로 몇 시간씩 감정을 쏟아내는 친구와는 작은 거리를 만든다. 당신은 이미 해야 할 일이 많은 사람일 가능성이 크니, 당신의 바쁜 일정은 그들의 요구를 거절할 합당한 이유가 된다. 이렇게 거리를 둬야 할 사람들과 함께하는 시간의 경계를 더 분명히 하면, 당신의 가치나 비전에 더 많은 에너지를 쏟을 수 있다. 단, 가정폭력 상황에 놓여 있다면 스스로 경계를 설정하는 것이 쉽지 않거나 안전하지 않을 수 있으므로 반드시 정신 건강 전문가나 관련 지원 기관의 도움을 구해야 한다.

약간 거리를 두는 것만으로도 지금 가진 정서적 에너지를 거의 다 써버릴 수 있다. 여전히 변화를 시도할 힘이 남아 있다면, 장 마지막에 있는 부록에서 추가적으로 건강한 제안을 찾아볼 수 있다. 그 부록에서 나는 내가 고안한 W.A.S.H. 기법을 자세히 설명하는데, 이 기법은 환자들이 가족 간 불화를 바로잡으려는 노력이 가치가 있는지, 아니면 결국 헛수고에 그칠지 판단하는 데 도움을 준다.

영양 상태와 식습관 점검하기

솔직하게 말하자면, 나 역시 고기능 우울증이 심해질 때면 몸에 해로운 음식에 손이 간다. 스키틀즈, 스타버스트, 유럽에서는 식품 원료로 허가되지 않은 각종 첨가물이 들어간 사탕들이 그에 해당한다.[11] 이런 걸 먹으면 안 된다는 걸 누구보다 잘 알고 있는 직업을 가졌지만, 이런 음식이 나의 약점이다. 고기능 우울증이 있는 다른 사람들과 마찬가지로, 나 역시 장기적인 만족이나 기쁨보다는 죄책감을 동반한 일시적인 즐거움을 선택하곤 한다. 걱정할 것까지는 없다. 나 역시도 노력 중이고 당신도 할 수 있다.

건강을 위해서는 섭취하는 음식에 주의를 기울여야 한다.

사탕을 허겁지겁 먹어 치우거나 아예 끼니를 거르게 되면 우리 몸은 연료를 채우지 않은 것과 같은 상태가 된다. 필요한 영양분을 꾸준히 채우지 않으면, 결국 참아왔던 허기가 견딜 수 없을 때 불규칙한 시간에 폭식하게 된다. 고기능 우울증이 있는 사람들이 빠지기 쉬운 부정적인 식습관을 아래에 정리해 두었다. 자신에게 해당하는 것이 몇 가지나 되는지 확인해 보자.

- 배달 음식에 지나치게 의존한다. 쓰레기통은 배달 용기로 가득한데 싱크대는 비어 있고, 가스레인지는 새것처럼 깨끗하다면, 영양 섭취에 주의를 기울여야 한다는 분명한 신호다. 배달 음식은 집에서 만든 음식보다 방부제가 더 많이 들어 있고, 지방 함량도 높은 경우가 많아 피로하고 무기력하게 만들 수 있다.
- 음식을 급하게 먹는다. 일에 파묻혀 있다가 잠깐 컴퓨터에서 떨어져 허겁지겁 음식을 먹고 다시 자리에 앉는다면, 식사의 소소한 즐거움조차 누릴 수 없다.
- 빠른 시간 내에 에너지를 채울 수 있는 것을 먹는다. 고카페인 음료나 에너지바에 의존하는 것은 한계가 있다. 잠깐의 각성 효과가 사라지면, 에너지 드링크 음료를 마시기 전보다 오히려 더 피곤을 느끼게 된다.
- 화장실에 잘 가지 않는다. 종일 화장실에 거의 가지 않는다면, 몸이 노폐물을 배출할 만큼 충분히 수분을 섭취하지 않고 있

을 가능성이 높다.

- **밤에 폭식하게 된다.** 늦은 밤 TV 앞에서 정크푸드나 술을 과하게 먹으며 강한 도파민 반응을 유도한다. 실제로 무쾌감증이 있는 사람들은 스트레스가 높을 때 케이크, 쿠키, 감자튀김 같은 음식을 평소보다 더 많은 양을 먹는 경향이 있다.[12]

좋은 식습관이 건강을 지킬 수 있다. 건강한 식단은 우울증을 극복하고 뇌를 활력 있게 만드는 강력한 도구가 될 수 있다. 나는 '행복 실험실'이라는 이벤트를 열어 사람들이 5V 원칙을 실천하는 방법을 가르친다. 이 행사에서는 블루베리를 제공하는데, 블루베리가 뇌로 가는 혈류를 증가시켜 뇌 기능을 높이기 때문이다.[13] 치료에 진전이 없거나 정체기에 머물러 있는 환자가 있으면, 나는 뇌 건강에 도움이 되는 식품을 전문적으로 다루는 영양사에게 그들을 보낸다.[14] 호두, 베리류, 잎채소, 지방이 풍부한 생선, 그리고 적당량의 커피와 차는 혈관과 뇌 건강에 유익한 대표적인 음식이다. 이런 음식들은 우리 몸에 그야말로 포만감, 영양, 만족감을 준다.

식사 시간을 나에게 친절한 시간으로 바꾸기

고기능 우울증이 있다면, 우리가 먹는 모든 음식은 뇌가 제대로 일할 수 있도록 에너지를 공급해야 한다는 데 쉽게 동의할 수 있을 것이다. 하지만 '아는 것'과 '실천하는 것'은 전혀 다른 문제다.

"오늘도 토끼밥(채소) 먹었어요. 케일은 정말 별로예요." 한 환자가 상담 중에 이렇게 말했다. "좋은 음식에 대한 태도를 바꿔보는 건 어때요?" 내가 제안했다. "오늘 나는 나에게 선물을 줬다. 나 자신에게 사랑의 행동을 실천한 것이다. 이렇게 생각해 보면요?"

그 순간 그녀의 표정이 달라졌다. 해야만 하는 일을 '친절한 행위'로 바꾸면, 그 일이 더 매력적으로 느껴질 수 있다. 게다가 꼭 날것의 케일 한 그릇을 억지로 먹을 필요도 없다. 당신이 좋아하면서도 건강에 좋은 음식을 충분히 찾을 수 있다. 그래도 쉽지 않다면, '내가 먹는 한 입 한 입이 나에게 에너지를 주고, 나를 더 강하게 만들며, 더 건강하게 해준다'라는 마인드셋을 스스로에게 계속 상기시킨다면, 식습관을 조금씩 바꿔나가는 데 도움이 될 것이다.

느긋하게 음식을 즐기기

고기능 우울증이 있는 사람들은 늘 바쁘게 움직이며 식사도 대충 때우는 경우가 많다. 출근길에 부리토를 집어 들고 허겁지겹 나가거나, 줌 회의 사이에 책상에서 과자를 집어 먹곤 한다. 테이크아웃 음식은 '이동하며 먹는 것', 식기에 담겨 커트러리로 먹는 음식은 '식사'라고 생각하도록 우리는 익숙해져 있다. 일주일에 한 번씩만이라도 업무용 컴퓨터를 벗어나 커트러리, 식기, 종이 수건이 아닌 천으로 된 냅킨을 사용해 식사하길 권한다. 온전히 식사에 집중하는 경험을 하는 것이다. 음악을 틀고, 천천히 그리고 신중하게 음식을 먹으며, 음식을 삼키기 전에 입안의 느낌과 맛에 집중해 본다. 이렇게 30분 동안 자신을 위해 식사에 집중하는 시간은 소화불량이나 더부룩함을 피하게 하고, 우리가 하루 세 번 꼭 해야 하는 '식사'라는 일에 즐거움을 더하게 된다.

집에서 요리하기

음식의 원산지를 알면 더 좋은 영양을 섭취할 수 있다. 모든 식사를 농장에서 식탁까지 직송된 고품질의 재료로 만들 필요는 없다. 하지만 일주일에 한 번씩만 가공되지 않은 영양이 풍부한 건강한 간식을 직접 준비해 보면 어떨까? 그리고 앞서 언급한 느긋한 저녁 식사를 배달 음식 대신 직접 만들어보면 어떨까? 누군가와 함께 요리하는 것이 유대감을 형성하는 좋은 방법이 될 수 있다. 더 많은 아이디어가 필요하다면 장 마지막의 부록을 참고하라. 건강하고 영양가 높은 제안을 추가로 확인할 수 있다.

주변의 반발은 각오해야 한다

건강한 변화를 시도하는 것은 오롯이 자신을 위한 일이지만, 때로는 주변 사람들에게 거슬릴 수도 있다는 점을 명심해야 한다. 내 환자 중 한 명은 오랫동안 건강을 돌보지 않다가 기능 의학functional medicine 전문의를 만나 글루텐을 피하고, 술을 줄이고, 운동을 하라는 조언을 들었다. 그는 이 계획을 완벽하게 따를 준비가 되어 있었지만, 사회적 관계라는 장애물에 부딪혔다. 물론 몇몇 사람들은 그가 현명한 선택을 하는 것을 축하해 주었지만, 자신은 단골 술집에서 공짜로 술이 나오면 그걸 거절할 자신이 없다고 말하기도 했다. 대부분의 친구들은 "야, 한 잔 더 마셔도 되잖아" "네가 분위기 다 망친다" "그만 좀 건강 타령하고 감자튀김이나 더 시켜서 다 같이 즐겁게 놀자"라며 오히려 부정적이거나 솔직한 반응을 보였다.

다시 한번, 당신은 고기능 우울증에서 회복하는 과정에서 당신의 삶에 남을 사람이 누구인지 가려내는 리트머스 시험지를 얻게 된다. 친구들과 어울리고 싶겠지만, 먹는 음식 때문에 짜증이 나고, 에너지가 떨어지거나, 다음 날 아침에 개운하게 일어나지 못한다면, 더 이상 건강을 해치면서까지 함께할 수는 없다. 결국 어느 쪽을 선택할지 결정해야 하고, 모든 사람이 더 건강해진 당신과 함께할 수는 없다.

신체 활동
점검하기

보통은 건강에 이상 신호가 나타나면서 자신의 생활 습관에 문제가 있다는 것을 인식하게 된다. 고기능 우울증을 겪는 사람은 대개 오랜 시간 일에 매달리고 자기 관리를 우선순위에 두지 않아, 충분히 운동을 하지 않는 경우가 많다.[15] 이로 인해 건강상의 문제들이 발생한다. 혈압과 콜레스테롤 수치가 급격히 올라 심장 질환이나 심장 마비의 위험이 커진다. 과도한 스트레스는 만성적인 편두통으로 이어져 며칠씩 아무것도 할 수 없게 만들기도 한다. 혹은 임신을 시도하다가, 왜 임신이 잘 되지 않는지 이유를 알지 못해 좌절하게 되는 경우도 있다.

동시에, 고기능 우울증을 겪는 사람들은 대개 성취 지향적 성향이 매우 강한 집단에 속한다. 그러나 이러한 성향이 신체 활동과 관련해서는 오히려 건강에 해를 끼칠 수 있다. 예를 들어, 한 여성 환자는 장시간 앉아서 일하는 직업과 좌식 생활로 체중이 증가하자, 이를 개선하기 위해 장거리 달리기를 시작했다. 그녀는 컴퓨터 앞에 있지 않을 때면 센트럴파크 외곽의 언덕을 오르내리며 다음 마라톤을 준비했다. 그러나 과도한 운동으로 인해 부상을 입었고, 충분한 휴식을 취하지 않고 계속 달린 결과, 결국 발가락 골절까지 이어졌다. 그런데도 그녀는 예정된 마라톤 대회에 발가락이 골절된 상태로 참가했다. 그 후에 정형외과 진료를 받았을 때, 담당 의사는 만약 즉시 운동량을 조절하지 않으면, 향후 마라톤을 할 수 없게 될 것이라고 경고했다.

운동의 과잉 또는 결핍을 비롯해, 고기능 우울증 환자에게서는 신체 활동과 관련된 부적응적 행동이 흔히 나타난다.

- **조금만 움직여도 쉽게 숨이 찬다.** 직장이나 집에서 엘리베이터가 고장 나 계단을 오르게 될 때, 한 층 정도 오르고 숨이 찬다면, 이는 일상에서 신체 활동이 매우 부족하다는 신호다.
- **운동을 자주 건너뛴다.** "30분 정도 짧게 운동할 수 있을 것 같은데…"라고 생각해 보다가도, 동기부여가 되지 않아 결국 아무것도 하지 않는다. 이후 운동하지 않았다는 죄책감이나 스트레스를 느끼게 된다.

- **주말 내내 만 보도 채 걷지 않는다.** 금요일부터 일요일까지 소파에 누워서 평일의 과로를 회복하려고 한다. 충분한 휴식이 필요할 수 있지만, 이로 인해 신체 활동이 더 줄고, 사회적으로 고립되거나 체력이 저하되는 문제가 발생한다.
- **불규칙한 시간대에 운동한다.** 혼자 운동하기 위해 24시간 운영하는 헬스장에 등록해 새벽 1시에 운동하는 것은 수면 건강이나 안전 측면에서 바람직하지 않다.
- **운동을 의무적으로 해야 하는 일처럼 여긴다.** 신체 활동이 부족한 경우, 운동을 '해야만 하는 일'이 아니라 '할 수 있는 기회'로 인식하는 것이 중요하다. 이는 운동에 대한 흥미와 동기부여를 높일 수 있다. 반대로, 과도하게 운동하는 사람이라면 이러한 인식 전환이 자신의 신체 신호에 더 귀 기울이게 도와준다. 예를 들어, "아침에 반드시 웨이트 트레이닝을 해야 한다"가 아니라, "내 몸 상태가 괜찮으면 웨이트 트레이닝을 할 수 있다"라고 생각함으로써, 지나친 무리로 인한 부상을 예방할 수 있다.

움직이기 시작하는 것이 부담스럽게 느껴질 수 있다. 하지만 극단적으로 할 필요는 없다. 일주일에 단 75분만 격렬한 신체 활동을 해도 건강에 도움이 된다.[16] 운동을 전혀 하지 않다가 주 90분으로 늘리기만 해도 전체 사망 위험이 14% 감소하고, 기대 수명도 3년 더 늘어난다는 연구 결과가 있다.[17] 자신이 좋아하는 활동에 집중하면 단순히 수명만 늘어나는 것이 아니라 삶의 질도 함께 높아진다. 욕실을 깨끗이 청소하거나 옷장을 정리하는 등 집안일 프로젝트를 시작하는 것만으로도 몸을 움직이면서 집을 정돈할 수 있다. 더 많은 아이디어가 필요하다면 부록을 참고하자.

디지털 사용 습관
점검하기

　일주일 동안 내가 화면을 얼마나 오래 바라보는지 진지하게 생각해 본 적이 있는가? 나는 이 질문이 머지않아 우울증 자가 진단 문항에 포함될 것이라 확신한다. 한 조사에 따르면 미국인은 하루 평균 144번 스마트폰을 확인한다.[18] 우리는 스마트폰 확인을 거의 반사 행동처럼 하도록 길들여져 있다. 마치 캔디 크러시의 다음 레벨을 깨려 애쓰는 아이 대신, 끝없이 메일함을 새로고침하며 도파민이 주는 작은 자극을 찾는다. 길을 걸을 때조차 주변 사람들보다 화면을 더 오래 들여다보고, 인스타그램에 올린 게시물의 '좋아요' 수를 계속 확인한다.

그 144번이라는 숫자도 사실 TV, 태블릿, 컴퓨터 등 휴대전화 말고 다른 모든 화면을 합쳐 우리가 하루 동안 바라보는 총 시간에 비하면 빙산의 일각에 지나지 않는다. 온라인 부업을 하거나 전업 인플루언서가 되는 사람이 늘면서 이 '스크린 시간'은 더 가파르게 늘고 있다. 우리는 하루에 거의 7시간을 빛나는 화면을 응시하며 보낸다. 고기능 우울증을 겪는 사람들은 이보다 더 오래 화면 앞에 붙어 있는 경우가 드물지 않다. 하루 종일 화면을 보고 나서 탈진하고, 에너지가 바닥나고, 불안까지 느껴진다면 이유가 있는 것이다. 이런 생활 패턴은 인간의 본래 생리적 설계와는 거리가 있다. 이렇게 축적된 시간이 눈의 피로, 근골격계 문제를 만들고 결국 정신 건강에도 악영향을 남긴다.

스탠퍼드 대학의 연구에 따르면, 팬데믹 동안 우리의 구세주처럼 여겨졌던 '줌'은 사실 건강에 매우 해로운 영향을 미쳤다. 대면 미팅과 달리, 줌에서는 오랜 시간 동안 화면을 마주하고 가까운 거리에서 상대방의 눈을 응시해야 하며, 화면을 통해서는 곁눈질과 같은 일부 비언어적 신호가 제대로 전달되지 않아 의사소통에 더 많은 노력이 필요하다. 또, 화면 속 자신의 모습을 계속 바라보는 것도 매우 부자연스럽게 느껴진다. 이는 더욱 자기 자신을 의식하게 만든다. 평소 거울 앞에 앉아 있는 시간과 줌에서 자신의 얼굴을 바라보는 시간을 비교해 본 적 있는가? 아마도 줌에서 훨씬 더 오랜 시간 동안 자신의 얼굴을 바라보게 될 것이다.[19]

이것이 바로 당신과 기술 사이의 해로운 관계다. 아래 리스트를 확인해 보면서, 당신도 이런 유해한 기술 습관에 빠져 있지는 않은지 점검해 보자.

- **잘못된 리더 따라가기:** 당신을 우울하게 만들거나, 스스로 충분히 노력하지 않는다는 압박감이나 '더, 더, 더'만 외치는 허슬 문화로 몰아가는 소셜 미디어 계정은 기분에 전혀 도움이 되지 않는다. 그런데 고기능 우울증이 있는 사람들은 이런 유해한 인물이나 계정에 오히려 더 끌리는 경향이 있다.
- **이메일 중독:** 밤늦게 침대에서까지 끊임없이 업무 이메일을 확인하고 답장하는 것이 건강에 해롭다는 건 굳이 내가 설명하지 않아도 잘 알 것이다.
- **전자기기 속 '토끼굴'로 빠져들기:** 솔직히 말해보자. 지금 브라우저에 몇 개의 탭이 열려 있는가?
- **항상 온라인 대기 모드 유지:** SNS나 이메일 알림이 오면 즉시 답하고 싶은 유혹이 크다. 그러나 낯선 사람들 앞에 자신을 24시간 열어둘 의무는 없다.

Z세대(Gen Z, 1996년부터 2010년 사이에 태어난 사람들)는 소셜 미디어가 이미 존재하는 세상에서 태어난 최초의 세대이기 때문에, 고기능 우울증에 걸릴 위험성이 가장 크다.[20] 실제로 이들 중 절반이 인플루언서가 되고 싶어 한다는 점도 놀랍지 않다.[21] 소셜 미디어를 중심으로 한 디지털 환경에 노출되면 우리의 뇌에 어떤 영향

을 미치는지에 대한 장기적인 데이터는 아직 나오지 않았지만, 현재 알 수 있는 것은 Z세대가 고통받고 있다는 사실이다. 모든 세대 중에서 Z세대가 가장 미래에 대해 낙관적인 기대가 부족하고, 정신 건강 문제 발생 비율이 가장 높다고 하는 것도 이상한 일이 아니다. 매일 틱톡, 스냅챗, 인스타그램에서 다른 사람들이 인생을 즐기는 모습을 보며 자신과 비교한다면, 행복해지기가 얼마나 어려운지 짐작할 수 있다.[22] 게다가 기후 변화의 위험성이나 전쟁, 폭력 등 나쁜 소식에 끊임없이 노출되는 것도 문제다. Z세대는 그 어느 세대보다도 '디지털 디톡스(도파민 디톡스)'가 필요하다. 물론, 다른 세대에게 필요하지 않다는 의미는 아니다.

우리는 흔히 뇌가 스물다섯 살쯤이면 성장이 멈춘다고 생각하지만, 꼭 그렇지는 않다. 물론 그 무렵이면 뇌의 대부분이 발달을 마치기는 한다. 그러나 '신경가소성'이라는 현상 덕분에 우리의 뇌는 나이가 들어서도 계속해서 적응하고, 성장하며, 변화할 수 있다. 그래서 나이가 들어서도 기억력이나 회상 능력을 향상할 수 있는 것이다. 스크린 타임이 건강에 미치는 위험에는 우리 모두가 취약하다. 따라서 디지털 독소로부터 정신 건강을 지키는 데 신경 써야 한다. 나는 앞으로 10년 안에 DSM의 새로운 판에 건강하지 못한 기술 사용과 관련된 새로운 질환 목록이 포함될 것이라고 예상한다.

기술 옹호적 관점에서는 기술 자체가 본질적으로 해로운 것은 아니다. 중요한 것은 우리가 그것을 어떻게 사용하느냐에 달려 있다. 디지털 습관을 의식적으로 관리하고 정신 건강을 우선순위에 두면, 디지털 세계와 현실 세계 사이에서 더 건강한 균형을 이룰 수 있다.

　기술 사용과 관련된 다른 유해한 행동도 바꿀 준비가 되었는가? 긍정적 변화를 불러올 두 가지 작은 실천 방법을 살펴보자. 이 방법들이 마음에 든다면, 이 장의 부록에는 더 많은 제안이 있으니 참고하자.

　첫 번째는 알고리즘을 관리하는 것이다. 기분을 가라앉게 하거나 자신을 스스로 깎아내리게 만드는 사람은 과감히 친구 목록에서 지우고, 그런 계정은 언팔로우하자. 대신 휴식을 권하거나, 자기 관리 아이디어를 전하거나, ASMR처럼 감각을 진정시키는 콘텐츠를 들려주는 계정을 새로 팔로우해 보라. 강아지, 수달, 카피바라 영상에 클릭을 하지 않고 있다면 꽤 손해일 수 있다.

　두 번째는 한 시간 동안 디지털 디톡스에 도전하는 것이다. 나는 대부분은 상담을 시작할 때 고기능 우울증 환자들에게 '디지털 다이어트'를 권한다. 그러기 위해 하루에 단 한 시간이라도 기기에서 벗어나 다른 일에 집중해 보는 과제를 내준다. 이 시간에는 감각적인 활동을 해보라고 한다. 예를 들어, 맛있는 식사를 하거나, 명상을 하거나, 자녀와 바닥에서 뒹굴며 놀 때 온전히 그 순간에 집중하거나, 노트북 대신 펜과 노트로 일기를 쓰거나, 공원을 산책하며 피부에 닿는 바람을 느껴보는 것도 좋다. 휴대전화와의 '보이지 않는 줄'을 끊어내려 하면 처음에는 한 시간을 버티는 것조차 버겁게 느껴질 수 있다. 그럴 때는 10분 정도로 시작해 매일 조금씩 시간을 늘려가면 된다. 그리고 누군가에게 연락을 받아야 할 일이 적은 시간대를 정하는 것이 좋다. 예를 들어 밤이나 이른 아침이 적당하다. 이렇게 매일 연습하다 보면, 디지털 기기가 삶을 쥐고 있던 힘이 서서히 느슨해지는 것을 느끼게 된다.

활력을 끌어올리는 습관

더 건강한 삶을 위해 부정적인 고기능 우울증 습관을 긍정적인 습관으로 바꿔보고 싶은가? 아래의 목록을 참고해 바쁜 일상에서도 건강을 우선순위에 둘 수 있다.

긍정적인 직장 생활 습관

- 매일 정시에 퇴근하고, 주말을 짧은 휴가처럼 시간을 보내자.
- 알람을 설정해 휴식 시간을 챙기고, 알람이 울리면 무시하지 말자.
- 사무실에 식물, 예술 작품, 장난감 등을 두어 자연스럽고 즐거운 분위기를 만들자.
- 하루의 마지막 15분을 책상 정리와 업무 정돈에 사용하자.
- 걷기 미팅을 계획해 매일 더 많이 걷고, 스탠딩 데스크를 도입해 자연스럽게 앉아 있는 습관을 줄이자.
- 프로젝트에서 도움을 요청해 팀워크를 높이고, 책임감에 짓눌리지 말자.
- 업무와 무관한 친구들과 평일 저녁이나 주말에 나들이해 일이 인생의 전부가 되지 않게 하자.

- 노트북과 업무용 휴대전화 없이 휴가를 계획하고, 실제로 떠나자.
- 휴가 전에는 업무를 미리 위임해 마지막 순간의 돌발 상황 없이 휴식을 온전히 즐기자.

긍정적인 수면 습관

- 취침 2~4시간 전에는 음식과 물, 술을 피하자.[23] 카페인은 잠들기 8시간 전부터 끊자.[24] 이러한 변화는 몸이 음식을 소화할 시간을 주고, 한밤중에 화장실에 가는 일을 줄인다. 수면의 '양'보다 '질'이 더 중요하다.[25]
- 수면 환경을 세심하게 꾸미자. 편안한 매트리스, 고급스러운 시트, 좋은 이불(가중 이불도 추천), 호텔 수준의 베개로 침대를 꾸며보자.
- 침실은 오직 수면과 성생활만을 위한 공간으로 지정하자. 모든 전자기기를 치워 블루라이트 노출과 업무 유혹을 피하자.
- 점진적 이완법, 명상, 기타 인지행동치료 기법 등으로 몸과 마음을 이완시키자.[26]
- 진짜 알람 시계를 구입해 휴대전화는 다른 방에서 충전하자.
- 생리 주기를 추적하여 현재 어떤 단계에 있는지, 또는 어떤 폐경 증상이 있는지 파악하고 이를 관리하자.
- 알람음을 좋아하는 노래나 자연의 소리로 바꾸자.

긍정적인 관계 습관

- 운동이나 휴가 등 건강한 행동을 하도록 격려해 주는 친구나 파트너를 선택한다.
- 내 말에 귀 기울이고, 가치 있는 조언을 해주고, 함께 있어 주는 친구를 선택한다.
- 당신의 노력을 응원하고, 열심히 한 점을 칭찬해 주며, 다른 사람에게 당신의 장점을 자랑하고, 정서적 지지를 아끼지 않는 친구나 파트너를 선택한다.
- 가족 간의 갈등을 풀어야 할지 결정할 때 내가 고안한 W.A.S.H. 방법을 활용한다.

W.A.S.H. 방법

- **W는 '왜$_{why}$'를 의미한다.** 즉, 왜 갈등이 생겼는지 확인한다. 누군가가 정서적, 신체적, 성적 학대와 같이 용서할 수 없는 일을 했다면, 그런 상황이 바뀔 가능성은 낮으며 다시 관계를 회복하기는 어렵다. 하지만 한 달간 만난 남자와 친구가 바람을 피운 것과 같은 상황은 다르다.
- **A는 '의도$_{agenda}$'를 의미한다.** 갈등을 풀어서 얻고 싶은 것이 무엇인지 생각한다. 예를 들어, 결혼을 앞두고 부모님이 잘해주지 않았다고 느껴도 최소한 한 분은 결혼식에 오셨으면 하는 마음이 있을 수 있다. 또는 누군가가 세상을 떠난 후, 너무 늦기 전에 형제나 사촌과 화해하고 싶다는 생각이 들 수 있다.

- S는 '전략strategy'을 의미한다. 이 관계를 회복하기 위해 구체적으로 무엇을 할 것인지, 그리고 누가 도와줄 수 있을지 생각한다. 상담사, 변호사, 두 사람 모두를 잘 아는 가족, 혹은 중재 역할을 해줄 사람이 필요할 수 있다. 안전이 우려되는 경우라면 더욱 신중하게 고려해야 한다.

- H는 '치유healing'를 의미한다. 우리 모두는 자신에게 상처를 준 사람과 대면하면 마음의 정리가 될 것이라는 환상을 갖고 있다. 하지만 솔직히 말해, 99%의 경우 오히려 기분이 더 나빠지고, 극복하는 데 몇 달이 걸릴 수도 있다. 만약 갈등을 풀려고 했지만 관계가 여전히 회복되지 않았다면, 반드시 상담사나 지지해 줄 수 있는 사람과의 상담 약속을 잡아 치유를 도와야 한다.

긍정적인 영양 습관

- 동료들과 점심 약속을 하거나, 주말에 일에서 잠시 벗어나 평소 궁금했던 요리를 해본다.
- 뇌 건강식이나 지중해식 식단을 실천한다. 두 식단 모두 전반적인 건강과 웰빙에 도움이 되는 것으로 입증되었다.
- 하루에 권장되는 11~15컵의 물을 충분히 마실 수 있도록 물병을 항상 휴대한다.[27] 탈수는 단기 기억력과 집중력을 저하시킬 수 있다.[28]
- 잠자기 2~4시간 전에는 음식을 먹지 않는다(이는 건강에 해로

운 음식의 폭식을 피하고, 더 나은 숙면에도 도움이 된다).

긍정적인 움직임 습관

- 직장에서 엘리베이터 대신 계단을 이용해 안전한 범위 내에서 운동을 실천한다.
- 책상 위에 물병을 두고 수시로 물을 마신다. 자연스럽게 화장실에 자주 가게 되어 더 많이 움직이게 된다(운동을 더 원한다면 복도 끝이나 다른 층의 화장실을 이용해 보자).
- 움직이고 싶게 만드는 좋아하는 노래들로 영감을 주는 플레이리스트를 만든다.
- 친구와 함께 운동한다. 운동이 덜 힘들게 느껴지고, 동기부여도 높아지며, 타인과의 유대감을 높여주는 신경전달물질인 옥시토신 분비도 촉진될 수 있다.
- 움직임에서 즐거움을 찾는 방법을 고민해 본다.

긍정적인 기술 습관

- AI 도구를 활용해 업무를 더 빠르게 처리하고, 하루 일정을 체계적으로 관리해 스크린 앞에서 보내는 시간을 줄인다.
- 업무 이메일이나 소셜 미디어 피드를 반복적으로 확인하는 대신, 친구에게 문자나 이메일로 안부를 전해본다.[29]
- 소셜 미디어 게시글에서 누군가가 자신의 트라우마를 이야기할 때, 댓글로 그들의 경험을 공감하고 지지의 메시지를 남긴다.

소셜 미디어를
건강하게 활용하는 법

소셜 미디어 사용, 얼마나 해야 '너무 많은' 것일까? 정답은 없다. 각자 상황이 다르기 때문이다. 어떤 사람은 업무 때문에 소셜 미디어를 써야 하고, 어떤 사람은 '둠 스크롤링(끝없이 부정적 뉴스를 보는 행위)'에 빠져 가족과 친구를 소홀히 하기도 한다. 하지만 누구나 실천할 수 있는 한 가지는, 소셜 미디어가 정신 건강에 부정적인 영향을 주지 않도록 건강한 습관을 기르는 것이다. 나는 내성인 및 소아 환자들이 이런 습관을 기를 수 있도록 R.E.S.E.T. 방법을 만들었다. 다음은 이 방법을 직접 활용하는 법이다.

R.E.S.E.T. 방법

- **R은 '자각realization'을 의미한다.** 먼저 소셜 미디어가 자신에게 어떤 영향을 주는지 생각해 본다. 도움이 되는가, 해가 되는가? 기분이 가라앉거나 우울해지는가? 행복해지는가? 하고 싶은 활동에 방해가 되는가? 새로운 아이디어를 얻는가? 온라인에는 소셜 미디어 사용 현황을 점검할 수 있는 평가 테스트도 있다. 예를 들어, 아침에 눈 뜨자마자 소셜 미디어를 확인하는지, 앱을 삭제하면 불안해지는지, 소셜 미디어에서 시

간을 잊는지, 흥분이나 재미를 얻기 위해 소셜 미디어에 의존하는지 등을 묻는다.

- E는 '교육education'을 의미한다. 소셜 미디어가 뇌 건강에 미치는 직접적인 영향을 보여주는 연구를 찾아본다. 소셜 미디어 사용이 우울과 불안을 부추길 수 있다는 연구가 많다. 그러나 멀리 있는 친구와의 관계 유지를 돕기도 한다.[30] 신뢰할 만한 자료를 찾아보고, 소셜 미디어가 자신에게 어떤 영향을 주는지 이해해야 한다.

- S는 '전략strategy'를 의미한다. 소셜 미디어 사용 방식을 어떻게 바꿀지 계획을 세운다. 사용 시간을 줄일 것인가? 계정 수를 제한할 것인가? 자신에게 실현 가능한 방법은 무엇인가? 마케팅, 미디어 등과 관련된 직업이라면 완전히 끊을 수는 없다. 하지만 예를 들어 저녁 8시 이후에는 기기를 사용하지 않기로 하거나, 아침에 일어나자마자 휴대전화 대신 명상을 먼저 해보는 등 자신만의 전략을 세울 수 있다.

- E는 '기대expectation'을 의미한다. 더 나은 소셜 미디어 습관을 통해 얻고 싶은 것이 무엇인지 분명히 한다. 더 나은 수면? 불안 감소? 사랑하는 사람과 오프라인에서 보내는 시간 증가? 아니면 생산성 향상? 소셜 미디어 사용 방식을 바꿔서 얻고 싶은 결과를 명확하게 설정해야 한다.

- T는 '성찰적 과정thoughtful process'를 의미한다. 일주일 정도 실천해 본 뒤, 기대했던 변화가 나타나는지 점검한다. 효과가 있었

는가? 없었는가? 너무 엄격했는가, 아니면 너무 느슨했는가? 실행했던 방법을 돌아보고, 필요하다면 계획을 수정한다. 또한, 새로 생긴 여유 시간을 어떻게 보내고 있는지도 생각해 본다. 친구나 가족과 더 많은 시간을 보내고 있는가? 아니면 넷플릭스 시청 시간이 늘었는가? 한 가지 나쁜 습관을 다른 나쁜 습관으로 대체하지 않도록 주의한다.

R.E.S.E.T. 방법의 첫 단계와 마지막 단계는 많은 자기 성찰을 요구한다는 점을 알 수 있다. 하지만 결국 그만한 가치가 있다.

9장

비전 Vision :

회복의 지도를 그리다

비전이란
무엇인가

 2021년 9월, 나는 테니스 스타 나오미 오사카Naomi Osaka의 가슴 아픈 기자회견 장면을 보았다.[1] US 오픈 3라운드 탈락 직후, 아직 스물세 살이던 그녀는 카메라 앞에서 눈물을 보이지 않으려고 애쓰면서 질문에 답했다. 오사카는 스스로 진정하기 위해 잠시 침묵하거나 양 볼을 손바닥으로 가볍게 두드렸지만, 결국 눈물을 가리기 위해 나이키 바이저를 살짝 아래로 끌어내리며 눈가를 가렸다.

 "승리하면 기쁨보다 오히려 안도감을 느껴요." 수년 전, 어린 시절 내 우상이었던 세리나 윌리엄스를 2018년 US 오픈에서

꺾었던 이 수백만 장자 운동선수는 이렇게 말했다. "지고 나면 슬픔에 잠길 지경이에요." 마지막 말을 할 때 그녀의 목소리는 떨렸다. "그리고 이게 정상은 아닌 것 같아요. 당분간 경기를 쉬어야겠다고 생각해요."

세계적인 운동선수가 패배 후 우울감에 빠지고, 더 나아가 승리해도 아무런 감정을 느끼지 못하게 된 까닭은 무엇일까? 오사카는 2020년 세계에서 가장 높은 연봉을 받은 여성 운동선수였다. 인생을 바쳐 최고의 자리에 오른 사람이 왜 자신이 쌓아온 모든 것을 잠시 내려놓으려 했을까? 오사카의 인터뷰가 끝났을 때, 나는 그 질문들에 대한 답을 얻었다. 오사카는 모든 성공을 이루어 내느라 지친 것이 아니라, 그 모든 성공 때문에 무쾌감증을 겪게 된 것이다. 물론 나는 오사카의 주치의가 아니지만, 그리고 우리가 모두 예상해 볼 수 있는 것처럼, 누군가가 승리의 기쁨이 아니라 패배하지 않았다는 안도감만을 느낀다면, 그것은 고기능 우울증의 신호이다.

하지만 처음부터 그랬던 것은 아닐 것이다. 오사카에게도, 그리고 타이거 우즈, 시몬 바일스, 마이클 펠프스, 톰 브래디 등 정신 건강 문제를 공개적으로 털어놓았던 다른 정상급 선수들에게도, 처음에는 자신이 선택한 스포츠에서 경쟁하는 것이 기쁨을 주었다. 결국, 우리는 대체로 자신이 잘하는 일을 사랑하게 되지 않는가? 그러나 승리가 계속 쌓이고, 그만큼 부담과 기대치도 높아질수록 이런 '닭이 먼저냐, 달걀이 먼저냐' 같은 의문에 휩싸이게 된다. 내가 이 스포츠를 사랑해서 잘하게 된 걸까, 아니면 잘해서 이 스포츠를 사랑하게 된 걸까? 이런 시각의 전환은 우리가 어떤 분야에서든 성장해 나가는 과정에서 누구에게나 일어날 수 있는 일이다. 자신의 일 그 자체를 즐기는 것보다 '이겨야 한다'라는 의무감으로 점점 바뀌게 되고, 즐거움보다는 부정적인 결과를 피하는 데 더 집중하게 된다. 재미보다는 실망을 피하고자 노력하게 되는 것이다. 우리는 계속해서 정상에 오르기 위해 애쓰지만, 막상 그 정상에 도달했을 때 모든 것이 무너질 수도 있다. 즉, 성공을 많이 거둘수록 오히려 그 성공을 즐기기가 더 어려워질 수 있다는 말이다.

오사카를 지켜보면서 나는 문제뿐만 아니라 해답도 볼 수 있었다. 그것은 바로 '비전'이다. 고기능 우울증을 완전히 극복하고 싶다면, 마지막 V인 비전을 반드시 갖추어야 한다. 그런데 내가 말하는 '비전'이란 정확히 무엇일까?

비전은 자신의 성취를
진정으로 바라볼 수 있는 눈이다

비전은 자신의 성공을 인식하고, 그것을 축하할 방법을 계획하며, 실제로 그 계획을 실천하는 능력이다. 앞 문장을 두 번 되뇌어보자. 고기능 우울증을 겪고 있다면, 이 세 가지 중 한 가지라도 제대로 하고 있지 않을 가능성이 높다.

　예를 들어, 직장에서 훌륭한 발표를 해서 상사에게 인정을 받았을 때, 고기능 우울증이 있다면 자신을 대견해하며 어깨를 두드릴 일은 거의 없다. 오히려 잘 해냈다는 사실조차 인정하지 않고, 이미 다음 해야 할 일로 넘어가 버린다. 하지만 비전을 실천하면, 잠시 멈춰서 "와, 나 정말 잘했다!"라고 스스로 생각할 수 있다. 그리고 그 주말에 30분짜리 마사지를 예약해 자신에게 보상을 준다. 그리고 무슨 일이 생겼다고 해서 그 전날 예약을 취소하지 않는다.

　비전이 흐려지면, 자신이 대단한 일을 해냈다는 사실조차 인식하지 못한다. 성공적으로 고객을 유치했을 때도, "운이 좋았을 뿐이야"라고 자신을 낮춘다. 상을 받았을 때도, '심사위원들이 내 작품을 제대로 안 본 거겠지'라는 생각을 한다. 비전이 부족하면, 이런 성취를 축하할 계획조차 세우지 않는다. '나는 들키지 않으려고 애쓰는 가짜일 뿐이니, 굳이 나 자신에게 관심을 끌 필요가 없다'라고 느끼기 때문이다. 혹시라도 스스로에게 보상을 주려고 계획을 세운다 해도, 그 계획을 실천하는 것이 오히려 부끄럽게 느껴진다. '나는 칭찬받을 자격이 없어. 그 인정은 그냥 큰 착오였어'라고 생각하기 때문이다. 하지만 비전이 맑고 분명하다면, 성취의 순간을 온전히 받아들이고 머무를 수 있다. 실수나 착각이라고 여기지 않고, '내가 해냈구나!'라고 멈춰 서서 자신의 성취를 진심으로 축하할 수 있게 된다.

무쾌감증을 이겨내는 데 가장 핵심적인 것은 바로 비전이다. 비전은 삶에서 기쁨을 키우는 데 집중하도록 강제로라도 자신을 이끈다. 혹시 친구가 억지로 파티에 데려가서, 처음엔 전혀 내키지 않았지만 막상 가보니 너무 신나게 놀다가 마지막까지 남아본 적이 있는가? 이 장을 그런 경험에 비유해 보자. 내가 여러분을 그 파티에 억지로 데려가는 친구라고 생각하면 된다. 왜냐하면 나는 여러분이 처음엔 내키지 않아도, 결국엔 너무 신나게 놀아 나중엔 힘이 빠져서 누군가가 데리고 나가야 할 만큼 즐기게 될 거라는 걸 알기 때문이다. 비전은 여러분이 그 파티에 가도록 이끌고, 결국에는 짜릿한 즐거움을 누릴 수 있게 한다.

비전이 없다면 어떻게 될까?

자신의 성취를 인식하지 못하고, 축하하지 못한다면 그 성취들은 그냥 스쳐 지나갈 뿐이다. 그렇게 되면 '이기는 것'에 무감각해진다. 하지만 무감각해졌다고 해서 성공에 대한 집착이 사라지는 것은 아니다. 단지 성취가 더 이상 기쁨을 주지 못할 뿐이다. 다음 목표에 집중하느라, 방금 이룬 승리조차 제대로 느끼지 못한다. 슈퍼볼 Super Bowl 에서 활약한 쿼터백들이 우승의 기쁨을 누릴 틈도 없이 광고 개런티 수만 달러를 벌기 위해 디즈니월드로 가는 이유,[2] 타이거 우즈가 자신의 PGA 트로피가 어디 있는지조차 모르는 이유,³ 나오미 오사카가 테니스를 그만두게 된 이유도 결국 무쾌감증으로 귀결된다.

무쾌감증은 정상의 위치에 서 있는 사람들에게서도 나타나지만, 우리 모두가 피할 수 없는 우울증의 핵심 증상 중 하나이다. 세계적인 운동선수가 아니더라도, 축하받지 못한 성취의 허무함을 누구나 느낄 수 있다. 졸업식이나 자신이 주인공인 시상식, 혹은 자신을 위해 준비된 파티에 아무도 참석하지 않을까 고민하거나 걱정한 적이 있다면, 그것이 바로 전형적인 고기능 우울증의 증상이다. 그런 순간에 무의식은 '나는 축하받을 자격이 없으니, 참석할 필요도 없다'라고 말한다. 그러나 그런 순간을 반복해서 피하다 보면, 결국 가면 증후군에 휘둘리며 자신이 자격 없다고 느끼게 된다.

축하 자리에 참석하지 않으면, 우리 삶에서 일어나고 있는 긍정적인 결과보다 부정적인 결과에 더 집중하게 된다. 고기능 우울증을 겪을 때는 실수를 곱씹으며 불필요한 정신적 에너지를 소모하느라, 자신의 성공을 돌아볼 여유조차 거의 남지 않는다. 그래서 우리가 이룬 진전을 상기시켜 줄 무언가가 필요하다. 과거에 머무르지 않고 앞으로 나아가기 위해, 그리고 계속 움직일 수 있도록 이끌어줄 것이 필요하다. 스스로 성취를 보상하면, 앞으로 기대할 수 있는 긍정적인 무언가가 생기기 때문에 더 낙관적으로 느끼게 되고, 기분이 나아지며, 스트레스도 줄어든다. 실제로 이러한 방법은 웰빙을 높이는 데 매우 강력한 도구로, 자살 예방의 기본적인 요소로도 활용된다. 성공을 축하할 계획을 세우면, 그 순간의 성취를 즐길 수 있을 뿐 아니라, 앞으로의 삶을 긍정적인 시각으로 바라볼 수 있게 된다.

작은 성취도
축하할 만한 성공이다

성공은 정말 다양한 형태와 크기로 찾아온다는 점을 짚고 넘어가고 싶다. 물론, US 오픈에서 우승해 3백만 달러와 거대한 트로피를 집에 가져오는 것도 분명 큰 성공이다. 하지만 다음과 같은 순간들도 모두 '성공'이라고 말할 수 있다.

- 상사가 사무실로 불러 오랫동안 꿈꿔온 직급으로 승진했다고 알려준다. 이제 레스토랑에 가서 스스로 마음껏 축하할 자격이 있다.
- 인생에서 가장 로맨틱한 데이트를 마치고 집에 돌아오는데,

그 데이트의 결말은 서로 결혼에 대한 확신을 나누는 것이었다. 친구들과 함께 마음껏 축하해도 좋다.
- 부동산 중개인에게 오랫동안 꿈꿔온 집의 계약금을 건넨다. 샴페인을 터뜨려 축하하지 않을 이유가 없다.
- 정말 힘들었던 수업의 기말 논문을 제때 마무리한다. 점수가 어떻든, 그 자체로도 큰 성취다.
- 회사의 첫 연례 콘퍼런스를 기획해 동료들에게 기립박수를 받는다. 당당히 인사를 하고, 나중에 자신에게 보상을 해도 좋다.
- 석 달 동안 매달려온 욕실 리모델링을 마침내 완성한다.

앞서 언급한 여러 성공들 중에서, 내가 가장 먼저 이야기했던 US 오픈 우승을 나는 '버킷리스트 성공'이라고 부른다. 나머지 성공들은 장기적인 성공에 해당한다. 우리는 매일 같이 멋진 새 직업을 얻거나, 인생의 사랑하는 동반자를 만나는 것이 아니다. 이런 성공들은 인생에서 특별한 의미를 가지며, 몇 번 찾아오지 않는 드문 순간들이다.

그리고 단기적인 성공들도 있다. 이것들은 우리가 너무 쉽게 지나치는, 일상 속의 소소한 성공들이다. 아래와 같은 순간들이 그에 해당한다.

- 아이들에게 깨끗한 옷을 입혀 제시간에 학교에 데려다준다. 이것만으로도 정말 대단한 일이다. 우리는 이런 도전을 자주

축하하지 않고 넘긴다.

- 운동하기 싫었지만 결국 헬스장에 갔다. 자신의 몸을 돌본 당신, 정말 멋지다! 자본주의 사회에서 자기 돌봄을 우선순위에 두는 일은 절대 쉽지 않다.
- 인간관계에서 경계를 세운다. 예를 들어, 매주 목요일을 데이트 날로 정하자고 제안하고, 상대방이 다른 계획을 세우려 할 때에도 그 경계를 지켜낸다. 자신의 바람을 무시하지 않은 자신을 칭찬해야 한다.
- 직장에서 넘쳐나는 업무 중 하나를 동료에게 인수인계했고, 모든 것을 혼자 해내려 할 필요가 없다는 사실을 깨달았다. 다른 사람의 도움을 받는 것이 모두에게 좋은 일이 될 수 있다.
- 저녁에 새로운 요리를 해보려고 필요한 재료를 꼼꼼히 준비했다. 결과가 어떻든, 그 시도만으로도 성공이다.
- 아침에 일어나 침대를 정돈했다. 만약 최근에 무기력함이나 우울감을 느꼈었다면, 이 작은 행동도 반드시 축하해야 할 소중한 성공이다.

세 가지 유형의 성공을 모두 축하하는 것은 고기능 우울증을 극복하는 데 있어서 매우 중요한 일이다. 나는 이 원칙을 직접 실천하고 있다. 워싱턴 D.C.에서 의회 상을 받게 된 큰 성공이든, 자칭 '식물 킬러'임에도 불구하고 반려 식물들이 한 계절을 무사히 넘긴 것과 같은 작은 성공이든, 나는 그 모든 순간을 기념한다.

참고로, 내 식물들은 내 삶의 상태를 반영하는 경우가 많다. 식물들이 잘 자라면 나도 잘 지내고 있다는 뜻이어서, 그런 때는 자축의 의미로 새로운 식물을 하나 더 들이기도 한다. 반대로 식물들이 애리조나 사막에 버려진 것처럼 시들시들해지면, 동네 꽃집에 상담하러 가거나 일을 줄이려고 노력한다. 딸아이가 학교에서 우수한 성적표를 받아오면, 우리는 멋지게 차려입고 아이가 가장 좋아하는 식당에서 식사를 하며 함께 축하한다. 그리고 유치원 때부터 받은 모든 졸업장을 내 졸업장 옆에 함께 걸어둔다. 아이가 어릴 때부터 자신의 노력에 자부심을 가질 수 있기를 바라는 마음에서다. 그래야 나중에 어른이 되어서야 그 방법을 새롭게 배워야 하는 일이 없을 테니까.

  고기능 우울증을 겪는 사람들에게는 이런 작은 성취조차 인정하는 일이 매우 어렵다. 그래서 이 장의 끝부분에 직접 실천할 수 있는 방법들을 목록으로 정리해 두었다. 도움이 되었으면 한다. 그중 처음 세 가지는 내가 개인적으로 가장 좋아하는 축하 방법이다. 물론 각 방법을 자유롭게 바꿔가며 자신에게 잘 맞도록 사용하면 된다. 이 아이디어들이 각자의 리스트를 만드는 데 영감을 주길 바란다.

  장기적인 성취나 버킷리스트 같은 큰 성공을 축하할 수 있으려면, 먼저 단기적인 작은 성공을 축하하는 연습을 해야 한다. 현실적으로 생각해 보면, 걷기 전에 기어야 하고, 달리기 전에 걸어야 하는 것과 같다. 작은 성공들이 쌓여야 더 큰 성공에서 오는 기쁨도 누릴 수 있다. 그리고 하루, 일주일, 한 달을 살아가면서 맞이하는 작은 성공이 큰 승리보다 훨씬 더 많다는 사실도 기억해야 한다.

과학적인 차원에서 보면, 작은 성공을 축하하는 행위는 뇌에서 도파민을 분비해 일시적인 즐거움을 준다.[4] 연구에 따르면, 작은 성공은 사람들이 직장에서 일하는 자세와 마음가짐에 영향을 미친다. 완벽함이나 큰 목표(즉, 큰 성공)가 아니라 작은 성공, 즉 과정에 집중할 때 삶에서 훨씬 더 많은 기쁨을 얻을 수 있다. 또 다른 연구에서는 기대할 만한 무언가(즉, 성공을 축하하는 일)가 있을 때, 뇌의 행복감과 관련된 영역이 활성화된다는 사실도 밝혀졌다.[5]

성취를 인지할 수 있는 시각 기르기를 막 시작한 단계라면, 그 성취를 공개적으로 축하하는 것보다 혼자서 보상하는 것이 더 쉬울 수 있다. 예를 들어, 비싼 디저트를 사 먹거나, 오랫동안 위시리스트에만 넣어두었던 물건을 드디어 주문하는 것 등이 있다. 공동체가 함께하거나 다른 사람들이 지켜보는 방식으로 축하하는 것은 시간이 좀 더 필요할 수 있다. 예를 들어, 그룹 채팅방에 좋은 소식을 알리거나, SNS에 올리거나, 직접 기념 파티를 열거나, 대학 동창들과 여행을 계획하는 것 등이다. 가장 편안하게 느껴지는 방법부터 시작하면 된다. 누가 그 순간을 함께하는지에 집착하기보다, 성취에 대해 스스로 보상하는 습관을 들이는 것이 더 중요하다.

성공 축하의 두 가지 공식

성공을 축하할 때는 두 가지 공식을 따라야 한다. 첫 번째 공식은 그 즉시 축하하는 것이다. 내가 부모들에게 아이를 칭찬하는 방법을 가르칠 때 항상 강조하는 것이 있다. 좋은 행동을 보면 즉시 언급하라는 것이다. 이렇게 하면 아이의 뇌에 그 행동이 강화되어 계속 반복하게 된다. 비록 성인의 뇌가 아이만큼 신경가소성이 뛰어나지는 않지만, 성인이 되어서도 새로운 것을 배우고 뇌의 보상 회로를 강화할 수 있다. 연구에 따르면, 승리 직후에 자신에게 보상을 주는 것이 긍정적 사고를 강화한다는 사실이 밝혀졌다.[6]

두 번째는 습관화하기다. 마라톤을 완주하거나 오랫동안 다니던 직장을 떠날 때 환송회를 해본 사람이라면 누구나 큰 기쁨 뒤에 찾아오는 허탈함을 경험한 적이 있을 것이다.[7] 하지만 매일 작은 승리를 축하하는 연습을 한다면 이런 허탈함을 피할 수 있다. 이는 고기능 우울증으로 힘들어하는 사람들에게 더욱 그렇다. 정기적으로 자신에게 보상을 주는 습관을 들이면, 인생의 행복이 롤러코스터처럼 극단적으로 오르내리는 일이 줄어들고, 보다 안정적으로 유지된다.

자신의 성공을
무시하는 이유

　고기능 우울증이 있는 사람들이 자신의 삶의 성취를 인식하거나 축하하지 못하는 이유는, 단순히 무쾌감증이나 가면 증후군으로만 설명할 수 없다. 사실, 우리는 자신의 승리를 인식하더라도, 그것을 축하할 자격이 있다고 스스로에게 허락하는 데 어려움을 겪는다. 때로는 오히려 그 성취를 깎아내리기도 한다. 고기능 우울증이 있는 사람들이 축하를 피하기 위해 흔히 내세우는 변명 목록을 읽어보고, 자신에게 가장 와닿는 이유가 무엇인지 찾아보라. 그리고 내가 제시하는 조언을 따라, 생각의 안개에서 벗어나 보다 명확한 시각을 갖도록 노력하자.

"내 생일 따위 중요하지 않아"

가장 보편적인 승리부터 살펴보자. 우리가 모두 지난 1년 동안 이뤄낸 성취, 바로 자신의 생일이다. 사실, 또 한 해를 살아냈다는 것만으로도 축하받을 자격이 충분하다. 생일은 누구에게나 보편적인 '승리의 순간'이자 인생의 중요한 이정표가 된다. 나는 친구나 가족의 생일에는 항상 성대한 파티를 열어주면서도, 정작 자신의 생일은 전혀 축하하고 싶어 하지 않는 고기능 우울증 환자들을 자주 만난다. 작년에 한 내담자에게 작은 생일 파티라도 열어서 자신의 생일을 인정해 보라고 권유했을 때, 그녀는 절대 그럴 수 없다고 고집했다. "생활비가 넉넉하지 않아요"라고 말한 그녀는, 자녀들이 부족함 없이 건강하게 잘 자라고 학교생활에 잘 적응할 수 있도록 모든 노력을 기울여 온, 헌신적인 엄마였다. "내 어린 시절은 이미 끝났어요. 이제는 모든 게 아이들을 위한 거예요"라고 덧붙였다.

그녀의 인생이 바뀌기 시작한 것은, 자신의 잘못된 행동이 아이들에게 본보기가 될 수 있다는 사실을 깨달았을 때였다. 막내가 엄마(내담자)에게 "엄마 생일이 언제야?"라고 물었을 때, 그녀는 "중요하지 않아"라고 답했다. 하지만 아이들이 얼마나 집요한지는 누구나 알고 있다. 막내는 계속해서 "왜?"라고 물었고, 결국 그녀는 생일이 왜 중요하지 않은지 제대로 설명할 수 없다는 사실을 깨달았다. 자신의 생일을 신경 쓰지 않는 것은, 스스로 만들어

낸 근거 없는 규칙에 불과했다. 또한 그녀는 자신의 딸들이 자라서 다른 사람의 기쁨만 챙기고 정작 자신의 기쁨은 무시하며 살기를 원하지 않았다. 그것은 자신이 아이들에게 물려주고 싶은 모습이 아니었다.

우리는 상담하면서 그녀가 자신의 생일을 인정하고, 동네 공원에서 작은 파티를 열 수 있도록 많은 준비를 해나갔다. 그녀가 처음으로 그 파티를 열었을 때, 아이들은 정말 기뻐했다. 엄마가 자기 생일을 위해 직접 현수막을 걸거나, 자신이 원하는 케이크를 고르는 모습을 아이들은 한 번도 본 적이 없었기 때문이다. 그녀는 그 이후로 매년 공원에서 생일 파티를 열고 있다. 그리고 그렇게, 그녀의 생일 파티는 단순히 해야 할 일 목록의 한 항목이 아니라, 1년 내내 기대할 수 있는 특별한 날이 되었다. 결국 그녀는 내게 이렇게 말했다. "내가 이 세상에 존재함을 해마다 축하하는 건 당연한 일이에요. 저는 제 아이들을 위해, 그리고 혼자서도 정말 많은 걸 해내고 있어요. 저는 제가 할 수 있는 한, 최선을 다해 엄마가 되려고 노력하거든요."

자신을 가장 친한 친구처럼 축하해 보자. 가장 친한 친구의 성공에는 현수막을 걸면서, 왜 내 성공은 비밀로 남겨두는가? 아이의 유무와 상관없이, 지금 내가 누군가에게 본보기가 될 만한 행동을 하고 있는지 스스로에게 물어보자. 만약 앞서 말한 그 파티에 어린아이가 억지로라도 나를 데려가려 한다면, 부끄러워하지 말고 그냥 받아들여 보자.

"나 자신을 축하하는 것은 어색해"

인도에서는 임신 초기에 베이비 샤워를 하는 것을 매우 금기시한다. 출산과 관련된 어떤 파티라도 최소한 임신 7개월이 지나야 열 수 있다고 여긴다. 그렇지 않으면 가족에게 불운이 찾아온다고 믿는다. 내 소셜 미디어를 봐도, 어떤 사람들은 자기 문화에서 성공을 축하하면 '악귀의 눈'을 받거나 누군가가 주술을 걸 수도 있다고 말한다.

페이스북에 권위 있는 기관으로부터 장학금을 받았다고 자랑하거나, 애플비 레스토랑에 연락해 오늘이 내 생일이라고 말해 공짜 케이크를 받고 생일 축하곡을 불러주는 이벤트가 문화적 저항감을 일으킬 수 있다는 점을 이해한다. 나 역시 그 마음을 알지만, 동시에 당신이 자신의 삶을 살아가는 주체임을 기억했으면 한다. 자라온 환경과 다르게 행동해도 전혀 문제 될 것 없다. 문화적으로 익숙했던 일들은 과거의 일부일 뿐이다. 하지만 고기능 우울증을 극복하기 위해 정신적·감정적으로 요구되는 변화는 현재이자 미래다. 이제는 스스로에게 증명해야 한다. 반향을 두려워하지 말고, 더 행복한 삶을 기대하며, 자신의 성취를 안전하게 축하할 수 있다는 사실을 기억하자.

자신과 자신의 문화를 동시에 실현할 수 있다고 생각하는가? 가능하다. 두 가지 모두를 있는 그대로 받아들이면 된다. 만약 스스로 축하하는 것을 지양하는 문화적 배경에서 어린 시절을 보냈고, 동시에 고기능 우울증을 겪고 있다면, 이 두 가지는 인과관계에 있다고 볼 수 있다. 오히려 이런 경우라면, 자신을 축하하는 것이 특히 건강한 대처 방법이 될 수 있다.

"마조히즘이 또다시 나타난 것 같아"

그럴 수 있다. 당신 안에 있는 희생양이 다시 한번 목을 내밀고 있다. 이 책의 앞부분에서 다뤘던 마조히즘, 즉 자기희생적인 성향은, 당신이 자신의 성공을 스스로 축하하는 기쁨을 허락하지 못하게 만드는 데 큰 영향을 미친다. 당신은 지금까지 일과 주변 사람들에게 너무 많은 것을 내어주며 살아왔기 때문에, 스스로에게 어떤 기쁨도 허락하지 않는 데 익숙해져 있다. 남을 위해 자신의 행복을 희생하는 것이 최고의 선이라고 느껴질지 모르지만, 나는 그것이 진실이 아니라고 말하고 싶다.

구세주 콤플렉스savior complex가 지금까지 당신에게 얼마나 도움이 되었는가? 이제는 다른 길을 시도할 때다. 때때로 치료 전문가들은 우울감을 느끼는 사람들에게, 특히 전혀 내키지 않을 때일수록 밖에 나가 산책을 하라고 조언한다. 기분이 나아질 수 있기 때문이다. 나는 당신에게, 특히 전혀 내키지 않을 때일수록, 스스로 축하해 보라고 당부한다. 그것이 분명 당신의 마조히즘을 치유하는 데 도움이 될 것이다.

"아직 축하하기에는 일러"

고기능 우울증을 겪는 사람들은 끊임없이 "X를 얻으면 드디어 행복해질 거야" 혹은 "Y를 이루면 드디어 성공한 거야"라고 생각한다. 바로 그 지점에서 우리는 자주 실수한다. 우리는 어떤 허황한 목표에 집착해서는 안 된다. 마지막에 있는 큰 성취뿐만 아니라, 그 과정에서의 작은 진전들도 함께 축하해야 한다. 중요한 것은 여정 속의 이정표이지, 최종 목적지가 아니다. 왜냐하면 언제나 또 다른 여정과 또 다른 목적지가 기다리고 있기 때문이다.

만약 크고 멋진 집을 가져야만 비로소 축하할 수 있을 거라고 생각한다면, 곧 목표가 더 높아져서 이번에는 멋진 별장을 꿈꾸게 될지도 모른다. 별장이 물가에 있다면, 보트도 있으면 좋겠다고 생각하지 않을까? 그리고 또, 계속해서 다른 무언가를 더 바라게 된다. 이 모든 것이 우리를 행복하게 해줄 거라는 잘못된 믿음은 실제로는 스트레스와 씁쓸함, 우울, 그리고 다시는 되돌릴 수 없는 소중한 시간의 상실만을 가져올 뿐이다.

자신이 세운 큰 목표에 도달했음에도 불구하고, 그것만으로는 충분하지 않다고 느끼는 순간들도 있다. 내 환자의 사례를 들어보자. 그는 대학교 3학년 때 도쿄에서 한 학기를 보냈다. 어릴 때부터 사무라이 영화를 즐겨 볼 정도로 일본에 깊은 관심을 가졌고, 고등학교 때부터 일본어를 배우기 시작했으며, 일본 문화에 푹 빠질 날만을 손꼽아 기다렸다. 하지만 우리가 매주 줌으로 상담할 때마다, 도쿄에서의 생활은 기대와 달리 잘 풀리지 않고 있었다.

"적응하기가 너무 힘들어요." 세 번째 상담에서 그가 이렇게 말했다. 그는 그곳을 충분히 즐기지 못하는 자신을 자책하고 있었다. "일본어를 몇 년이나 공부했는데도 여전히 낯선 사람들과 대화하는 게 어렵네요. 이 도시에서는 인생 최고의 시간을 보내면서 새벽 두 시까지 마음껏 즐겨야 하는 거 아닌가요? 원래 보스턴에 있을 땐 제가 파티의 중심이었거든요. 인스타그램에 사람들이 엄청나게 부러워할 만한 사진도 올려야 하는데 말이죠."

그때부터 나는 그가 더 작은 성취에 초점을 맞출 수 있도록 도와주기 시작했다. "잠깐만요, 정리해 볼게요, 지금 처음으로 혼자서 독립적으로 살아보고 있는 거잖아요? 그것도 우리랑 언어도 다른 외국에서요"라고 그에게 질문했다.

"네." 그가 조용히 대답했다.

"매일 뭐 하고 지내요?"

"산책하고, 초밥도 먹고 그래요. 별로 특별한 건 없어요."

"별로 특별하지 않다니요? 일본에서 초밥을 먹고 있잖아요! 꼭 밤새 클럽에 있을 필요는 없어요. 가부키를 보러 가거나, 그냥 일본 정원을 거닐기만 해도 충분해요."

"근데 SNS에서 사람들이 올리는 걸 보면, 제가 하는 거랑은 다르거든요."

"그건 그 사람들이 자기한테 의미 있는 보상을 올리는 것뿐이에요. 그 보상이 당신에게는 무엇인지 스스로 찾아봐야 해요."

계단 전체가 아니라 한걸음 한걸음에 집중해야 한다. 목표나 완벽함, 그리고 남들이 정의하는 성공에 집착할 필요는 없다. 우리가 SNS에서 보는 것은 다른 사람 인생의 하이라이트일 뿐이다. 내 것이 아닌 목표를 이루지 못했다고 해서 자신을 부족하게 느낄 이유는 없다. 그렇게 남과 비교하다 보면 오히려 실패한 인생을 살고 있다는 부정적인 생각에 빠지기 쉽다. 거창한 이상이나 남의 진전에 신경 쓰지 않게 되면, 비로소 현실적인 성장과 내가 이뤄낸 성취를 알아볼 수 있다. 진짜 만족감은 바로 거기에 있다.

"자랑하는 사람처럼 보이기 싫으니까, 아무 말도 하지 말자"

우리는 이미 가면 증후군과 문화적 제약에 대해 이야기했다. 하지만 고기능 우울증이 있는 사람들이 겪는 또 다른 장벽이 있다. 바로 자신이 자랑하거나 잘난 척하는 사람처럼 보이고 싶지 않다는 점이다. 이들은 겸손해 보이고 싶어 한다. 이건 의대 시절 내 동기들 누구에게나 해당하는 이야기일 수 있다. 그들은 자신이 받은 칭찬에 대해 열심히 노력했다고 말하기보다는, 온갖 핑계를 대곤 했다. 예를 들어 시험 문제를 운 좋게 맞췄다거나, 스터디 그룹이 없었다면 시험에 떨어졌을 거라고 말하는 식이다.

하지만 축하한다는 것은 자랑하는 것이 아니다. 축하란 기쁨을 표현하는 일이다. 자신이 어떤 목표를 세우고, 그 목표를 향해 꾸준히 나아갔거나 실제로 달성했음을 자신에게, 혹은 세상에 알리는 것이다. 자랑은 타인의 인정이 필요한 행동이다. 남을 기분 나쁘게 만들어서 자신이 더 나은 사람처럼 느끼고 싶을 때 하는 잘못된 행동이다. 자랑은 타인과 경쟁해서 그들보다 우위에 서고 싶어 할 때 나타난다. 반면, 축하는 자기 자신과 경쟁해서 이겼을 때 일어나는 일이다.

자기 동기를 분명히 하자. 자랑이 두렵게 느껴진다면, 그 동기가 내적인 것(스스로 원하는 것)인지, 아니면 외적인 것(주변의 인정을 바라는 것)인지 자신에게 물어보자. 만약 내면에서 비롯된 동기라면, 자랑에 대한 두려움은 내려놓아도 된다.

"할 일이 너무 많아서 축하할 시간이 없어"

몇 년 전 나는 한 대형 방송사 임원들을 대상으로 강연을 했다. 강연 중 그들에게 휴대전화를 꺼내 구글이나 아웃룩 캘린더를 확인해 보라고 했다. 이어 연달아 잡힌 회의, 고객과의 저녁 식사, 각종 행사, 마감 알림 등을 훑어보며 순수하게 즐거움만을 위한 시간이 따로 잡혀 있는지 물었다. 친구들과 시골에서 보내는 일주일, 가족과 함께하는 워터파크 여행, 연인과의 로맨틱한 여행, 혹은 일과 전혀 상관없는 어느 주말 일정을 계획해 둔 사람이 있는지 물었지만, 그런 계획이 있는 사람은 아무도 없었다.

일정에 즐거움을 위한 시간을 추가하는 것은, 자신이 쉴 자격이 있는 사람임을 스스로에게 확신시켜 주는 데 의미가 있다. 당신은 그 시간을 누릴 자격이 있다. 그리고 그 시간을 기꺼이 축하해야 한다. 일정에 여유를 두자. 무쾌감증의 악순환을 끊고 싶다면, 행복한 순간을 충분히 누릴 시간을 따로 계획해야 한다. 하루하루를 바쁘게 보내는 것만으로는 고기능 우울증을 극복할 수 없다. 성공을 위해 일정을 짜왔던 것처럼, 이제는 만족을 위한 시간도 의도적으로 일정에 넣어야 한다.

"나는 가치가 없다"

고기능 우울증이 있는 사람이라면 누구나 그러한 상태를 촉발한 과거의 트라우마가 있다고 말 수 있다. 바로 그 트라우마 때문에, 자신이 어떤 보상도 받을 자격이 없다고 믿게 되는 것이다. 트라우마 생존자들은 그런 말을 입 밖에 내거나 일기에 적어본 적이 없더라도, 스스로 결함이 있다고 느낀다. 치료사들 역시 왜 이런 일이 일어나는지 완전히 이해하지는 못한다. 다만 그 트라우마가 자격 미달이라는 감정과 깊은 상관관계가 있다는 사실만 알고 있다. 심리 치료 전문가를 찾아가라. 트라우마를 처리하고 자존감을 회복하는 데에는 외부의 도움이 필요할 수 있다. 그리고 이런 감정을 느끼는 사람이 너 혼자만이 아니라는 것, 그리고 네가 자신의 성공을 기념할 자격이 있는 사람이라는 점을 기억해야 한다.

"정말 중요한 일이었다면 친구들이 내 곁에 있어 줬을 거야"

고기능 우울증을 겪는 사람들을 보면, 자신의 성공을 함께 기뻐해 주지 않는 친구들로 둘러싸여 있는 경우가 많다는 사실을 알 수 있다. 또한, 자녀의 성공이 곧 자신의 성취라고 생각해 자녀를 성공으로 몰아붙인 자기애적인 부모 밑에서 자랐을 수도 있고, 혹은 내면의 깊은 불안감 때문에 자녀의 성공을 진심으로 축하하기보다는 오히려 자녀와 경쟁하려는 부모 밑에서 자랐을 수도 있다. 아니면, 너무 오랜 시간 동안 주기만 하다 보니 늘 받기만 하는 친구들로 자신을 둘러싸게 되었을 수도 있다. 당신이 무언가를 내밀면 그들은 항상 받아들이고, 그 반대의 일은 결코 일어나지 않는다. 그들은 당신의 관심을 받는 데 익숙해졌고, 자연스럽게 손을 내민다. 그런데 당신이 도움을 청하면, 그들은 달가워하지 않는다.

이런 일이 고기능 우울증에만 국한된다고 말하는 것은 아니다. 그릇된 관계가 형성된 경우가 분명히 존재한다는 사실을 전하려는 것이다. 그리고 지금 이 순간에도 이러한 일은 일어나고 있다. 아마 이 설명을 들으면서 머릿속에 딱 들어맞는 친구들이 떠오르기도 할 것이다. 나는 이런 사례를 꽤 많이 접해왔다. 내담자 중 한 명이 회사에서 큰 승진을 했을 때도 비슷한 상황이 벌어졌다.

"C-레벨로 승진하면 다른 사람들은 보통 뭘 하나요?" 내가 그녀에게 물었다.

"파티를 열어요." 그녀가 대답했다.

"그럼, 당신도 파티를 계획하고 있나요?"

자신을 위해 파티를 상상해 본 그녀는 눈에 띄게 몸을 움츠렸다. 그녀의 증상들은 이번 장에서 이야기한 자기 보상을 가로막는 여러 장벽과 복합적으로 얽혀 있었다. 축하와 자랑을 혼동하는 마음, 어린 시절의 트라우마, 성공을 드러내는 것을 장려하지 않는 문화적 배경 등이 있었다. 하지만 그중 가장 큰 장벽은 그녀가 곁에 두고 있는 사람들이었다. 그중에는 남자친구도 포함되어 있었다.

"아니요, 남자친구가 그냥 집에서 조용히 저녁 식사나 하자고 했어요." 그녀가 입을 열었다. 그리고 말을 이었다. "남자친구가 제 성공한 친구들을 부담스러워하는 것 같아요."

"하지만 그건 남자친구 때문이 아니잖아요. 그리고 이건 정말 큰 문제예요." 나는 목소리를 조금 높였다. "게다가 이건 당신만을 위한 축하가 아니에요. 혹시 남자친구 말고도 함께 축하해줄 사람이 누구인지 생각해 본 적 있나요?"

그제야 그녀는 자신이 엄마, 아빠, 형제자매, 그리고 고등학교 때 가장 친했던 친구에게 자신을 응원할 기회를 빼앗고 있었다는 사실을 깨달았다. 그녀를 설득하는 데 정말 많은 노력이 필요했고, 마침내 그녀는 자신의 승진을 축하하는 파티를 열기로 했다.

자신을 위해 축하 행사를 열기로 마음먹었다면, 참석 여부 회신을 통해 많은 것을 깨닫게 된다, 누가 실제로 당신을 위해 참석하는지는 많은 것을 드러낸다. 내담자는 자신이 그들의 파티에 참석했을 뿐만 아니라, 심지어 직접 파티를 기획해 준 적이 있었던 친구들로부터 거절 답변을 잔뜩 받았다. 어떤 친구들은 그날 일이 바쁘다고 했지만, 그녀는 그게 사실이 아니라는 걸 알고 있었다. 또 다른 친구들은 혹시 소외감을 느낄까 봐 참석하긴 했지만, 내내 자신이 과거에 승진했던 이야기만 하며 시간을 보냈다. 혹은 그녀의 성공을 깎아내리는 듯한 애매한 칭찬을 건네는 친구도 있었다. "당연히 네가 그 자리를 얻을 줄 알았지. 네 책상 밑에 베개도 두고, 서랍 맨 아래에 갈아입을 옷도 넣어두잖아"라며 눈을 굴리며 말했다. 심지어 그녀의 남자친구마저도 그날 밤 내내 투자자를 구해야 하는 자신의 창업 아이템 이야기를 늘어놓았고, 여자친구의 성공을 축하하는 건배는 제안하지 않았다.

다행히도, 그녀의 주변에는 '주는 사람들'도 있었다. 파티에 참석해 그녀를 사랑으로 압도해 준 사람들이 많았다. "넌 늘 자신을 축하하지 않았잖아!" 그들은 진심 어린 따뜻함으로 말했다. "네가 이렇게 해줘서 정말 기뻐!" 그녀는 자신을 응원해 주는 사람들이 이렇게 많았다는 사실을 잊고 있었다. 그리고 이후 상담을 진행하면서 우리는 그녀를 지지하지 않는 사람들과는 경계를 세우는 연습을 했다.

파티를 열고 참석 여부 회신을 확인하든, 아니면 단지 링크드인LinkedIn에 글을 올리고 댓글을 읽는 것이든, 이 모든 것은 당신이 어떤 사람들과 함께하고 있는지에 대한 중요한 정보를 준다. 만약 당신이 자신의 성취를 축하하려 할 때 안 좋은 반응이나 거절을 걱정한다면, 문제는 당신이 아니라 그들에게 있다는 점을 기억하라. 그런 경우라면, 더 긍정적인 관계를 찾으려고 노력해야 할지도 모른다.

성공을 축하하게 만드는
궁극적인 힘

이 책에서 비전을 마지막 V로 소개한 데는 이유가 있다. 기쁨을 계획하는 일은 앞서 언급한 다른 V들을 지지하고, 풍요롭게 하며, 강화하는 데 유용한 도구가 된다.

- 진행 중이던 프로젝트에 문제가 발생해 몇 시간 동안 헤매다가 마침내 막혔던 문제를 풀어내게 되었다면, 그 경험을 인정해 줄 동료를 찾아가 점심을 함께하자고 제안해 보자. 저녁 6시부터는 업무용 휴대전화를 끄고 아침까지 보이지 않는 곳에 치워두고, 좋아하는 아티스트의 새 앨범을 사 듣게 된다면,

힘든 일을 극복해 낸 자신이 보상을 받을 자격이 있다는 것을 인정하는 행동이다.

- 미친 듯이 바빴던 월요일을 누구에게도 화내지 않고 무사히 버텼다면, 잠들기 전 15분간 일기를 쓰거나, 주중 예배에 참석하거나, 절친과 함께 투덜거리며 맛있는 음식을 먹는 일정을 잡아 '환기'의 시간을 가져야 한다.
- 기말고사를 끝내고 완벽하게 해낸 것 같은 기분이 든다면, 밤새 술을 마시거나 이틀 내내 방에 누워 있기보다는 자신의 핵심 '가치'를 실천하는 방식으로 보상해 보자. 아름다움을 중시한다면 오후 시간을 온전히 미술관에 가는 데 쓸 수 있고, 유머를 추구한다면 스탠드업 코미디 공연을 보러 가도 좋다.
- 회사에서 동료들을 지나치게 관리하려 들기보다, 팀원들이 당신의 감시 없이도 자율성을 느끼게 해주면 모든 행동을 일일이 확인하지 않아도 되어 자신의 '활력'에 집중할 시간을 벌 수 있다. 과도한 열정과 과로를 미화하는 SNS 계정은 언팔로우하고, 명상 관련 계정을 팔로우하기 시작하라. 그리고 매일 6~8시간 숙면을 확보할 수 있도록 한다.

비전은 내가 고기능 우울증과 싸우는 데 있어 스스로에게 책임을 지우는 방법이다. 이는 오늘이나 한 달 후만이 아니라, 앞으로도 계속 이어가야 할 일이다. 만약 정기적으로 자신에게 보상을 주지 않으면, 우리는 다시 무쾌감의 악순환에 빠지게 된다. 그리고 의도적으로 미래를 계획하지 않으면, 그저 살아남기 위해 희생만 하게 되는 삶의 패턴에 갇힐 수 있다.

그렇다고 자신을 너무 몰아붙이지는 말아야 한다. 환자들과 함께 일해 온 내 경험상, 고기능 우울증을 겪는 많은 이들은 지나치게 완벽주의적이어서 매일 모든 'V'를 실천하려는 경향이 있다. 이미 해야 할 일이 많은 상황에서 그렇게 하면 탈진으로 곧장 이어진다. 오히려 동기가 넘친다면 한 달에 하나씩 V를 실천해 보라. 모든 연습, 모든 경험, 그리고 자기 발견에 충분한 시간을 허락해야 한다.

최악의 날을 대비하여 계획 세우기

과정의 성공을 축하할 계획을 세우는 것뿐만 아니라, 자신의 '기분$_{mood}$'을 보호해야 한다. 날씨부터 호르몬까지, 일상 속 행복에 영향을 미치는 요인은 매우 다양하다. 이 모든 것을 통제할 수는 없지만, 그 요인들을 얼마나 인식하고 어떻게 반응하는지는 스스로 조절할 수 있다. 예를 들어, 나는 생일을 기념하라고 권유했지만, 어떤 사람들에게 생일은 행복한 날이 아니다. 알 수 없는 미래에 한 발짝 더 다가간다는 두려움이 있기 때문이다. 이와 비슷하게, 기념일은 우리가 떠나보낸 사람을 떠올리게 하고, 명절은 안 좋은 관계에 있는 가족 구성원과 얽힌 슬픈 기억을 불러올 수 있다. 이런 슬픔을 예상하고, 자신의 가치에 맞는 방식으로 주의를 분산시킬 무언가를 일정에 추가해 보자. 예를 들어, 긍정적 관계를 맺고 있는 친구와 만나 교류하거나, 자신이 소중하게 여기는 문화의 명절을 기념하거나, 이별한 날로부터 1년이 되는 날 모험을 위한 여행을 떠나거나, 떠나보낸 반려동물의 생일에 동물 보호소를 찾아가 봉사활동을 하는 일들을 해볼 수 있다.

호르몬의 변화는 우리 몸 전반에 걸쳐 건강상의 큰 영향을 미칠 수 있다. 그래서 아직 생리 주기를 기록하지 않고 있다면, 달력을 활용해 주기를 추적하고, 자신의 주기에 맞춰 활동을 계획하는 것이 좋다. 예를 들어, 상사와의 중요한 미팅이 걱정된다면 배란 주간에 일정을 잡아보자. 이 시기에는 자신감이 더 높아질 수 있기 때문이다.[8] 폐경 전후이거나 폐경을 겪고 있다면, 생리의 종료와 정신 건강 사이의 연관성을 이해하는 것이 중요하다. 나는 폐경기 여성들이 정신 건강 문제를 인식하고 의료진과 이를 공유할 수 있도록 돕기 위해 'T.I.E.S.'라는 약어를 만들었다. T는 '사고 변화Thinking changes'를 의미한다. 이는 실행 기능의 어려움, 즉 머리가 멍해지거나 계산이 잘 안되고, 쉽게 산만해지거나 갑자기 시간 관리에 어려움을 겪는 것 등이 포함된다. I는 '정체성 혼란Identity ambivalence'이다. 더 이상 자신이 누구인지 모르겠다는 느낌을 받을 수 있다. 뇌, 머리카락, 피부, 관절, 성기 등 몸의 여러 변화가 자기 정체성에 의문을 품게 할 수 있다. E는 '감정Emotions'이다. 이는 호르몬의 변화로 인한 기분 변화, 짜증, 불안, 무기력 등 다양한 정서적 증상을 말한다. S는 '수면 문제Sleep troubles'로, 폐경기에는 흔하게 나타나며, 앞서 언급한 사고, 정체성, 감정 조절에도 영향을 미칠 수 있다. 이러한 증상을 경험한다면 반드시 의사와 상의하고, 영양이나 운동 습관의 변화가 도움이 될 수 있는지 함께 고민해 보자. 폐경 전후의 여성들은 신체적·정신적으로 상당한 증상을 겪으면서도 직장이나 사회생활에서 고기능을 유지하기 위해 이를 억누르곤 한다. 하지만 이런 어려움을 인정하지 않으면 내면화된 수치심이나 자기 비난으로 이어질 수 있다. 정신 건강과 폐경 사이의 T.I.E.S.를 이해하는 것은 폐경을 겪는 사람들에게 정서적 타당성을 부여할 뿐만 아니라, 증상을 적극적으로 관리하고 삶의 질을 높일 수 있는 힘을 준다.

    나는 모든 환자에게 날씨 예보를 참고해 자신의 기분도 예측해 보라고 한다. 예를 들어, 일주일 내내 비가 온다는 사실을 알게 되면, 또는 꽃가루 농도가 높아 계절성 알레르기가 심해질 것 같다면, 기분이 가라앉을 수 있음을 예상하고 기분을 끌어올릴 수 있는 활동을 일정에 넣는 것이 좋다. 맑은 날씨조차도 빛이나 더위에 민감하거나 외모에 대한 고민이 있으면 우울감을 유발할 수 있다. 이처럼 자신의 기분 변화를 한발 앞서 예측하고, 슬픔을 피하며 더 많은 기쁨을 누릴 수 있도록 계획해 보자.

비전을 지키는 네 가지 방법

첫 번째 방법은 감정의 기대감을 키우는 것이다. 이 방법은 다가올 기쁨을 미리 기대함으로써 즐거움을 두 배로 느끼는 것이다. 뇌가 행복을 느낄 준비를 할 수 있도록, 곧 다가올 즐거운 경험에 대한 기대감을 '은근히 달구는 것'이라고 생각하면 된다. 예를 들어, 연인에게 "오늘 밤이 기대돼"라는 메시지를 보내거나, 집을 나서며 살짝 허리를 감싸고 윙크와 함께 "나중에 봐"라고 말하는 등 로맨틱한 표현을 해볼 수 있다. 또는 아이를 학교에 데려다주면서 "주말에 가장 기대되는 일이 뭐야?"라거나, "여름에 디즈니랜드에 가면 어떤 놀이기구를 타고 싶어?"라고 물어보는 등, 장난스럽게 아이의 기대감을 키워줄 수도 있다. 이처럼 하루, 일주일, 또는 일 년 동안 다양한 방식으로 기대감을 불러일으켜 다가올 기쁨을 미리 준비해 보자.

두 번째 방법은 일정을 검토하는 것이다. 고기능 우울증을 겪는 사람들은 의식적으로 기쁨을 주는 일에 시간을 할애해야 한다. 그래서 나는 몇 년 전 강연에서 임원들에게 했던 것처럼, 일주일에 한 번씩 달력을 꺼내 즐거움을 위한 시간을 미리 확보하라고 조언한다. 영화 보기, 퇴근 후 15분 일찍 나와 아이를 데리러 가기 전에 간식을 사기 등, 사소한 일이라도 괜찮다. 즐거움을 위한 약속을 일정에 넣고, 그 시간을 꼭 지키도록 하자.

세 번째 방법은 함께 몰입하는 것이다. 몇 년 동안 내 사무실에서는 금요일 저녁마다 비공식 해피아워를 가졌다. 데이터 작업을 마무리하고 동네 식당에 가서 다 함께 술을 마셨다. 그 시간은 한 주 동안 열심히 일한 자신에게 보상을 주는 동시에, 매주 기대할 만한 즐거움을 만드는 일이기도 했다. 그러다 코로나가 닥쳤다. 모두 마스크를 쓰고, 거리두기를 하며, 하이브리드 근무로 인해 서로 얼굴을 자주 볼 수 없게 됐다.

오랜만에 팀원들을 만나보니 모두 에너지가 바닥나 있었다. 가족과도 떨어져 지내고, 휴가도 취소되고, 사회적 활동은 완전히 사라진 상태였다. 몇 주가 지나자 한 팀원이 사무실 옥상에서 금요일 해피아워를 하자고 제안했다. 우리는 잠긴 문을 열고, 마가리타를 만들어 마시며 신선한 공기 속에서 안전하게 어울렸다. 모두가 훨씬 행복해진 것이 느껴졌고, 이런 시간이 더 필요하다는 걸 깨달았다. 생명을 위협하는 팬데믹 속에서도, 나는 팀원들과 나 자신에게 희망과 설렘, 영감을 줄 수 있는 '기대할 만한 무언가'를 계속 만들어줄 수 있었다. 이런 방식은 가족, 대학 동기, 이웃, 직장 동료 등 누구와도 할 수 있다. 모든 부담을 혼자 짊어지지 말고 주변의 도움을 받아, 모두가 기대할 수 있는 소풍, 여행, 모임, 파티 등을 함께 기획해 보자. 기대와 설렘은 함께할 때 더 커진다.

네 번째 방법은 분기별 비전을 점검하는 것이다. 당신은 이미 자신의 개인적 가치를 명확히 하고, 그것을 비전에 어떻게 녹여낼지 고민하며, 삶에 무엇을 채워야 하는지 점검하는 데 많은 노력을 기울여왔을 것이다. 하지만 모든 것은 변한다. 나는 환자들과 함께 분기별로 상황이 어떻게 변했는지, 그리고 집중하고 싶은 것이 바뀌었는지 점검하는 시간을 갖는다. 당신도 스스로 이런 점검을 해야 한다. 이 과정을 통해, 자신이 중요하다고 생각했던 가치가 실제로는 다른 것으로 바뀌었음을 깨달을 수도 있다. 혹은, 가장 신경 써야 할 부분이 '더 쉬는 것'이라고 생각했지만, 실제 문제는 'SNS 중독'임을 알게 될 수도 있다. 어떤 때는 5V 원칙에 너무 많은 노력을 쏟고 있다고 느낄 수도 있고, 반대로 충분히 신경 쓰지 못하고 있다고 느낄 수도 있다. 어느 쪽이든, 분기마다 5V 원칙 점검 일정을 캘린더에 넣어두는 것이 좋다. 그래야 지금까지의 진행 상황을 돌아보고, 앞으로 집중해야 할 부분을 다시 설정할 수 있다.

일상의 작은 승리를
기념하는 30가지 방법

이 목록으로 시작하되, 자신만의 리스트도 만들어서 앞으로는 작은 승리를 기념할 기회를 절대 놓치지 않도록 하자.[9]

- 평소보다 30분 일찍 잠자리에 든다.
- 자신에게 꽃을 선물한다.
- 밤마다 스킨케어 루틴을 서두르거나 건너뛰지 않는다.
- 의도적으로 쉬는 날을 정하고 진정한 휴식을 누린다.
- 낮에 영화관에 가거나 집에서 영화를 본다.
- 좋아하는 노래를 크게 틀어놓는다.
- 해돋이나 일몰을 감상하거나, 저녁에 별을 바라본다.
- 비디오 게임을 한다.
- 퍼즐을 맞춘다.
- 뜨개질, 자수 등 손으로 할 수 있는 창의적인 활동을 한다.
- 고급 치즈와 크래커를 꺼내 먹는다.
- 거품 목욕을 한다.
- 비싼 샤워 젤이나 로션을 써본다.
- 아침 메뉴를 저녁 식사로 먹는다.

- 죄책감 없이 낮잠을 잔다.

- 로또나 즉석 복권을 산다.

- 짧게 등산하거나 공원에서 한 시간 정도 새를 관찰한다.

- 고급 커피 한 잔이나 좋은 와인 한 잔을 마신다.

- 예전부터 읽고 싶었던 책(특히 가벼운 로맨스 소설이나 폭로 자서전 등)을 읽기 시작한다.

- 자신을 행복하게 만드는 노래들로 플레이리스트를 만든다.

- 소중한 사람과 의미 있는 시간을 보낸다.

- 새로운 운동을 시도해 본다.

- 운동 후 스트레칭을 10분 더 한다.

- 온라인에서 연예계 뉴스를 찾아본다.

- 새 신발이나 귀여운 옷을 과감하게 산다.

- 공원 벤치나 집 앞마당에서 햇볕을 쬔다.

- 목적지 없이 여유롭게 드라이브를 한다.

- 모두가 이야기하는 유행하는 팟캐스트를 들어본다.

- 예전부터 해보고 싶었던 요리를 도전한다.

- 친구들과 저녁 식사와 영화를 즐긴다.

10장

앞으로 나아가기: 계속되는 여정

여전히 해야 할 일이
남아 있다고 느낀다면

고기능 우울증을 안고 살아온 당신은 트라우마 경험으로 인해 자신의 결점에 먼저 초점을 맞추도록 거의 '조건화'되어 있었다. 이제 이 책을 읽음으로써, 그 수치심과 불만족의 순환을 조금씩 깨기 시작했기를 바란다. 5V 원칙을 차근차근 적용해 나가며 수치심이 아니라 이미 이루어 낸 성취에 시선을 두게 하는 전환이 시작되었다. 더 이상 무의식적으로 타인을 앞세우지 않고, 자신의 가치와 기준을 우선순위에 둔다. 모두를 위해 자신을 소진하던 희생 패턴을 멈추고, 자신의 건강·행복·기쁨을 위해 시간을 마련한다. 과거에는 고기능 우울증이 당신을 무너뜨리곤 했지만, 이제는 5V 원칙이 당신을 더 단단한 모습으로 다시 세워줄 것이다.

여전히 해야 할 일이 남아 있다고 느끼는 사람도 있을 것이다. 도미노가 겉보기엔 완벽히 줄지어 있어도, 하나만 살짝 비뚤어져 있으면 연쇄는 진행되지 않는다. 이 책을 다 읽고도 어딘가 막힌 느낌이라면 이제 어긋난 그 한 조각을 찾아야 한다. 많은 경우 그 도미노는 '자기 인정'이다. 자신의 가치를 위한 자리를 좀처럼 내어주지 못한다면, 그 가치를 뒤로 밀어 넣게 만든 트라우마를 아직 충분히 인정하거나 받아들이지 못했기 때문일 수 있다. 스스로에게 감정을 솔직히 털어놓기 힘들다면, 놓아주려는 그 감정들이 충분히 타당하다는 사실을 완전히 받아들이지 못한 까닭일지 모른다. 비전이 흐릿하다면, 내면의 자기 비난이 당신의 승리와 성취를 인정하고 축하하는 과정을 가로막고 있기 때문일 가능성이 크다.

이 글이 곧 당신의 이야기처럼 느껴진다면, 앞선 장에서 다룬 '인정' 부분으로 다시 돌아가 고기능 우울증이 있는 이들이 왜 인정에 어려움을 겪는지 복습해 보라. 그리고 자기 인정, 언어적 인정, 사실에 근거한 인정 연습에 더 많은 시간을 투자하라. 특히 '사실 기반 인정'이 가장 큰 변화를 이끌 수 있다. 인정의 감각 속에 조금 더 오래 머물러도 괜찮다. 변화는 한 방향으로 쭉 뻗지 않고, 오르내림과 굴절을 동반한다. 그것 역시 정상이다. 두 걸음 앞으로 갔다가 한 걸음 뒤로 물러서도 여전히 전진 중이다.

5V 원칙은 고기능 우울증에서 벗어나는 데 꼭 필요한 도구다. 그러나 그것만으로 항상 충분한 것은 아니다. 이미 많은 노력을 기울였는데도 삶의 다른 영역에서 혼란이 너무 커 원하는 변화를 얻으려면 추가적인 도움이 필요할 때가 있다. 이것도 괜찮다. 실패를 뜻하지도, 당신이 망가졌음을 의미하지도 않는다. 다만 도미노가 완벽히 쓰러지도록 몇 개 어긋난 조각을 다시 맞추는 데 외부 지원이 요구된다는 의미일 뿐이다. V들을 실천하고 있지만 도무지 빠져나오기 어려운 매우 독성적인 관계(직장이나 가족 등)에 발이 묶여 있을 수도 있다. 혹은 슬픔이 너무 커 삶 자체를 의심할 만큼 압도되어 5V 원칙을 실행하는 일이 버겁게 느껴질 수도 있다. 이 모든 것은 더 많은 지원이 필요하다는 신호일 뿐이다. 나 역시 그 과정을 거쳤기에 안다.

몇 해 전, 나는 극심한 감정적 고통을 겪었다. 마치 인생이 내 발밑에서 양탄자를 확 빼버린 것처럼, 멍하니 바닥에 드러누운 채 남겨진 기분이었다. 내 인생에서 가장 바닥이었던 시기였다. 앞서 이야기했던, 나의 절친이자 깊이 신뢰하던 멘토 파디 하다드가 갑작스럽게 세상을 떠났고, 나는 완전히 무너졌다. 그의 장례식에 갔을 때, 스스로 놀랄 만큼 통제할 수 없이 크게 울었다. 그곳에서 나는 그가 정말 떠났다는 사실을 실감했고, 눈물을 멈출 수 없었다. '이제 누구에게 말해야 하지?'라는 생각이 들었다. 정말 누군가와 이야기하고 싶었다. 하지만 몇 년 전 가까운 친구에게 폭행을 당한 뒤, 그 경험이 내게 어떤 영향을 미쳤는지 제대로 처리하지 못한 채, 나는 내 삶에 누군가를 들이는 것에 매우 조심스러워졌다.

직장에서 잘못된 비즈니스 결정을 내렸고, 그로 인해 병원과 직원들이 위험에 처했다. 내가 그렇게 공들여 쌓아왔고, 파디가 늘 지지해 주었던 커리어가 통제 불가능한 방향으로 미끄러져 가는 것만 같았다. 집에서도 사정은 크게 다르지 않았다. 직장에서 일이 끝없이 밀려오다 보니 어린 딸에게 좋은 엄마로 서주지 못하는 것 같아 근심이 쌓였다. '내 딸은 나보다 더 나은 엄마를 가질 자격이 있어'라는 생각을 자주 했다. 주변 모두를 지켜내는 데 실패했다는 강한 확신에 붙들린 채, 감정적으로 완전히 압도된 상태였다. 말 그대로 나는 완벽한 폭풍 중심에 서 있었다. 지금 이 글을 쓰면서도 그 모든 일이 한꺼번에 내게 밀려왔다는 사실이 여전히 믿기지 않는다.

내 정신 건강 주치의는 내가 임상적으로 저기능 우울증에 빠졌다는 것을 바로 알아차리고, 상담의 강도를 높였다. "당신은 정말 많은 트라우마를 겪어왔어요." 주치의가 말했다. "EMDR 치료를 고려해 보면 좋겠어요."

EMDR Eye Movement Desensitization and Reprocessing(안구 운동 민감 소실 재처리 요법)은 트라우마로부터 회복을 돕는 심리 치료 기법이다.[1] 특정 방향으로 눈을 움직이면서 잠시 동안 트라우마와 연관된 기억을 떠올리면, 그 경험과 관련된 감정과 생각이 변화하게 된다. 사건이 일어났던 그 시점으로 돌아가 자신에 대한 관점을 바꾼다. 그렇게 하면 결국 그 경험에 대해 느끼는 감정이 달라지고, 더 잘 다룰 수 있게 된다. 나는 EMDR에 대한 문헌을 읽어본 적이 있었고, 환자들에게 추천한 적도 있었다. 하지만 내가 직접 환자 자리에 앉으니 무방비한 상태라 느껴졌다. 처음에는 주치의에게 여러 질문을 했다.

"연구 결과가 서로 상충하지 않나요?" 내가 물었다. "아니에요." 그녀는 단호하게 답했다. "약도 쓰지 않는데, 어떻게 효과가 있죠?" 내가 다시 물었다. 그녀는 과정을 자세히 설명해 주었다. "몇 년 동안 이 치료를 해왔어요. 환자들에게서 정말 좋은 결과를 봤어요"라고 했다.

내가 던지는 질문마다 그녀는 내 의심을 조금씩 무너뜨리는 답을 내놓았다. 단지 새로운 무언가를 시도해야 한다는 것뿐만 아니라, 모든 걸 내려놓고 그 과정을 믿어야 한다는 점도 받아들여야 했다. 나는 통제욕이 강한 사람이라 그게 쉽지만은 않았다. 하지만 이 우울증을 혼자 힘으로는 극복할 수 없다는 걸 알았고, 누군가에게 의지해야만 벗어날 수 있다는 것도 알았다. 그래서 시도해 보기로 했다.

치료사는 내가 극심한 감정적 고통을 느꼈던 순간들을 하나씩 떠올려 그 장면 속에 그대로 머물러 보라고 했다. 그리고 내가 그 기억 안에 머물러 있는 동안, 그 순간의 정서 반응을 다른 방식으로 재배열하고 조정할 수 있도록 도와주었다. EMDR를 세 차례 거치자, 변화가 느껴지기 시작했다. 내가 겪은 외상 경험을 바라보는 사고의 틀이 서서히 재구성되고 있었다. 예전에는 "그래, 파디는 죽었잖아. 이제 받아들이고 나아가"라고 차갑게 나 자신을 몰아붙이던 내가, 이제는 "그건 정말 최악이었고, 지독하게 힘든 일이었어"라고 연민을 담아 인정하게 되었다. 사업상 실수에 대해 자신을 탓하며 죄책감을 움켜쥐는 대신, 그것을 바라보는 방식을 바꿀 수 있었다. "내가 어떻게 이렇게까지 멍청할 수 있지? 왜 그걸 못 봤지?"라는 자책을 멈추고 "누구나 실수해. 이것도 결국 극복해 낼 거야"라고 말하기 시작했다. 딸에게 엄마 역할을 충분히 못 하고 있다는 걱정을 내려놓고, 두 개의 사업과 예전 멘토가 맡던 영역까지 저글링하듯 처리하며 분투하는 성실한 엄마로서의 나 자신을 인정했다. "나 자신을 그렇게 몰아붙일 필요는 없어"라고 스스로에게 말하기 시작했다. EMDR은 이 모든 것을 재처리하는 데 큰 도움이 되었다.

만약 지금 당신에게 5V 원칙만으로는 충분하지 않다면, 이 장의 남은 부분에서 고기능 우울증을 극복하는 데 도움이 될 수 있는 추가적인 치료법을 눈여겨보길 바란다. 여기서 꼭 기억해야 할 점이 있다. 만약 당신에게 의학적인 문제가 있다면 건강을 회복하기 위해 전체론적 관점이 필요할 수 있다. 즉, 몸과 마음 전체를 통합적으로 바라보고 다양한 분야의 전문가가 협력해야만 다시 정상 궤도에 오를 수 있다.

일대일 치료

근거 기반 표준 치료 중 하나는 바로 일대일 치료다. 온라인이든 대면이든 진행 형태를 선택할 수 있으며, 정신과 의사(진단 및 약물 처방 가능), 임상·상담심리학자(심리평가 및 심리치료 제공), 또는 공인 자격을 갖춘 상담사와 함께할 수 있다. 우울증, 트라우마, 혹은 회복을 가로막는 요인에는 전문성을 가진 치료사를 찾는 것이 도움이 된다. 한 가지 접근만 사용하는 대신, 초기 평가를 바탕으로 여러 치료 기법을 통합해 맞춤형 계획을 세우기도 한다. 대표적 치료법은 다음과 같다.

- **인지행동치료**Cognitive Behavioral Therapy, CBT: CBT는 불안과 우울증에 주로 사용되는 상담 치료로, '나는 충분하지 않다'라는 불안감에 시달리는 고기능 우울증 환자에게 도움이 될 수 있다.[2] 만약 심각한 불안이나 우울함이 삶을 마비시킨다면, 약물치료와 함께 CBT를 고려할 수 있다.

- **변증법적 행동치료**Dialectical Behavioral Therapy, DBT: DBT는 감정 반응이 크고, 감정 조절이 어렵거나, 일 외의 정체성을 상실한 고기능 우울증 환자에게 효과적인 상담 치료다.[3] 극심한 절망감, 독성 관계, 기분 조절 문제, 자살 사고 등이 트라우마를 인정하거나 가치관을 찾고 비전을 실천하는 데 방해가 된다면, DBT가 도움이 될 수 있다. (자살은 10~34세 인구에서 두 번째로 높은 사망 원인이므로, 우울증 치료는 매우 중요하다)[4]

- **안구 운동 민감 소실 재처리 요법**Eye Movement Desensitization and Reprocessing, EMDR: EMDR은 원래 PTSD 치료를 위해 개발되었으나, 불안장애, 공황장애, 공포증 등에도 도움이 되는 것으로 밝혀졌다. 플래시백, 악몽, 과도한 경계심, 혹은 '투쟁-도피 반응'이 압도적이라면, EMDR이 도움이 될 수 있다.

- **입원 및 외래 재활치료 또는 동기부여 치료**: 고기능 우울증과 더불어 물질 사용 장애(중독)를 함께 극복하고자 한다면, 이러한 치료가 필요할 수 있다.

- **고도 치료 및 정밀 의학**: 전통적인 우울증 치료에 반응하지 않는다면, 경두개자기자극TMS, 미주신경자극, 뇌심부자극, 전기

경련치료ECT, 케타민 치료 등 더 적극적인 치료법도 있다.[5] 어떤 치료가 다음 단계로 적합한지 정신과 의사와 상의하는 것이 좋다.

비용을 감당할 수 있고 일대일 치료가 제공하는 사생활 보호를 원하는 사람이라면 누구나 적합한 선택이 될 수 있다. 재정이 빠듯하더라도 소득에 따라 비용을 조정하는(슬라이딩 스케일) 치료사를 찾을 수 있다. 수련 중인 치료사(전공의, 인턴, 수련생 등)와 상담해 보는 것도 감독 체계 아래에서 치료비를 절감하면서 양질의 도움을 받는 좋은 방법이다.

단, 과거에 치료사와의 나쁜 경험으로 인해 트라우마를 겪은 사람에게는 일대일 치료가 적합하지 않을 수 있다. 예를 들어, 부모의 이혼 과정에서 일대일 치료가 오히려 상처가 되었거나, 단순히 좋은 치료사를 만나지 못했던 경우 등이 해당한다. 모든 치료사가 완벽한 것은 아니기 때문이다.

우리는 식당이나 네일숍을 고를 때는 온갖 검색을 다 하면서도, 누가 간판에 '전문의'라고만 써 붙여 놓으면 별 고민 없이 가 버릴 때가 많다. 정신 건강 전문가를 고를 때 충분히 신중하지 못한 데에는 여러 이유가 있다. 고기능 우울증이라 늘 바쁘고 주변을 챙기느라 알아볼 시간이 없다고 느낄 수도 있고, 무의식적으로 자신을 '돌보고 있는 척'만 하면서 실제로는 깊이 개입할 준비가 안 되었기 때문일 수도 있다. 아니면 정말 어디서부터 시작해야 할지 몰라 막막한 것일 수도 있다. 자신의 가장 깊은 두려움, 불안, 불확실성을 맡길, 완전히 낯선 사람을 고른다는 건 쉬운 일이 아니다. 그렇지만 나와 잘 맞고 접근 방식이 공감되는 사람을 찾기 위해 일정한 노력과 검증 단계를 거치는 과정은 필요하다.

좋은 치료사를 찾는 가장 흔하면서도 효과적인 방법 중 하나는 '추천'이다. 먼저 믿을 수 있는 친구나 가족에게 물어보자. 집단 치료를 이끄는 치료사는 개별 상담이 필요해 보이는 사람을 다른 적합한 전문가에게 연결해 주는 경우가 많다. 어디에서 추천을 받든, 자격 인증, 면허 유효 여부, 징계·불량 진료 사례, 면허 정지·취소 이력 등을 반드시 확인하는 것이 중요하다.

아래 질문들은 새로운 치료사(또는 정신 건강 전문가)를 고려할 때 실제로 확인해야 하는 핵심 항목들이다.

- 나와 유사한 사례를 얼마나 다뤄봤는가? 경력이 길지 않다면, 그 공백을 메울 수 있는 충분한 임상 감독을 받고 있는지 확인하자.
- 어떤 치료 기법을 주로 사용하는가? 예를 들어 전체 프로그램이 믿음(신앙)에만 의존하고, 사실상 성경 구절 인용이 전부라면 다른 후보를 찾는 편이 낫다. 치유 과정에 신앙을 포함하고 싶을 수는 있지만, 그것만으로 구성되어서는 안 된다. 상담 심리 관련 학위와 종교 관련 학위를 각각 갖춘 사람이라면 더

바람직하다. 무엇을 쓰든 근거 기반$_{\text{evidence-based}}$ 접근인지가 핵심이다.

- **문화적 역량 교육과 훈련을 받았는가?** 성별, 인종, 성적 지향, 계층 등 모든 정체성 요소를 100% 공유하는 치료사를 찾기는 쉽지 않다. 그것이 매우 중요하다면 시도할 수 있지만, 오히려 당신의 배경을 체계적으로 학습하고 문화적 민감성을 갖춘 전문가를 찾는 편이 현실적일 때가 많다.

- **치료 '성공률'은 어떻게 파악하고, 진행도를 어떤 기준으로 평가하는가?** 고기능 또는 저기능 우울증 사례를 얼마나 다뤄봤는지, 전반적 결과가 어땠는지 감을 잡아야 한다. 동시에 함께 일하는 동안 내가 올바른 방향으로 가고 있는지 무엇으로 점검할지(척도, 설문, 증상 빈도, 기능 수준 등) 명확히 해야 한다. 특히 고기능 우울증 내담자는 구체적 이정표가 큰 도움이 된다.

- **근시일 내 이직·개업·기관 변경 계획이 있는가?** 치료사가 병원·클리닉을 옮기거나 개업하면서 비경쟁 조항이나 보험 네트워크 문제 때문에 치료 연속성이 끊기는 경우가 있다. 곧 자리를 옮길 가능성이 높다면, 짧게 끝날 관계를 새로 시작할지 재고해 볼 필요가 있다.

- **담당자의 휴가나 장기 부재 시에 지원 체계가 마련되어 있는가?** 많은 치료사가 8월 한 달 혹은 특정 기간을 통째로 비우기도 한다. 예고된 휴가뿐 아니라 예기치 못한 부재도 생길 수 있다. 그때 대체 치료사가 있는지, 비상시 연락 프로토콜은 무엇인

지, 위기 상황이라면 어떤 자원을 활용해야 하는지 미리 알고 있어야 한다. 진지하게 치료에 임한다면 '플랜 B'는 필수다. 내가 타인을 챙기듯, 나 역시 꾸준히 지지받을 자격이 있다.

- 상담일을 놓치면(결석, 지각 등) 어떤 규칙이 적용되는가? 고기능 우울증을 다루는 초기에는 일보다 정신 건강을 우선순위에 두는 연습이 어렵다. 결석 수수료나 페널티가 지속 참여를 돕는 '유인'이 될 수도 있지만, 과도하면 반감과 회피를 부를 수도 있다. 취소 가능 시한과 비용을 명확히 해두자.

집단 치료와
지지 그룹

 전문가 또는 같은 문제를 겪은 동료가 이끄는 모임에 참여하면 서로의 경험과 어려움을 이야기할 수 있다.[6] 이러한 모임은 대면으로 진행될 수도 있는데 연대감은 높아지지만 익명성은 보장되지 않는다. 반면 온라인으로 진행될 때는 익명성은 높아지지만 연대감은 떨어진다. 고기능 우울증에만 초점을 맞춘 집단을 찾기는 어려울 수 있지만, 고기능 우울증과 관련된 여러 행동(예: 불안, 일 중독, 슬픔, 아동기 트라우마, 가정폭력, 약물 사용 장애, 분노 조절 등)에 초점을 둔 다양한 모임은 충분히 찾을 수 있다.
 이런 집단에서 동료들은 당신이 지난주에 승진을 기념하

기 위해 파티를 연다더니 실제로 하지 않았다거나, 유해한 친구와 인연을 끊겠다더니 그 친구와 여행을 계획하고 있다면, 솔직하게 지적해 줄 것이다. 또한, 집단치료는 시야를 넓혀준다. 자신보다 더 힘든 상황에 놓인 사람을 보며 두려움을 느낄 수 있고, 더 나아진 사람을 보며 나도 곧 저렇게 될 수 있다고 생각할 수 있다.

일대일 치료를 감당하기 어려운 사람이라면 누구에게나 추천할 수 있다. 여러 집단 치료 모임이 무료이거나 저렴하기 때문이다. 또한, 고기능 우울증이 있는 사람들은 타인을 늘 먼저 생각하는 경향이 있는데 그들로부터 지지를 받을 수 있다. 어떤 사람들에게는 이런 상호 지원이 큰 도움이 될 수 있다. 집단적인 치유가 이루어지면, 자신이 혼자가 아니라는 사실을 깨닫게 되고, 왜 이런 일이 자신에게 일어나는지, 또 어떻게 대처해야 하는지에 대한 방법도 터득하게 된다. 단, 자신의 사적인 이야기가 외부로 알려지는 것을 우려하는 사람에게는 적합하지 않다. 집단에는 비밀 보장 규칙이 있지만, 자신이 공유한 정보를 다른 사람들이 반드시 비밀로 지켜줄 것이라는 보장은 없다.

참여 비용이 부담되지 않고, 일정에 맞는 집단을 찾았다면 나와 잘 맞는지 확인하기 위해 다음과 같은 질문을 고려해 보자.

- 집단의 운영자는 누구인가? 운영자가 필요한 자격을 갖추었는지 확인해야 한다. 지지 그룹은 주로 동료가 이끄는 반면, 집

단 치료는 전문가가 이끄는 경우가 많다. 전문가의 도움이 필요하다면, 동료가 이끄는 그룹에 참여해 "저 사람보다 내가 더 똑똑한데, 저 사람은 나를 도울 수 없어"라는 생각으로 스스로를 방해하지 않도록 해야 한다.

- 집단의 규칙은 무엇인가? 예를 들어, 비밀 보장 조항이 있는지, 이를 어겼을 때 어떤 결과가 있는지 물어보자. 모두가 반드시 참여해야 하는지, 아니면 조용히 앉아 있을 수 있는지도 확인해야 한다. 반드시 발언해야 한다면, 내가 그 상황에 편안하게 느낄 수 있을지 스스로에게 물어보자.
- 집단의 규모는 어떻게 되는가? 5명으로 이루어진 소규모 집단과 25명으로 이루어진 대규모 집단에서의 경험은 매우 다를 수 있다. 어떤 규모가 더 편하고 도움이 될지 생각해 보자.
- 수시로 참여할 수 있는가? 한 사이클이 끝난 뒤에 새로운 인원이 참여할 수 있는지, 아니면 언제든지 참여할 수 있는지 물어보자. 한 사이클의 기간도 확인하자.

대안 치료

전통적인 치료만 꼭 고집할 필요는 없다. 나에게 맞는 방식이 곧 가장 효과적인 방식일 수 있다. 어떤 경험들은 꼭 '치료'라는 라벨이 없어도 충분히 치료가 될 수 있다. 실제로 내 환자 중에는 라이프 코치, 마사지 치료사 등 다양한 전문가와 함께 5V 원칙을 적용하고 탐색해 가는 사람들이 있다. 아트테라피, 무용 치료, 요가, 침술, 레이키(손을 통한 이완·스트레스 완화를 목적으로 한 일본 기원 보완요법), 마사지, 소매틱 테라피somatic therapy(몸의 감각 및 긴장을 경유한 정서 작업), 감정자유기법EFT(태핑 기법) 등 여러 대안적 접근을 검토해 볼 수 있다.[7] 특히 당신과 비슷한 관심사와 가치관을 지닌 사람들의 커뮤니티로 연결해 줄 코치, 강사, 퍼실리테이터, 티처를 찾아보길 권한다. 이런 집단은 일상에서 서로를 지지하고 응원하며 더 나은 삶을 유지하는 데 큰 힘이 된다.

일대일 치료, 그룹 치료, 약물 치료 등에서 힘든 경험을 했던 사람, 또는 전통적 치료가 자신에게 절대 맞지 않는다고 느끼는 사람이라면 대안적 방법을 시도해 볼만하다. 단, 정신 건강 위기로 인해 의사의 긴급한 치료가 필요한 경우, 혹은 자살 위험이 있는 경우에는 대안 치료만을 유일한 방법으로 삼지 않는 것을 당부한다.

어떤 치유의 길을 택하든, 꾸준히 한 걸음씩 나아가다 보면 결국 고기능 우울증에서 벗어날 수 있다는 사실을 기억하자. 나역시 그랬다. 책의 서두에서 이야기했듯이 팬데믹 초창기, 나는 번아웃된 의료인이었고 비슷한 처지의 다른 의료인들에게 정신 건강을 지키는 법을 강연하고 있었다. 그때의 나는 마치 '장님이 장님을 이끈다'는 느낌이었고, 내가 가짜처럼 느껴지기도 했다. 그러나 그 경험은 내가 고기능 우울증을 더 깊이 이해하게 된 전환점이 되었고, 결국 이 책을 쓰게 된 계기가 되었다. 또 그 과정에서 백악관 대통령실 직원에게 연락을 받는 기회도 생겼다. 그로부터 4년 뒤인 2024년, 나는 타라지 P. 헨슨이 설립한 유명 정신 건강 자선단체가 주최한 'Can We Talk? 정신 건강 심포지엄'에서 '블랙 조이'Black joy(흑인 정체성과 문화의 창조성·연대·회복력을 기쁨으로 드러내고 축하하는 개념)'를 주제로 강연했고, 같은 주에 백악관 직원들을 대상으로 스트레스 관리와 정신 건강에 대해 이야기할 기회도 얻었다. 이렇게 한 걸음씩 앞으로 나아가다 보면, 당신 역시 고기능 우울증으로부터 자유로워질 수 있다.

  2020년에 있었던 그 결정적인 줌 미팅과 4년 후 D.C.로 떠난 여행은 정말 극명하게 달랐다. 미팅 당시 나는 감정의 벼랑 끝에 서 있었고, 언제 무너질지 모르는 상태였다. 반면 백악관에서는 마음이 단단히 자리 잡혀 있었고, 편안하게 몰입할 수 있었다. 백악관 워크숍에 참석한 주디스 박사는 훨씬 더 자각적이고, 많이 치유된 모습이었다. 줌 미팅을 준비할 때 나는 자신에게 "내가 우울한 걸까?"라고 자주 물었다. 하지만 백악관 발표를 준비하면서는 "이건 정말 특별한 경험이야. 마음껏 즐기자!"라는 생각을 하게 되었다. 실제로 발표 시간을 즐길 수 있었고, 농담도 몇 번 할 정도로 여유가 생겼다. 줌 미팅 때는 내가 가짜처럼 느껴졌지만, 백악관에서는 분명한 목적과 사명이 있다는 확신이 들었다. 수백 번의 인터뷰와 수개월간의 연구 끝에 얻은 스트레스, 무쾌감증, 고기능 우울증에 대한 지식을 다른 이들과 나눌 수 있다는 사실에 큰 설렘을 느꼈다.

  예전의 주디스와 지금의 주디스 사이에는 엄청난 변화가 있었다. 예전의 나였다면, 워싱턴 D.C.로 가는 출장에 연구실용 노트북 하나와 진료용 노트북 하나, 이렇게 두 대를 챙겨가면서 이동 중에도 모든 일을 처리하려고 했을 것이다. 하지만 지금의 나는 노트북 한 대만 챙긴다. 예전의 나였다면 워크숍 전날 밤에 집을 떠나 일찍 도착해서 더 많이 준비하려 했을 것이고, 발표가 끝나자마자 바로 집으로 돌아왔을 것이다. 새로운 나는 워크숍 당일 아침에 출발해서 전날 밤에는 딸과 더 많은 시간을 보내기로 했다. 그리고 워크숍이 끝난 뒤에는 하룻밤 더 머물면서 테마 애프터파티에도 참석했다. 타라지의 심포지엄에는 흑인 힙합 문화를 기념하는 1980~1990년대 테마 파티가 있었다. 나는 데님 원피스에 힙색을 둘러매고, 팀버랜드 부츠를 신고 밤새 춤을 췄다.

여전히 엄청나게 바쁘냐고 묻는다면, 그렇다. 하지만 이제 훨씬 더 균형 잡힌 삶을 살고 있다고 자신 있게 말할 수 있다. 그 비결은 바로 내가 5V 원칙을 실천하고 있기 때문이다. 이전의 나는 가족을 내 개인적 가치의 우선에 두었듯이, 이제는 내게 정말 중요한 가치에 투자하는 것을 우선순위에 둔다. 명예로운 기회를 얻게 되면 "이건 정말 멋진 일이야!"라고 스스로에게 말하면서 자신감을 키운다. 또 스트레스로 인한 불안에 휩쓸리지 않도록 내 컨디션을 체크하고, 심호흡 같은 이완 운동도 꾸준히 한다. 그리고, 특히 1990년대 R&B 음악에 맞춰 춤출 때처럼, 내 성공을 기념하는 것도 잊지 않는다.

고기능 우울증에서 완전히 벗어났고, 이제는 다시 그런 일이 내 삶에 찾아오지 않을 거라고 말할 수 있으면 좋겠지만, 사실 그렇지는 않다. 하지만 내가 확실하게 말할 수 있는 건, 우울감이 다시 스며드는 신호가 느껴질 때 이제는 그 흐름을 멈출 수 있는 도구를 갖게 되었다는 점이다. 그리고 이제 당신도 그 도구를 갖게 되었다. 기억하자. 인생은 한 번에 끝나는 목표가 아니라 '진행 중인 과정'이다. 좋은 날도 있고, 나쁜 날도 있을 것이다. 우리는 평생 자신의 웰빙을 위해 노력하게 될 것이다. 그 과정을 지치고 힘든 일로만 여기지 말고, 오히려 흥미로운 여정이라고 생각해 보자. 책 앞부분에서 내가 "고기능 우울증을 극복하면 당신의 삶에 어떤 가능성이 열릴까?"라고 물었던 것을 기억하는가? 이제 당신은 자신의 행복을 이해할 수 있게 해주는 과학적 도구와 그 꿈을 현실로 만들 수 있는 힘을 갖게 되었기를 바란다.

◻ 참고문헌 ◻

들어가는 글

1. World Health Organization, International Statistical Classification of Diseases and Related Health Problems 10th Revision (ICD- 10) (Geneva: World Health Organization, 2016), s.v. "Z73.0 Burn-out — State of vital exhaustion," https://icd.who.int/browse10/2016/en#/Z73.0.

2. Substance Abuse and Mental Health Services Administration. DSM-5 Changes: Implications for Child Serious Emotional Disturbance [Internet]. Rockville (MD): Substance Abuse and Mental Health Services Administration(US); 2016 Jun. Table 10, DSM-4 to DSM-5 Dysthymic Disorder/Persistent Depressive Disorder Comparison. Available from: https://www.ncbi.nlm.nih.gov/books/NBK519712/table/ch3.t6/.

3. Ali Watkins, "Cheslie Kryst and the Unseen Burden of Depression," New York Times, September 27, 2022, https://www.nytimes.com/2022/09/27/nyregion/cheslie- kryst- mental- health.html.

4. Eileen Finan, "Miss USA 2019 Cheslie Kryst's New Memoir Reveals Private Agony Before Her Suicide at Age 30 (Exclusive Excerpt)," People, April 22, 2024, https://people.com/cheslie- kryst- s- new- memoir- reveals- agony- before- suicide- exclusive- excerpt- 8636558.

2장

1. Douglas F. Levinson and Walter E. Nichols, "Genetics of Brain Function: Major Depression and Genetics," Stanford Medicine, Department of Psychiatry and Behavioral Sciences, accessed May 27, 2024, https://med.stanford.edu/depressiongenetics/mddandgenes.html.

2. Vincent J. Felitti, "The Relation Between Adverse Childhood Experiences and A dult H ealth: Turning G old i nto L ead," Permanente Journal 6, no. 1(2002): 44– 47, https://www.ncbi.nlm.nih.gov/pmc/articles/PMC6220625/.

3. Philadelphia ACE Project, "Adverse Childhood Experiences (ACEs)," Philadelphia ACE Survey, accessed May 27, 2024, https://www.philadelphiaaces.org/philadelphia- ace-survey.

4. Hilda Bjork Daníelsdóttir, Thor Aspelund, Qing Shen, et al., "Adverse Childhood Experiences and Adult Mental Health Outcomes," JAMA Psychiatry 81, no. 6 (2024): 586– 594, https://jamanetwork.com/journals/jamapsychiatry/fullarticle/2815834.

5. Pim Dashorst, T. M. Mooren, R. J. Kleber, P. J. de Jong, and R. J. C. Huntjens, "Intergenerational Consequences of the Holocaust on Offspring Mental Health: A Systematic R eview of A ssociated Factors a nd Mechanisms," European Journal of Psychotraumatology 10, no. 1 (2019): 1654065, https://www.ncbi.nlm.nih.gov/pmc/articles/PMC6720013/; Dora L. Costa, Noelle Yetter, and Heather DeSomer, "Intergenerational Transmission of Paternal Trauma Among US Civil War Ex- POWs," Proceedings of the National Academy of Sciences of the United States of America 115, no. 44 (2018): 11215– 11220, https://pubmed.ncbi.nlm.nih.gov/30322945/; Michael J. Halloran, "African American Health and Posttraumatic Slave Syndrome: A Terror Management Theory Account," Journal of Black Studies 50, no. 1 (2019): 45– 65, https://doi.org/10.1177/0021934718803737; Sidney H. Hankerson, Nathalie Moise, Diane Wilson, Bernadine Y. Waller, Kimberly T. Arnold, Cristiane Duarte, Claudia Lugo- Candelas, et al., "The Intergenerational Impact of Structural Racism and Cumulative Trauma on Depression," American Journal of Psychiatry 179, no. 6 (2022): 434– 440, https://ajp.psychiatryonline.org/doi/10.1176/appi.ajp.21101000; Teresa Evans- Campbell, "Historical Trauma in American Indian/Native Alaska Communities: A Multilevel Framework for Exploring Impacts on Individuals, Families, and Communities," Journal of Interpersonal Violence 23, no. 3 (2008): 316– 338, https://doi.org/10.1177/0886260507312290.

6. "Hurricane Katrina," Encyclopæ dia Britannica, accessed May 27, 2024, https://www.britannica.com/event/Hurricane- Katrina.

7. Susan Kelley, "Trust in Financial Markets Was Biggest Victim of Madoff Case," Cornell Chronicle, July 17, 2017, https://news.cornell.edu/stories/2017/07/trust- financial-markets- was- biggest- victim- madoff- case.

8. National 9/11 Memorial and Museum, "Commemoration," accessed May 27, 2024, https://www.911memorial.org/connect/commemoration.

9. World Health Organization, "Number of COVID- 19 Cases Reported to WHO," accessed May 27, 2024, https://data.who.int/dashboards/covid19/cases?n=c; World Health Organization, "Impact of COVID- 19 on People's Livelihoods, Their Health

and Our Food Systems," October 20, 2020, https://www.who.int/news/item/13- 10- 2020- impact- of- covid- 19- on- people%27s- livelihoods- their- health- and- our- food- systems.

10. Haruna Kashiwase, "Female Genital Mutilation Is Still Practiced Around the World," World Bank, September 16, 2019, https://datatopics.worldbank.org/world- development- indicators/stories/fgm- still- practiced- around- the- world .html; "The Horror of Honor Killings, Even in the US," Amnesty International USA, April 10, 2012, https://www.amnestyusa.org/updates/the- horror- of- honor- killings- even- in- us/; "Honour Killings by Region," Honour Based Violence Awareness Network, accessed May 27, 2024, https://hbv- awareness.com/regions/#google_vignette; Elizabeth T. Gershoff and Sarah A. Font, "Corporal Punishment in U.S. Public Schools: Prevalence, Disparities in Use, and Status in State and Federal Policy," Social Policy Report 30, no. 1 (2016), https://www.ncbi.nlm.nih.gov/pmc/articles/PMC5766273; U.S. Government Accountability Office, "Military Hazing: DOD Should Address DataReporting Deficiencies, Training Limitations, and Personnel Shortfalls," December 15, 2021, https://www.gao.gov/products/gao- 22- 104066.

11. Manhattan Behavioral Medicine, New York City.

3장

1. Jürgen De Fruyt, Bernard Sabbe, and Koen Demyttenaere, "Anhedonia in Depressive Disorder: A Narrative Review," Psychopathology 53, nos. 5– 6(2020): 274– 281, https://doi.org/10.1159/000508773.

2. Cynthia Vinney, "Anhedonia: What to Do When You Can't Experience Pleasure," Verywell Mind, last updated May 8, 2023, https://www.verywellmind.com/what- is- anhedonia- i- dont- feel- pleasure- 5680269.

3. J. Murtoff, "Anhedonia," Encyclopædia Britannica, February 6, 2023, https://www.britannica.com/science/anhedonia.

4. Matthew D. Lieberman, Naomi I. Eisenberger, Molly J. Crockett, Shelley M. Tom, Jennifer H. Pfeifer, and Baldwin M. Way, "Putting Feelings into Words: Affect Labeling Disrupts Amygdala Activity in Response to Affective Stimuli," Psychological Science 18, no. 5 (2007): 421– 428, https://doi.org/10.1111/j.1467- 9280.2007.01916.x.

5. Alessandro Serretti, "Anhedonia and Depressive Disorders," Clinical Psychopharmacology and Neuroscience: The Official Scientific Journal of the Korean College of Neuropsychopharmacology 21, no. 3 (2023): 401– 409, https://doi.org/10.9758/

cpn.23.1086; Siobhán R. Shaw, Hashim El-Omar, Daniel Roquet, John R. Hodges, Olivier Piguet, Rebekah M. Ahmed, Alexis E. Whitton, and Muireann Irish, "Uncovering the Prevalence and Neural Substrates of Anhedonia in Frontotemporal Dementia," Brain 144, no. 5 (2021): 1551–1564, https://academic.oup.com/brain/article/144/5/1551/6214168; D. Vaquero-Puyuelo, C. De-la-Cámara, B. Olaya, P. Gracia-García, A. Lobo, R. López-Antón, and J. Santabárbara, "Anhedonia as a Potential Risk Factor of Alzheimer's Disease in a Community-Dwelling Elderly Sample: Results from the ZARADEMP Project," International Journal of Environmental Research and Public Health 18, no. 4 (2021): 1370, https://doi.org/10.3390/ijerph18041370.

6. C. R. Damiano, J. Aloi, M. Treadway, R. Bodfish, G. Dichter, and S. B. Haas, "Adults with Autism Spectrum Disorders Exhibit Decreased Sensitivity to Reward Parameters When Making Effort-Based Decisions," Journal of Neurodevelopmental Disorders 4 (2012): 13, https://doi.org/10.1186/1866-1955-4-13.

7. Francesc Borrell-Carrió, Anthony L. Suchman, and Ronald M. Epstein, "The Biopsychosocial Model 25 Years Later: Principles, Practice, and Scientific Inquiry," Annals of Family Medicine 2, no. 6 (2004): 576–582, https://www.ncbi.nlm.nih.gov/pmc/articles/PMC1466742/.

8. John J. McGrath, Ali Al-Hamzawi, Jordi Alonso, Yasmin Altwaijri, Laura H. Andrade, Evelyn J. Bromet, et al., "Age of Onset and Cumulative Risk of Mental Disorders: A Cross-National Analysis of Population Surveys from 29 Countries," The Lancet 10, no. 9 (2023): 668–681, https://www.thelancet.com/journals/lanpsy/article/PIIS2215-0366(23)00193-1/abstract; World Health Organization, "COVID-19 Pandemic Triggers 25% Increase in Prevalence of Anxiety and Depression Worldwide," March 2, 2022, https://www.who.int/news/item/02-03-2022-covid-19-pandemic-triggers-25-increase-in-prevalence-of-anxiety-and-depression-worldwide.

9. S. B. Srivastava, "Vitamin D: Do We Need More than Sunshine?," American Journal of Lifestyle Medicine 15, no. 4 (2021): 397–401, https://doi.org/10.1177/15598276211005689; Ş. Akpınar and M. G. Karadağ, "Is Vitamin D Important in Anxiety or Depression? What Is the Truth?," Current Nutrition Reports 11, no. 4 (2022): 675–681, https://doi.org/10.1007/s13668-022-00441-0.

10. "Bethnal Green WW2 Disaster — Monument," London Remembers, accessed May 27, 2024, https://www.londonremembers.com/memorials/bethnal-green-ww2-disaster-monument.

11. R. P. Snaith, M. Hamilton, S. Morley, A. Humayan, D. Hargreaves, and P. Trigwell, "A Scale for the Assessment of Hedonic Tone: The Snaith-Hamilton Pleasure Scale," British

Journal of Psychiatry 167, no. 1 (1995): 99– 103, doi:10.1192/bjp.167.1.99.

12. J. Breslau, E. Miller, R. Jin, N. A. Sampson, Alonso J, Andrade LH, Bromet EJ, de Girolamo G, Demyttenaere K, Fayyad J, Fukao A, Gălăon M, Gureje O, He Y, Hinkov HR, Hu C, Kovess-Masfety V, Matschinger H, Medina-Mora ME, Ormel J, Posada-Villa J, Sagar R, Scott KM, Kessler RC. "A multinational study of mental disorders, marriage, and divorce." Acta Psychiatr Scand. 2011 Dec;124(6):474-86. doi: 10.1111/j.1600-0447.2011.01712.x. Epub 2011 Apr 30. PMID: 21534936; PMCID: PMC4011132. J. Breslau, E. Miller, R. Jin, et al., "A Multinational Study of Mental Disorders, Marriage, and Divorce," Acta Psychiatrica Scandinavica 124, no. 6 (2011): 474–486, https://doi.org/10.1111/j.1600-0447.2011.01712.x; D. Lerner, D. A. Adler, W. H. Rogers, et al., "Work Performance of Employees with Depression: The Impact of Work Stressors," American Journal of Health Promotion 24, no. 3 (2010): 205–213, https://doi.org/10.4278/ajhp.090313-QUAN-103.

4장

1. Mark L. Ruffalo, "Masochistic Personality Disorder: Time to Include in DSM?," Psychology Today, M arch 2 3, 2 019, h ttps://www .psychologytoday.com/us/blog/freud- fluoxetine/201903/masochisticpersonality- disorder- time- include- in- dsm.

2. American Psychiatric Association, "Paraphilic Disorders," 2013, https:// www.psychiatry.org/File%20Library/Psychiatrists/Practice/DSM/APA_DSM- 5- Paraphilic- Disorders.pdf; "Sexual Masochism Disorder," Psychology Today, last updated September 15, 2021, https://www.psychologytoday .com/us/conditions/sexual- masochism- disorder.

3. Xiaolin Xu, Gita D. Mishra, Julianne Holt- Lunstad, and Mark Jones, "Social Relationship Satisfaction and Accumulation of Chronic Conditions and Multimorbidity: A National Cohort of Australian Women," General Psychiatry 36 (2023): e100925, https://doi.org/10.1136/gpsych- 2022- 100925.

4. Harmeet Kaur, "The Four Attachment Styles and How They Affect Your Relationships," CNN, August 29, 2023, https://www.cnn .com/health/attachment- styles- types-relationships- wellness- cec/index.html; Darlene Lancer, "How to Change Your Attachment Style and Your Relationships," Psychology Today, A pril 1 , 2 021, h ttps://w w w.psychologytoday.com/us/blog/toxic- relationships/202104/how- change- your-attachment- style- and- your- relationships.

5. Mark L. Ruffalo, "Are You Masochistic? Questions," Psychology Today, March 23, 2019, https://www.psychologytoday.com/articles/are- you- masochistic- questions.

5장

1. F. W. Weathers, D. D. Blake, P. P. Schnurr, D. G. Kaloupek, B. P. Marx, and T. M. Keane, "Clinician- Administered PTSD Scale for DSM- 5 (CAPS- 5)," 2013, https:// www.ptsd.va.gov/professional/assessment/adult- int/caps.asp.

2. Rheana Murray, "Shonda Rhimes on How the Definition of Beauty Is Changing — on TV and Off," Today, A ugust 1 , 2 017, h ttps://www.today .com/series/love- your- body/ shonda- rhimes- new- dove- project- redefiningbeauty- tv- t114427.

3. Josephine Joly, Luke Hurst, David Walsh, and Giulia Carbonaro, "Four- Day Week: Which Countries Are Embracing It and How Is It Going So Far?," EuroNews, February 2, 2024, https://www.euronews.com/next/2024/02/02/the- four- day- week- which- countries- have- embraced- it- and- how- s- it- going - so- far.

6장

1. Sophie L. Kjærvik, Brad J. Bushman, "A meta-analytic review of anger management activities that increase or decrease arousal: What fuels or douses rage?," Clinical Psychology Review, Volume 109, 2024, 102414, ISSN 0272-7358, https://doi.org/10.1016/j.cpr.2024.102414.

2. Monika Sohal, Pavneet Singh, Bhupinder Singh Dhillon, and Harbir Singh Gill, "Efficacy of Journaling in the Management of Mental Illness: A Systematic Review and Meta-Analysis," Family Medicine in Community Health 10, no. 1 (2022): e001154, https://www.ncbi.nlm.nih.gov/pmc/articles/PMC8935176/.

3. "Color Meanings in Different Cultures," Study.com, accessed May 28, 2024, https://study.com/academy/lesson/color- meanings- in- different- cultures .html.

4. Aiden Siobhan and Rachel Cash, "Are Musicals Coming Back to the Mainstream?," MovieWeb, last updated December 18, 2023, https://movieweb .com/musicals- coming- back- mainstream/.

7장

1. Patricia A. Boyle, Lisa L. Barnes, Aron S. Buchman, and David A. Bennett, "Purpose in Life Is Associated with Mortality Among Community- Dwelling Older Persons," Psychosomatic Medicine 71, no. 5 (2009): 574– 579, https://doi.org/10.1097/PSY.0b013e3181a5a7c0; Patricia A. Boyle, Aron S. Buchman, Robert S. Wilson, Lei Yu, Julie A. Schneider, and David A. Bennett, "Effect of Purpose in Life on the

Relation Between Alzheimer Disease Pathologic Changes on Cognitive Function in Advanced Age," Archives of General Psychiatry 69, no. 5 (2012): 499– 504, https://doi.org/10.1001/archgenpsychiatry .2011.1487; Patrick L. Hill and Nicholas A. Turiano, "Purpose in Life as a Predictor of Mortality Across Adulthood," Psychological Science 25, no. 7 (2014): 1482– 1486, https://doi.org/10.1177/0956797614531799; Patrick L. Hill, Anthony L. Burrow, and Victor J. Strecher, "Sense of Purpose in Life Predicts Greater Willingness for COVID- 19 Vaccination," Social Science and Medicine 284 (2021): 114193, https://doi.org/10.1016/j.socscimed.2021.114193; S. M. Schaefer, J. Morozink Boylan, C. M. van Reekum, R. C. Lapate, C. J. Norris, C. D. Ryff, et al., "Purpose in Life Predicts Better Emotional Recovery from Negative Stimuli," PLoS ONE 8, no. 11 (2013): e80329, https://doi.org/10.1371/journal.pone.0080329; Genevieve N. Pfund, Timothy J. Bono, and Patrick L. Hill, "A Higher Goal During Higher Education: The Power of Purpose in Life During University," Translational Issues in Psychological Science 6, no. 2 (2020): 97– 106, https://doi.org/10.1037/tps0000231.

2. Bronnie Ware, The Top Five Regrets of the Dying (London: Hay House, 2011), https://bronnieware.com/regrets- of- the- dying/.

3. Brené Brown, "Dare to Lead List of Values," accessed May 28, 2024, https://brenebrown.com/resources/dare- to- lead- list- of- values/; Tchiki Davis, "List of Values: 305 Value Words, Lists, PDFs, & Excel Sheets," Berkeley Well- Being Institute, accessed May 28, 2024, https://www.berkeleywellbeing .com/list- of- values.html.

8장

1. U.S. Department of Health and Human Services, "Our Epidemic of Loneliness and Isolation: The U.S. Surgeon General's Advisory on the Healing Effects of Social Connection and Community," 2023, https://www.hhs.gov/sites/default/files/surgeon-general- social- connection- advisory.pdf.

2. G. Lissak, "Adverse Physiological and Psychological Effects of Screen Time on Children and Adolescents: Literature Review and Case Study," Environmental Research 164 (2018): 149– 157, https://doi.org/10.1016/j.envres.2018.01.015.

3. Erica Cirino, "What Are the Benefits of Hugging?," Healthline, last updated April 11, 2018, https://www.healthline.com/health/hugging - benefits#1.- Hugs- reduce- stress-by- showing- your- support.

4. @mayte.lisbeth, "It's been five years of touch starvation. I'll probably have some more years of it. I'm not handling this well," TikTok video, March 24, 2023, https://www.

tiktok.com/@mayte.lisbeth/video/7214069179610041642.

5. Aaron Drapkin, "Countries with a 4- Day Workweek in 2024," Tech.co, January 3, 2024, https://tech.co/news/countries- with- four- day- workweeks.

6. M. I. Silvani, R. Werder, and C. Perret, "The Influence of Blue Light on Sleep, Performance and Wellbeing in Young Adults: A Systematic Review," Frontiers in Physiology 13 (2022): 943108, https://doi.org/10.3389/fphys.2022.943108.

7. Dillon Thompson, "Anthropologist Shares Unexpected Tip for Staying Cool During Heat Waves: 'We All Need to Study This,'" Yahoo, May 20, 2022, https://www.yahoo.com/lifestyle/anthropologist- explains- why- taking - naps- 161841884.html; Win Reynolds, "Why Does Heat Make Us Sleepy?," Northwestern Now, August 17, 2022, https://news.northwestern.edu/stories/2022/08/why- heat- makes- us- sleepy/.

8. "Sleeping on the Job: Customs from Countries Around the World," Open Access Government, February 18, 2019, https://www.openaccessgovern ment.org/customs- from- countries/59117/; Bryant Rousseau, "Napping in Public? In Japan, That's a Sign of Diligence," New York Times, December 16, 2016, https://www.nytimes.com/2016/12/16/world/what- in- the- world/japan- inemuri- public- sleeping.html.

9. Ronald E. Riggio, "The Body Language of Couples in Love," Psychology Today, November 10, 2022, https://www.psychologytoday.com/us/blog/cutting- edge- leadership/202211/the- body- language- couples- in- love#.

10. Ann Pietrangelo and Crystal Raypole, "How to Recognize the Signs of Emotional Abuse," Healthline, last updated July 13, 2023, https://www.healthline .com/health/signs- of- mental- abuse#humiliation- and- criticism.

11. Jennifer Hassan, Helier Cheung, and Marlene Cimons, "Skittles and the Red Dye Debate: What You Need to Know," Washington Post, March 23, 2023, https:// www .washingtonpost.com/wellness/2023/03/23/skittles- red- dye- titanium -dioxide/; Iris Myers, "Thousands of Children's Sweets Still Contain Additive Unsafe for Human Consumption," Environmental Working Group, October 19, 2022, https://www.ewg.org/news- insights/news/2022/10/thousands- childrenssweets- still- contain- additive- unsafe- human.

12. Leslie Landaeta- Díaz, Samuel Durán- Agüero, and Gabriel González- Medina, "Exploring Food Intake N etworks and Anhedonia Symptoms in a Chilean Adults Sample," Appetite 190 (2023): 107042, h ttps://doi.org/10.1016/j.appet.2023.107042.

13. P. H. L. Tran and T. T. D. Tran, "Blueberry Supplementation in Neuronal Health and Protective Technologies for Efficient Delivery of Blueberry Anthocyanins," Biomolecules

11, no. 1 (2021): 102, published January 14, 2021, https://doi.org/10.3390/biom11010102.

14. "Foods Linked to Better Brainpower," Harvard Health, April 3, 2024, https://www.health.harvard.edu/healthbeat/foods- linked- to- better- brainpower.

15. Centers for Disease Control and Prevention, "Like Shift Work, Long Work Hours Are Associated with Shorter Sleep Duration," last updated March 31, 2020, https://www.cdc.gov/niosh/work- hour- training- for- nurses/longhours/mod3/23.html#.

16. "Exercise Intensity: How to Measure It," Mayo Clinic, August 25, 2023,https://www.mayoclinic.org/healthy- lifestyle/fitness/in- depth/exercise - intensity/art- 20046887.

17. Chi Pang Wen, Jackson Pui Man Wai, Min Kuang Tsai, et al., "Minimum Amount o f P hysical A ctivity f or R educed M ortality a nd E xtended L ife Expectancy: A Prospective Cohort Study," The Lancet 378, no. 9798 (2011): 1244– 1253, https://pubmed.ncbi.nlm.nih.gov/21846575/.

18. Alex Kerai, "Cell Phone Usage Statistics: Mornings Are for Notifications," Reviews.org, July 21, 2023, https://www.reviews.org/mobile/cell- phone- addiction/.

19. Vignesh Ramachandran, "Stanford Researchers Identify Four Causes for 'Zoom Fatigue' and Their Simple F ixes," Stanford News, February 23, 2 021, https:// news.stanford.edu/stories/2021/02/four- causes- zoom- fatigue- solutions.

20. "What Is Gen Z?," McKinsey, March 20, 2023, https://www.mckinsey.com/featured-insights/mckinsey- explainers/what- is- gen- z.

21. G. Malinsky, "57% of Gen Zers want to be influencers—but 'it's constant, Monday through Sunday,'" CNBC, September 14, 2024, https://www.cnbc .com/2024/09/14/more-than-half-of-gen-z-want-to-be-influencers-but-its -constant.html

22. Arielle Feger, "Gen Z, Millennials Grow Their Social Media Presence Through 2027," eMarketer, August 14, 2023, https://www.emarketer.com/content/gen- z- millennials-grow- their- social- media- presence- through- 2027.

23. Danielle Pacheco, "Is Eating Before Bed Bad?," Sleep Foundation, last updated April 22, 2024, https://www.sleepfoundation.org/nutrition/is- it- bad - to- eat- before- bed#.

24. Danielle Pacheco and Dustin Cotliar, "Caffeine and Sleep," Sleep Foundation, April 17, 2024, https://www.sleepfoundation.org/nutrition/caffeine- and - sleep#.

25. M. Kudrnáčová and A. Kudrnáč, "Better Sleep, Better Life? Testing the Role of Sleep on Quality of Life," PLoS ONE 18, no. 3 (2023): e0282085, https://doi.org/10.1371/journal.pone.0282085.

26. Rob Newsom and Alex Dimitriu, "Cognitive Behavioral Therapy for Insomnia (CBT- I): An Overview," Sleep Foundation, last updated May 7, 2024, https://www.sleepfoundation.org/insomnia/treatment/cognitive - behavioral- therapy- insomnia.

27. "Water: How Much Should You Drink Every Day?," Mayo Clinic, October 12, 2022, https://www.mayoclinic.org/healthy- lifestyle/nutrition- and - healthy- eating/in- depth/water/art- 20044256.

28. N. Zhang, S. M. Du, J. F. Zhang, and G. S. Ma, "Effects of Dehydration and Rehydration on Cognitive Performance and Mood Among Male College Students in Cangzhou, China: A Self- Controlled Trial," International Journal of Environmental Research and Public Health 16, no. 11 (2019): 1891, https://doi .org/10.3390/ijerph16111891.

29. Catherine Pearson, "Text Your Friends: It Matters More than You Think," New York Times, l ast u pdated J uly 2 5, 2 022, h ttps://www.nytimes.com/2022/07/11/well/family/check- in- text- friendship.html; Peggy J. Liu, SoYon Rim, Lauren Min, and Kate E. Min, "The Surprise of Reaching Out: Appreciated More than We Think," Journal of Personality and Social Psychology: Interpersonal Relations and Group Processes 124, no. 4 (2023): 754– 771, https://www.apa.org/pubs/journals/releases/psp- pspi0000402.pdf.

30. Fazida Karim, Azeezat A. Oyewande, Lamis F. Abdalla, Reem Chaudhry Ehsanullah, a nd S afeera K han, " Social M edia U se a nd I ts C onnection to Mental Health: A Systematic Review," Cureus 12, no. 6 (2020): e8627,

   https://www.ncbi.nlm.nih.gov/pmc/articles/PMC7364393/; Roy H. Perlis, Jon Green, Matthew Simonson, et al., "Association Between Social Media Use a nd S elf- Reported S ymptoms o f D epression i n U S A dults," JAMA Network Open 4, no. 11 (2021): e2136113, https://jamanetwork.com/journals/jamanetworkopen/fullarticle/2786464; Mesfin A. Bekalu, Rachel F. McCloud, and K. Viswanath, "Association of Social Media Use with Social Well- Being, Positive Mental Health, and Self- Rated Health: Disentangling Routine Use from Emotional Connection to Use," Health Education and Behavior 46, no. 2 suppl. (2019): 69S– 80S, https://journals.sagepub.com/doi/full/10.1177/1090198119863768.

9장

1. "Naomi Osaka," Women's Tennis Association, May 28, 2024, https:// www.wtatennis.com/players/319998/naomi- osaka; Naomi Osaka, U.S. Open interview, September 4, 2021, YouTube, https://www.youtube.com/watch?v=YHxuYRRYVAY.

2. "Why Do Super Bowl Winners Go to Disney?," ESPN, February 12, 2024, https://www.espn.com/nfl/story/_/id/39387632/why- do- super- bowl - winners- go- disney.

3. Adam Schupak, "Masters: Rory McIlroy Visits Tiger Woods, Who Admits He Doesn't Know Where All His Trophies Are," USA Today, April 6, 2021, https://golfweek.usatoday.com/2021/04/06/masters- rory - mcilroy- tiger- woods- trophies/.

4. Teresa M. Amabile and Steven J. Kramer, "The Power of Small Wins," Harvard Business Review, May 2011, https://hbr.org/2011/05/the- power- of - small- wins.

5. Y. Luo, X. Chen, S. Qi, X. You, and X. Huang, "Well- Being and Anticipation for Future Positive Events: Evidence from an fMRI Study," Frontiers in Psychology 8 (2018): 2199, https://doi.org/10.3389/fpsyg.2017.02199.

6. Kaitlin Woolley and Ayelet Fishbach, "Immediate Rewards Predict Adherence to Long- Term Goals," Personality and Social Psychology Bulletin 43, no. 2 (2017): 151– 162, https://doi.org/10.1177/0146167216676480.

7. Jeroen Nawijn, M. A. Marchand, Ruut Veenhoven, and Ad J. Vingerhoets, "Vacationers Happier, but Most Not Happier After a Holiday," Applied Research in Quality of Life 5, no. 1 (2010): 35– 47, https://doi.org/10.1007/s11482- 009- 9091- 9.

8. Lara Schleifenbaum, Julie C. Driebe, Tanja M. Gerlach, Lars Penke, and Ruben C. Arslan, "Women Feel More Attractive Before Ovulation: Evidence from a Large- Scale Online Diary Study," Evolutionary Human Sciences 3 (2021): e47, https://www.ncbi.nlm.nih.gov/pmc/articles/PMC10427307.

9. "Self- Rewards," Bowdoin College Baldwin Center for Learning and Teaching, accessed May 28, 2024, https://www.bowdoin.edu/baldwin- center/pdf/handout- self- rewards.pdf; S. J. Scott, "205 Rewards for Yourself: Ideas and Examples for 2024," Develop Good Habits, January 1, 2024, https://www .developgoodhabits.com/reward- yourself/; Elizabeth Perry, "You've Earned It: Learn About the Benefits of Rewarding Yourself," BetterUp, February 23, 2022, https://www.betterup.com/blog/reward- yourself.

10장

1. "EMDR Therapy: What It Is, Procedure and Effectiveness," Cleveland Clinic, last updated March 29, 2022, https://my.clevelandclinic.org/health/treatments/22641- emdr- therapy; "Eye Movement Desensitization and Reprocessing (EMDR) Therapy," American Psychological Association, last updated July 31, 2017, https://www.apa.org/ptsd- guideline/treatments/eye- movement- reprocessing.

2. "Cognitive Behavioral Therapy," Mayo Clinic, March 16, 2019, https://www.mayoclinic.org/tests- procedures/cognitive- behavioral- therapy/about/pac- 20384610; American Psychological Association, "What Is Cognitive Behavioral Therapy?," Clinical Practice Guideline for the Treatment of Posttraumatic Stress Disorder, 2017, https://www.apa.org/ptsd- guideline/patients- and- families/cognitive- behavioral.

3. "Dialectical Behavior Therapy (DBT)," Cleveland Clinic, last updated April 19, 2022; https://my.clevelandclinic.org/health/treatments/22838- dialectical - behavior- therapy- dbt#overview; "Dialectical Behavior Therapy," Psychology Today, accessed May 28, 2024, https://www.psychologytoday.com/us/therapy- types/dialectical- behavior- therapy; "Dialectical Behavioral Therapy (DBT)," Columbia University Irving Medical Center, accessed May 28, 2024, https://www.columbiadoctors.org/treatments- conditions/ dialectical- behavioral- therapy- dbt.

4. "Suicide: Facts at a Glance," Centers for Disease Control and Prevention, last updated April 2024, https://www.cdc.gov/suicide/pdf/NCIPC- Suicide - FactSheet- 508_FINAL.pdf.

5. "Vagus Nerve Stimulation," Cleveland Clinic, last updated March 16, 2022, https://my.clevelandclinic.org/health/treatments/17598- vagus- nerve - stimulation; "Deep Brain Stimulation," Mayo Clinic, September 19, 2023, https://www.mayoclinic.org/tests- procedures/deep- brain- stimulation/about/pac- 20384562; "What Is Electroconvulsive Therapy (ECT)?," American Psychiatric Association, January 2023, https://www.psychiatry.org/patients- families/ect; Adrian Jacques H. Ambrose, "Understanding Ketamine Treatment for Depression," Columbia University Irving Medical Center, July 14, 2023, https://www.cuimc.columbia.edu/news/ketamine- treatment - depression- what- you- need- know; Amit Anand, Sanjay J. Mathew, et al., "Ketamine Versus ECT for Nonpsychotic Treatment- Resistant Major Depression," New England Journal of Medicine 388 (2023): 2315– 2325, https://www.nejm.org/doi/10.1056/NEJMoa2302399.

6. Trish Richert, "Peer Support: Helping Others, Healing Yourself," National Alliance on Mental Illness, August 6, 2018, https://www.nami.org/family- member- caregivers/ peer- support- helping- others- healing- yourself/; Marla Deibler, "Understanding Group Therapy and Support Groups," Anxiety and Depression Association of America, August 31, 2022, https://adaa.org/learn- from- us/from- the- experts/blog- posts/consumer/ understanding- group- therapy- and- support- groups.

7. "About Art Therapy," American Art Therapy Association, accessed May 28, 2024, https://arttherapy.org/about- art- therapy/; "What Is Dance/Movement Therapy?," American

Dance Therapy Association, accessed May 28, 2024, https://adta.memberclicks.net/what- is- dancemovement- therapy; S. Zadro and P. Stapleton, "Does Reiki Benefit Mental Health Symptoms Above Placebo?," Frontiers in Psychology 13 (2022): 897312, https://doi.org/10.3389/fpsyg.2022.897312; Maureen Salamon, "What Is Somatic Therapy?," Harvard Health Blog, July 7, 2023, https://www.health.harvard.edu/blog/what- is- somatic- therapy- 202307072951; "Emotional Freedom Technique (EFT)," Kaiser Permanente, June 24, 2023, https://healthy.kaiserpermanente .org/health- wellness/health- encyclopedia/he.emotional- freedom - technique- eft.acl9225.

옮긴이 **문선진**
연세대학교에서 생화학을 전공한 이학 박사이다. 한미약품 연구센터, 유한양행 중앙연구소, 삼성바이오에피스에서 근무했으며, 현재 바른번역 소속 번역가로 활동하고 있다.

고기능 우울증

초판 1쇄 발행 2025년 11월 19일

지은이 주디스 조셉
옮긴이 문선진
펴낸이 김선준

편집이사 서선행
기획편집 이주영 **편집1팀** 김송은, 천혜진
디자인 김세민
마케팅팀 권두리, 이진규, 신동빈
홍보팀 조아란, 장태수, 이은정, 권희, 박미정, 조문정, 이건희, 박지훈, 송수연, 김수빈
경영관리팀 송현주, 윤이경, 임해랑, 정수연

펴낸곳 ㈜콘텐츠그룹 포레스트 **출판등록** 2021년 4월 16일 제2021-000079호
주소 서울시 영등포구 여의대로 108 파크원타워1, 28층
전화 02)332-5855 **팩스** 070)4170-4865
홈페이지 www.forestbooks.co.kr
종이 ㈜월드페이퍼 **출력·인쇄·후가공** 더블비 **제본** 책공감

ISBN 979-11-94530-75-6 (03180)

- 책값은 뒤표지에 있습니다.
- 파본은 구입하신 서점에서 교환해드립니다.
- 이 책은 저작권법에 의하여 보호를 받는 저작물이므로 무단 전재와 복제를 금합니다.

㈜콘텐츠그룹 포레스트는 독자 여러분의 책에 관한 아이디어와 원고 투고를 기다리고 있습니다. 책 출간을 원하시는 분은 이메일 writer@forestbooks.co.kr로 간단한 개요와 취지, 연락처 등을 보내주세요. '독자의 꿈이 이뤄지는 숲, 포레스트'에서 작가의 꿈을 이루세요.